现代职业教育研究新视野丛书

从"为生计"到"为国计"
—— 黄炎培职业教育思想研究与实践

郑立群 著

清华大学出版社
北京

内 容 简 介

本书立足于晚清近代社会思潮的时代大背景,分析中国现代职业教育产生的政治、经济、文化环境,剖析黄炎培职业教育思想形成的渊源和逻辑生成点;以时间为序,分析黄炎培职业教育活动的演变轨迹,其职业教育活动经历了孕育发酵、萌芽形成、发展成熟、泛化转型四个时期;结合黄炎培职业教育实践活动中关于社团、办学、乡村改造的典型案例,阐述了黄炎培职业教育的基本思想,涵盖其职业教育本质认识、管理思想、教学思想和德育思想,从"教育与社会""教育与人的全面发展""教育与国家""教育与职业"多维度评析其职业教育思想与实践活动的历史贡献;最终落脚于新时代教育强国的使命,结合当前中国人口大国向人力资源强国转变的关键期,从黄炎培职业教育思想"社会改造"的视角,审视职业教育在全面深化社会改革过程中应承担的社会责任,为现阶段中国现代职业教育体系构建提供借鉴。

本书封面贴有清华大学出版社防伪标签,无标签者不得销售。
版权所有,侵权必究。举报: 010-62782989, beiqinquan@tup.tsinghua.edu.cn。

图书在版编目(CIP)数据

从"为生计"到"为国计": 黄炎培职业教育思想研究与实践/郑立群著.—北京:清华大学出版社,2024.2

(现代职业教育研究新视野丛书)
ISBN 978-7-302-65638-8

Ⅰ. ①从… Ⅱ. ①郑… Ⅲ. ①黄炎培(1878—1965)-职业教育-教育思想-研究 Ⅳ. ①G40-092.72

中国国家版本馆 CIP 数据核字(2024)第 051453 号

责任编辑: 张 弛
封面设计: 刘 键
责任校对: 袁 芳
责任印制: 刘 菲

出版发行: 清华大学出版社
网　　址: https://www.tup.com.cn, https://www.wqxuetang.com
地　　址: 北京清华大学学研大厦 A 座　　邮　编: 100084
社 总 机: 010-83470000　　邮　购: 010-62786544
投稿与读者服务: 010-62776969, c-service@tup.tsinghua.edu.cn
质量反馈: 010-62772015, zhiliang@tup.tsinghua.edu.cn
课件下载: https://www.tup.com.cn, 010-83470410

印 装 者: 三河市龙大印装有限公司
经　　销: 全国新华书店
开　　本: 185mm×260mm　　印　张: 11.75　　字　数: 210 千字
版　　次: 2024 年 4 月第 1 版　　印　次: 2024 年 4 月第 1 次印刷
定　　价: 49.00 元

产品编号: 102796-01

前言

近年来,随着中国经济转型升级步伐的加速,加快发展现代职业教育作为国家战略促进了职业教育发展全面提速。全面深化职业教育改革成为当前职业教育发展的重要战略任务。然而职业教育理论研究与发展要求脱节,加强理论研究,充分认识职业教育在国民教育系统的重要性、构建职业教育理念和理想、树立正确的职业教育价值观,从而引领职业教育改革的方向已成为新课题。在关注当今职业教育发展现状的同时,有必要从中国现代职业教育思想与实践活动的源头汲取营养,而黄炎培职业教育思想与实践活动就是研究中国现代职业教育绕不开的源头。

20世纪上半叶,黄炎培先生虽然不是第一个提出"职业教育"概念的,但是他能准确把握世界职业教育发展形势,把握中国职业教育思潮的发展脉搏,创建了较为完善的职业教育理论体系,形成了影响深远、独树一帜的职业教育思想,被尊为"中国近代职业教育之父",在中国职业教育思想史上具有重要地位。分析黄炎培职业教育思想相关研究发现,成果数量尚可,但是存在研究滞留于就事论事层面,亟需丰富、发展和完善。

基于此,本书以黄炎培职业教育思想与主要实践活动为研究切入点,希望通过全面而系统地梳理和阐释黄炎培职业教育的基本思想,透视其职业教育思想与实践活动在特定历史时期的合理性和特殊性;希望结合当前中国从人口大国向人力资源强国转变的关键期,从黄炎培职业教育思想"社会改造"的视角,全面审视职业教育在全面深化社会改革过程中所应承担的社会责任,给予职业教育的未来发展指明方向。

首先,本书力图通过文献研究法、历史研究法、比较研究法等方法的综合运用,置于晚清近代以来国内外各种社会思潮的特殊历史背景下,分析中国现代职业教育产生的政治、经济、文化环境,以及黄炎培职业教育思想产生的渊源,找到黄炎培选择"职业教育救国"的逻辑生成点。

其次,本书以时间为序,打破了依据中国现代职业教育思潮形成、发展、衰落三阶段,对黄炎培职业教育思想嬗变历程进行"三分法"的固有模式，较为全面地梳理了黄炎培职业教育思想与实践活动的纵向发展脉络，将黄炎培职业教育活动轨迹历程划分为孕育发酵、萌芽形成、发展成熟、泛化转型四个时期；描绘了黄炎培从批判与反思中国传统教育弊端、提倡实用主义教育思想，到由实用主义教育思想蜕变为职业教育思想，再到在实践活动中践行发展职业教育思想，形成其"大职业教育主义"思想并由职业教育救国转向抗战救国的整个思想与实践的演变轨迹。

本书选取黄炎培领导和组织的中华职业教育社、中华职业学校和徐公桥改进试验区，研究分析其成功的典型经验，为今后职业教育社团、办学和乡村教育发展提供参考。

本书重点分析了黄炎培职业教育的本质思想，以其职业教育本质思想为理论指导，围绕"如何办职业教育"的问题，又重点剖析了黄炎培职业教育的管理思想、教学思想和德育思想，挖掘黄炎培职业教育思想对当代中国现代职业教育发展的借鉴意义；并且从"教育与社会""教育与人的全面发展""教育与国家""教育与职业"等多个维度评析黄炎培职业教育思想的历史贡献，以及反思黄炎培职业教育思想的时代特点。

从黄炎培职业教育思想中的职业教育是强国之根本、"大职业教育主义"思想的现实指导意义、职业教育目标"从无业到乐业"、职业教育德育四个特色方面给予当代中国职业教育改革以启示。

通过本书，一方面有助于深入了解中国职业教育产生、发展过程，以史为鉴、知往鉴来，为现阶段中国现代职教体系的构建提供借鉴；另一方面有助于全面、系统地把握黄炎培职业教育思想的原貌与精髓，丰富黄炎培教育思想研究、丰富中国职业教育理论研究；此外，由于职业教育理论研究是相对比较贫瘠的领域，希望通过本书能够引起中国教育界对黄炎培职业教育思想的重视与深入研究，也引起中国学术界对职业教育理论研究的关注。

著　者
2023 年 10 月

目 录

第一章 黄炎培职业教育思想研究导论 ………………………………… 1

  一、黄炎培职业教育思想研究与实践的当代价值 ……………………… 1

  二、黄炎培职业教育思想与实践研究的现状 …………………………… 6

  三、本书写作的主要目的、思路与方法 ………………………………… 17

第二章 黄炎培职业教育思想的时代背景 ……………………………… 21

  第一节 国家救亡图存的时代需要 ……………………………………… 23

    一、社会转型时期的民族危机 …………………………………………… 23

    二、民族危机对实用人才的呼唤 ………………………………………… 24

  第二节 民族资本主义经济的发展 ……………………………………… 25

    一、民族资本主义发展的艰难境遇 ……………………………………… 25

    二、民族资本主义发展的有利因素 ……………………………………… 26

    三、民族资本主义发展的短暂春天 ……………………………………… 26

    四、民族资本主义对工人队伍的需求 …………………………………… 28

  第三节 新文化运动引领教育变革 ……………………………………… 30

    一、放眼世界科学文化 …………………………………………………… 30

    二、新文化运动的积极影响 ……………………………………………… 31

    三、新旧文化映入教育改革 ……………………………………………… 31

  第四节 社会改造的全民理想愿望 ……………………………………… 32

    一、"社会改造"的由来 …………………………………………………… 33

二、"社会改造"的历史含义 33
三、"社会改造"的教育理想 35

第三章 选择职业教育救国的理念缘由 38

第一节 "仁爱"与"为公" 38
一、"仁"与"爱"思想 39
二、"为公不为私"思想 39

第二节 "救国"与"实用" 40
一、教育为救国 40
二、教育为实用 42

第三节 "科学"与"开放" 43
一、《天演论》打开学习之窗 43
二、世界先进教育思想的启发 44

第四节 "寻病源"与"开药方" 45
一、国内考察：寻病源 45
二、国外考察：开药方 47

第四章 职业教育活动的轨迹 49

第一节 批判传统教育弊端 49
一、清末教育变革的浪潮 49
二、民初新教育改革洪流 53

第二节 从实用教育到职业教育蜕变 56
一、赴美国教育考察：开启职业教育之思 56
二、中华职业教育社筹建期：逐渐形成职业教育思想 58
三、《宣言书》发布：标志职业教育思想形成 60

第三节 发挥职业教育改造社会的作用 61
一、职业教育理论丰富：中华职教社活动为主要载体 62
二、职业教育实践丰富：中华职业学校兴建为主要形式 66
三、"壬戌学制"：职业教育地位合法化 68

第四节 "大职业教育主义"转向 71

一、提出"大职业教育主义" ································· 71
二、由教育救国到政治救国 ································· 75

第五章 黄炎培职业教育实践的典型案例 ································· 78

第一节 中华职业教育社 ································· 78
一、具备较为先进合理的组织架构 ································· 78
二、有组织定期召开全体社员大会 ································· 81
三、凝聚社会矢志职业教育之士 ································· 83
四、搭建多方阵地为职业教育发声 ································· 84

第二节 中华职业学校 ································· 86
一、大兴调研基础之上的学科设置 ································· 86
二、尤其重视学校实习工厂的建设 ································· 88
三、不同于政府和个人的办学特点 ································· 88

第三节 徐公桥乡村改进区 ································· 89
一、生计教育拉开经济改良序幕 ································· 89
二、文化教育提高农民综合素质 ································· 91
三、爱国教育寓于农民乡村生活 ································· 92

第六章 黄炎培职业教育思想 ································· 94

第一节 职业教育本质认识 ································· 94
一、历史维度：职业教育的缘起 ································· 95
二、事实维度：什么是职业教育 ································· 98
三、价值维度：围绕"社会改造" ································· 102

第二节 职业教育管理思想 ································· 105
一、行政管理：科学与民主并举 ································· 106
二、学校管理：规范组织制度 ································· 110

第三节 职业教育教学思想 ································· 114
一、教学目的：学以致用 ································· 115
二、教学内容："当世必需之学" ································· 117
三、教学原则：眼、手、脑并用 ································· 120

第四节　职业教育德育思想 …………………………………………… 123
　　　一、产生基础：现实与理论需要 …………………………………… 124
　　　二、基本内容：做人与做事之"良善" ……………………………… 126
　　　三、实施途径：职业陶冶与学生自治 ……………………………… 129

第七章　黄炎培职业教育思想与实践的反思 ……………………………… 132
　　第一节　历史贡献 ………………………………………………………… 132
　　　一、推动近代职业教育思想启蒙 …………………………………… 133
　　　二、扩大爱国主义教育思想影响 …………………………………… 137
　　　三、发展中国实用主义教育思想 …………………………………… 140
　　　四、引领中国近代职业教育思潮 …………………………………… 142
　　第二节　时代特性 ………………………………………………………… 145
　　　一、"职教救国"理想化 ……………………………………………… 145
　　　二、思想产生的哲学基础 …………………………………………… 147
　　　三、"工匠精神"的追问 ……………………………………………… 148
　　　四、职业教育范式研究局限性 ……………………………………… 149

第八章　黄炎培职业教育思想与实践的当代启示 ………………………… 150
　　第一节　继续突出职业教育是强国之根基 …………………………… 150
　　　一、深化职业教育社会属性和普及性 ……………………………… 150
　　　二、增强职业教育发展的适度超前性 ……………………………… 152
　　　三、强化职业教育服务国家的功能性 ……………………………… 153
　　第二节　"大职业教育主义"的现实指导意义 ………………………… 154
　　　一、"大职业教育主义"概念再定义 ………………………………… 154
　　　二、发展职业教育体系的系统化和科学化 ………………………… 155
　　　三、建设职业教育学制体系的完整性 ……………………………… 155
　　　四、促进各行业企业发展的共融机制 ……………………………… 157
　　第三节　多维建构"无业"到"乐业"的职业目标 …………………… 157
　　　一、目标建构要体现阶段性 ………………………………………… 158
　　　二、技能训练要保证职业性 ………………………………………… 158

三、个人主体要强化发展性 ·················· 159
　第四节　多元获取现代职业人格的养成途径 ·················· 160
　　一、人格教育应居于首位 ·················· 160
　　二、职业道德是改革动力 ·················· 161
　　三、工匠精神是引领方向 ·················· 162

附录　黄炎培职业教育大事记（1878—1949 年） ·················· 163

参考文献 ·················· 168

黄炎培职业教育思想研究导论

改革开放至今,职业教育在体制机制、办学规模等政策供给方面取得了较大进步,促进我国职业教育事业也取得了巨大成就。但是关于职业教育如何成为中国教育的"脊梁",中国职业教育该"走向哪里",中国职业教育如何实现"高质量发展",如何实现以改革促进职业教育由外延发展到内涵发展等问题仍旧在探索之中,未能达到预设目标,我们既要展望未来,也要立足中国本土化需求,探寻中国现代职业教育产生发展的"初心",这种外在环境因素成为一种研究视角。我国著名理论家黄炎培经历了20世纪上半叶中国教育改革的第一个高潮,对中国职业教育的重要意义和作用有较为深刻的认识,在此我们重新审视黄炎培职业教育思想与实践活动,为教育强国背景下的全面深化职业教育改革寻求新的理论支撑点。

一、黄炎培职业教育思想研究与实践的当代价值

黄炎培先生发展了中国近现代职业教育理论,其关于职业教育的概念内涵在不断发展;关于职业教育的目的宗旨也在不断完善;关于职业教育的制度设计、研究与实施方法都做了切要论述。他以开阔的社会视野,准确把握世界职业教育的发展趋势,其职业教育思想内容全面而系统,其职业教育实践活动典型又有力度,不仅在当时对职业教育的认识、贡献屈指可数,在今天仍然具有开创价值。

(一)教育强国背景下全面深化职教改革的诉求

"教育强国"作为政策话语,首次出现于《国家中长期教育改革与发展规划纲要(2010—2020)》,经过十多年的实践论证,逐渐成为当代中国的时代命题。其中多次提出教育要从哲学角度看,教育从诞生之初就具有"本体功能"和"社会功能",其中"社会功

能"即促进社会发展的巨大功效；同样,教育自诞生以来就肩负着培养人才的历史伟大使命,任何一个国家的发展强大,都离不开教育的贡献,教育只有肩负起救国、兴国、强国的使命,才能更好地促进社会的发展和进步。中国在实现中华民族伟大复兴的道路上,离不开教育强国。2023年5月,习近平总书记在中共中央政治局第五次集体学习时强调："建设教育强国,是全面建成社会主义现代化强国的战略先导,是实现高水平科技自立自强的重要支撑,是促进全体人民共同富裕的有效途径,是以中国式现代化全面推进中华民族伟大复兴的基础工程。"[1]讲话进一步吹响了新时代教育强国的号角,赋予教育更崇高的使命。"世易则时移,时移则备变",随着对教育使命的不断深化理解,技能强国战略的实施,国家对技能人才的需求日益加大,建设教育强国,职业教育大有可为；加快教育强国的建设,亟需全面深化职业教育综合改革。

自20世纪初的清末新政,中国开启了教育改革的百年历程,社会需求成为教育改革的根本动力,由此诞生了中国近现代职业教育,进而开启了中国职业教育的改革之路。相较于普通教育,职业教育是一种更为复杂的有机体,职业教育改革波及范围也更为广泛。2005年,国务院出台《关于大力发展职业教育的决定》(以下简称《决定》),在措辞上由2002年"大力推进职业教育改革与发展"到"大力发展职业教育",这既是国家对职业教育工作的重视和支持,又说明职业教育改革的迫切性；2010年国务院审议并通过《国家中长期教育改革和发展规划纲要(2010—2020年)》,深化教育改革被提升到国家意识层面,现代职业教育体系的建设被提到国家核心层面,这标志着中国职业教育发展进入一个新的历史阶段。党的十八大进一步强调了"加快发展现代职业教育",赋予职业教育改革新的发展目标,为中国继续推进职业教育发展指明了方向。而2014年国务院颁布了《关于加快发展现代职业教育的决定》,将职业教育培养层次进行重新划分,进一步明确了中国教育体系。同年,习近平总书记关于职业教育也做出了重要批示,"把加快发展现代职业教育摆在更加突出的位置"。2019年国务院关于印发《国家职业教育改革实施方案》,以及新出台的《关于深化现代职业教育体系建设改革的意见》,从现代职业教育体系框架构建、全面建成到不断完善、深化改革,这都表明：教育改革是大势所趋,职业教育深化改革更是大势所趋,全面深化职业教育改革已成为职业教育发展的重要战略任务。

近些年,关于职业教育深化体制机制改革,集中体现在一系列职业教育政策文件的发布,这些职业教育政策文件,一方面反映了国家和政府对职业教育的重视态度及有效措施,另一方面又反映了社会经济发展对职业教育的呼唤与需求。本书以教育部官网公布的职业教育政策文件为准发现,从2000至2007年,每年国家出台的职业教育政策文

---

[1] 新华社.以教育之强夯实国家富强之基[N].人民日报,2023-05-30(001).

件超过10项,在2010年颁布的政策文件竟然高达31项。通过分析这一系列职业教育政策文件发现,不管是政策文件颁布机构的层次,还是政策文件的关键词选择,都体现了职业教育在整个教育体系中占据了越来越重要的地位。关于职业教育深化改革的诉求也越来越强烈,这对职业教育的顶层设计理念提出了更高要求。教育的顶层设计需要统筹全局思维,需要博古通今的历史视野,才能站在最高层次统揽全局地解决问题。法国著名历史学家雅克·勒高夫(Jacques Le Goff)曾说,世人应当认识和尊重过去,以便建设符合情理的未来。自20世纪初"职业教育"被引入中国,中国近现代职业教育产生伊始,在中国就掀起了职业教育改革的大潮。"改革是教育发展的永恒主题,历史有过改革,现在正在改革,未来仍需改革。要切实深化今日中国教育改革,须借鉴20世纪中国教育改革的历史经验。"[1]要切实深化职业教育改革,也需分析借鉴20世纪中国职业教育改革的经验,以史为鉴获得发展动力。那么,回顾与反思历史上的职业教育改革,吸取与借鉴历史上职业教育改革的经验与教训,提升职业教育理论水平,成为今天中国全面深化职业教育改革的诉求。

(二)黄炎培及其思想在中国职业教育史上的重要性

职业教育理论研究的一个重要方面是关于职业教育思想的研究,"教育思想是教育发展史的灵魂"。[2]从事中国职业教育思想史或职业教育史研究,黄炎培(1878—1965)无疑又是不可忽略的核心人物,先生是活跃在20世纪20—60年代中国现当代历史舞台上著名的教育家、政治家、社会活动家,集多重身份于一身;先生积极进取、爱国务实,有担当、有学识,对生活和教育事业充满热情,对中国近现代职业教育勇于探索。这些各方面因素的耦合,成就了黄炎培"中国近代职业教育之父"的历史地位。黄炎培是中华职业教育社的创始人,先生对中国近代职业教育的贡献无人能及。黄炎培秉承了中国传统社会知识分子"苟利国家生死以,岂因祸福避趋之"的历史责任感,又具备严复倡导"睁眼看世界"的开放视野;先生紧跟时代趋势,始终坚持"教育救国"理想不动摇,选择了"职业教育救国"的道路;先生顺应了社会改造的趋势,在国家危难、民族存亡之际,积极宣传、倡导、发展职业教育,推动了中国近代职业教育思潮的发展,使得"中国近代各种教育思想在实际上之影响,无有出乎职业教育思想之外者"。[3]

有学者将蔡元培、黄炎培归为"教育家办政治",将晏阳初、梁漱溟归为"社会活动家

---

[1] 周洪宇,申国昌.20世纪中国教育改革的回顾与反思[J].华中师范大学学报(人文社会科学版),2011(5):132-138.

[2] 于述胜.中国教育史研究中的一个方法论问题[D].纪念《教育史研究》创刊二十周年论文集,2009.

[3] 舒新城.近代中国教育思想史[M].福州:福建教育出版社,2007.

办教育"。而本书则认为,黄炎培更具备社会活动家的特质,他既具备广泛斡旋解决社会事务矛盾的能力,又能在社会活动中具有一定影响力。黄炎培在协调社会事务方面的能力和社会影响力,是其推动职业教育思潮发展的一个重要原因。作为近现代中国的思想人物而言,黄炎培自是"以职业教育思想理论的提出和构建名'家'为是"。[1]黄炎培被称为中国近代职业教育的先驱者,不仅在于他留下了丰富的职业教育理论,更在于他在中国职业教育思潮中发挥了巨大作用。同时,黄炎培还是一位深沉热爱祖国的教育思想家与社会活动家,他一生奔走在教育与救国的道路上,他的教育救国论思想,由普通教育转至职业教育,并随着教育实践活动的不断深入开展,不断发展了中国职业教育理论,由最初倡导实用主义教育思想,到不遗余力地介绍欧美职业教育发展现状、大力践行欧美职业教育思想,再到后来将职业教育思想在中国本土化,提出了著名的"大职业教育主义"思想。黄炎培这种对职业教育思想内涵的认识,经过一百年世事变迁,于今天的职业教育理论仍有很高的借鉴价值。另外,黄炎培以社会活动家身份致力于职业教育的社会实践活动,主要依托中华职业教育社和中华职业学校进行。自1917年始,黄炎培通过中华职业教育社来统筹推动职业教育的发展,他指导学校职业教育、职业指导机构,发展壮大了中华职业教育社的队伍,且社员稳定团结;他通过中华职业学校的兴办历程,践行了职业教育的信念和热情。黄炎培经历了20世纪上半叶中国现代职业教育实践活动的起伏动荡,其职业教育思想对今天中国现代职业教育的发展仍有启示意义。此外,黄炎培为了改革中国传统教育脱离社会生活和生产的弊端,创建了较为完善的职业教育理论体系,形成了独树一帜的职业教育思想。可以说,黄炎培在中国职业教育发展史上具有不可替代的地位。

(三)新时期职业教育理论研究的现实必要性

在整个教育系统中,职业教育从产生之初就处于教育的边缘地位。从外国职业教育史研究中可以发现,最早可追溯到人类社会早期,年长者在实践中向年轻者传授生产劳动的知识和技能;"职业教育"作为一种教育形式,源于欧洲中世纪行会组织,即师傅以带有租赁性质的契约形式来招徒、授艺;"职业教育"作为一种学校教育,始于英国工业革命的兴起,一些"半工半读"的劳动学校,逐渐成为部分职业学校的前身;"职业教育"真正成为一种相对独立的教育类型,进入迅速发展时期,是在20世纪四五十年代的技术革命之后。可以说,"职业教育的历史就是人类努力学习如何劳动的历史"。[2]尽管职业教育

---

[1] 余子侠.黄炎培卷·导言[M].北京:中国人民大学出版社,2015.
[2] 罗伊·W.罗伯茨.职业教育的起源[J].毛祖桓,译.教育研究通讯,1983(17).

历史可以追溯至古代学徒制,但是职业教育理论研究成果一直比较单薄。中国历史上"学而优则仕"的成才价值观从中国职业教育史研究中可以发现,中国古代社会"四民"阶层划分价值取向深入人心,这影响了整个中国古代社会结构的身份界定和行业划分评判,造成了中国"职业教育"的边缘地位。自洋务运动兴起,中国开启了近代化的过程,这种近代化不受内在动力的驱使,更多是伴随着欧美列强资本输出的外在压力,以"师夷长技以制夷"为主要目的。梁启超将向西方学习之路概括为"器物学习—制度学习—文化学习"[1]的过程,在这种过程中,出现了中国职业教育学校,标志着中国现代职业教育的产生。随着经济和社会的发展,职业教育发挥的巨大作用逐渐被人们所认识,在重理论、轻技术的传统文化浸润中的中国,职业教育作为"次等教育"的标签仍未改变,职业教育理论研究一直是一个相对比较贫瘠的领域。

在中国近代社会,职业教育作为一个舶来品传入中国,但是对"职业教育"概念该如何准确把握,"职业教育"的内在本质特征是什么,需要研究者在发达的社会表象下,进行理性思考。时至今日,随着经济和社会的发展,关于职业教育理论研究迫在眉睫。中国职业技术教育学会副会长余祖光曾这样归纳职业教育观念:它是对职业教育规律的认识和对职业教育的价值判断。首先,"职业教育"既要遵循规律性的"技艺传授",也要发展其本身的教育理念,对其有进一步的价值判断,进而引领职业教育的发展。其次,"职业教育"的理论研究意义被凸显出来。教育理论研究的意义在于建构教育理念和思想,以引导和设计教育实践的改革,完善和丰富教育文化及社会文化。而职业教育理论研究的意义也在于构建科学职业教育价值理论体系,从根本上改变长期占统治地位的鄙视职业教育的传统观念,深化职业教育对人的智能开发的积极意义理解;充分挖掘和创造职业教育的价值,从而促进职业教育价值的尽可能实现,促进处于社会转型期的中国公民对多元文化的理解和宽容,从而树立正确的职业教育价值观,弥补职业教育理论上的缺憾。

(四)黄炎培职业教育思想与实践研究兴起

职业教育理论研究可作为职业教育政策的重要依据;同时,教育思想研究是教育史研究的一方重要阵地,笔者对民国时期职业教育发展走向充满兴趣,对黄炎培先生开创中国职业教育先河钦佩不已。爱弥尔·涂尔干(Émile Durkheim)说过:"一个有机体越是复杂,它就越是需要反思,以便使自身适应它所处的环境。"[2]那么,对职业教育历史

---

[1] 李华兴,吴嘉勋.梁启超选集[M].上海:上海人民出版社,1984.
[2] 爱弥尔·涂尔干.教育思想的演进[M].李康,译.渠东,校.上海:上海人民出版社,2006.

的反思,以史鉴今、古为今用,可以为今天职业教育的发展提供参考。笔者选择作此论文,也希望引起学术界对职业教育理论研究的关注,引起对黄炎培职业教育思想研究的重视,加深对职业教育改革的深入思考,为构建中国现代职业教育体系提供理论借鉴。

同时,黄炎培在中国现代教育史上占有重要地位,建国前后的中国教育史,特别是中国教育思想史教材著作中,不管是"职业教育思潮"还是"职业教育思想"都离不开黄炎培职业教育思想与实践活动,新中国成立后的教材著作中更是将它作为独立篇章单独论述。笔者原本认为关于黄炎培的教育思想研究成果会不计其数,其实不然,迄今仍没有发现一篇系统的黄炎培职业教育思想或者黄炎培教育思想的博士论文,在"中国知网"中黄炎培职业教育思想的硕士学位论文也不足10篇。而比较系统研究黄炎培思想的著作只有浙江大学田正平教授的《黄炎培教育思想研究》和西南大学谢长法教授的《教育家黄炎培研究》,两者都是以黄炎培生平事迹为线索,以时间为序,论述黄炎培在不同历史时期对教育的贡献,涉及黄炎培关于"职业教育制度""职业教育观念""职业教育实施"等多方面的"职业教育思想"。前者侧重于黄炎培教育思想研究,涵盖黄炎培对"实用主义教育""职业教育""华侨教育""高等教育"等方面的思想与实践活动,重在思想研究;后者侧重于对黄炎培一生的教育行踪做一个资料翔实、内容厚重的谱系梳理,以史料研究为主。"一千个读者眼中就会有一千个哈姆雷特",对于同一人物的教育思想研究,不同的研究者有不同的研究方式。

二、黄炎培职业教育思想与实践研究的现状

20世纪30年代,舒新城在《近代中国教育思想史》中专辟一章对中国职业教育思潮进行评介,开启了对黄炎培职业教育思想的研究。自此,中国教育界不曾间断过关于黄炎培职业教育思想的研究,通过查阅中国国家图书馆、香港中文大学图书馆、北京师范大学图书馆、首都师范大学图书馆、山东师范大学图书馆、上海档案馆,并检索中国知网(CNKI)、读秀学术等资源平台,收集到与黄炎培职业教育思想相关的中国职业教育、职业教育思想等方面的著作有100多部;在中国知网检索以"黄炎培"为主题,并包含"职业教育思想"的词频,数量较多。从研究内容看,关于黄炎培职业教育思想的专门研究并不多,具有代表性意义的研究著作有三本:1997年田正平和周志毅著《黄炎培教育思想研究》、2006年唐永泽著《黄炎培职业教育思想评介》、2016年谢长法著《教育家黄炎培研究》;而真正围绕黄炎培教育思想或者职业教育思想进行专门研究的硕士学位论文有

12篇,分别是西南师范大学教育管理专业刘祥平《黄炎培的职业教育思想研究》、南京师范大学伦理学专业庄缇缇《黄炎培职业教育思想研究》、河北大学教育史专业范旭欣《论黄炎培的职业教育思想》、河北师范大学职业技术教育学专业刘娜《黄炎培的职业指导理论研究》、福建师范大学教育经济与管理专业郑玲《黄炎培职业教育思想与中等职业教育培养目标定位》、山东大学中国近现代史专业高峰《黄炎培职业教育思想研究》、江西师范大学教育经济与管理专业仇多维《黄炎培职业教育管理思想研究》、西北大学历史学专业张海《民国时期黄炎培对职业教育的贡献(1912—1937)》、河北师范大学中共党史专业杨克亮《黄炎培职业教育思想与现代职业教育》、山西师范大学教育史专业石玉《黄炎培职业道德教育观的成因及其特征》、西南大学中国近现代史专业贺伟伟《民国时期黄炎培职业教育实践研究》、湖南师范大学思想政治教育专业俞慧慧《黄炎培职业道德教育理论研究》。

从这些文献资料的研究时间段来看,关于黄炎培职业教育思想的研究集中在三个时间段:第一阶段是20世纪三四十年代;第二阶段是20世纪八九十年代;第三阶段是进入21世纪,特别是从2006年开始至今。一般来说,"中国教育史研究的第一次高潮是'新文化运动'后大师级学者对于教育史学科体系的初建和探索,第二次高潮则是'文化大革命'中教育史学科被打碎后的重建和修复"[1]。可以看出,黄炎培职业教育思想前两个阶段主要集中在中国教育史研究中,而第三个阶段才真正进入黄炎培职业教育思想的自觉研究期。20世纪80年代以来,国家开始注重对黄炎培职业教育思想的宣传,在2006年中国知网上关于黄炎培职业教育思想的研究论文开始激增,自此,黄炎培职业教育思想研究进入持续被关注阶段,每年发表在中国期刊上的研究文章在30～50篇。就本书搜集的国内外现有资料来看,黄炎培职业教育思想研究涵盖诸多文字领域,既显性集中在黄炎培教育思想研究的论文、会议讨论中,又隐性出现在中国教育史、教育思想史等教育史著作中,主要集中在中国知网的"数字资源库"中,其主要研究情况如下。

(一)关于黄炎培生平的相关研究

黄炎培身为"中国近代职业教育之父",是活跃在中国20世纪中叶历史舞台上著名的教育家、政治家、社会活动家,现在留存了一些对其生平活动的研究。仍缺乏对其思想的透彻理解。究其原因,一方面,黄炎培职业教育思想形成发展于当时特殊的社会改造时期,鲜明的"教育救国"色彩掩盖了对其职业教育思想性的洞悉;另一方面,不同时期对

---

[1] 李涛.百年中国教育史研究高潮的回顾与反思[J].东北师大学报(哲学社会科学版),2003(2):106-113.

职业教育社会功能的解读也会不同。本书所涉及的论题主要集中在黄炎培的传记文学、年谱整理、人物形象塑造之中,通过对黄炎培人物形象的刻画、心理活动的描述,对其生平活动和经历的分析,进一步深入理解黄炎培职业教育思想。

职业教育对中国而言是"舶来品",黄炎培职业教育思想主要形成于他的教育实践活动和国内外教育考察经历中,他选择"职业教育救国"与本人注重实际的自我特点有关,这种自我特点决定了黄炎培"在从事职业教育实践过程中,其活动动机也常随社会环境、条件的变化而发生变化和调整"。[1] 所以,研究黄炎培生平活动,有助于理解黄炎培的教育思想。在中国近现代史上,黄炎培系有多重身份,中华人民共和国成立之前,他是著名的社会活动家、教育家、民主主义战士;中华人民共和国成立之后,他还是国务院副总理、民建党主席;同时他还是学者、诗人。黄炎培的传记主要通过其生活经历再现其思想形成过程和人物情感波动,可以帮助研究者加深对黄炎培教育思想的认识。当然,黄炎培职业教育思想是黄炎培教育思想研究的核心内容。

黄炎培的人生经历带有传奇色彩,自中华人民共和国成立至今,关于黄炎培的传记研究较为丰富,具有代表性的作品主要有七部:黄炎培口述《八十年来》、尚丁著《黄炎培》、王华斌著《黄炎培传》、王华斌和王燕子著《黄炎培》、许纪霖和倪华强著《黄炎培:方圆人生》、陈伟忠编《黄炎培诗画传》、谢长法著《黄炎培画传》。这些关于黄炎培的传记,比较详细地呈现了黄炎培一生的轨迹变化,写作手法各有特色,都集中刻画了黄炎培在中国近代历史上扮演的民主政治家、教育家、爱国主义者角色,重点突出了黄炎培参与抗日爱国运动,大力提倡职业教育,自觉担负时代重任所做出的不懈努力。其中,在黄炎培口述《八十年来》中,黄炎培回忆了自己一生从事的事业,对职业教育饱含着感情;而《黄炎培画传》更多的是从文学传记角度,将黄炎培富有传奇色彩的一生呈现给大众,黄炎培一生热衷教育事业、热衷社会活动,作者对他的生活经历进行了形象生动的描绘,但是教育史学价值稍弱,其职业教育思想缺乏系统完整的论证;《黄炎培诗画传》则以黄炎培重要活动为线索,将诗、图有机结合,以图配诗,对于世人进一步了解黄炎培先生诗作及思想具有独特意义,该书图文并茂,显得生趣,是关于黄炎培多种传记、文集、纪念集之外的又一佳构。

其他著作,或侧重于黄炎培某一时期的生活或者突出其某一方面贡献,也可作为黄炎培传记的补充。例如,黄炎培故居管理所编《黄炎培在浦东》、许纪霖著《无穷的困惑:黄炎培、张君劢与现代中国》、俞润生著《黄炎培与中国民主建国会》、朱宗震著《黄炎培与

---

[1] 胡志坚.自我统摄下的心理与行为——蔡元培、黄炎培和陶行知的社会心理与行为特点研究[D].华中师范大学博士学位论文,2005.

近代中国的儒商》、王凤青著《黄炎培与国民参政会》，杨贵山和盛巽昌著《黄炎培与图书馆的故事》、黄方毅著《黄炎培与毛泽东周期律对话》。这些都是从黄炎培的不同时期、不同角度展现黄炎培的生平事迹，贯穿着黄炎培教育思想，也可帮助深化理解黄炎培的职业教育思想的产生与演变。这些传记研究都通过黄炎培的生平活动、人生轨迹，全方位、立体地展现了黄炎培为中国社会活动做出的历史贡献。

综观文学传记中的黄炎培职业教育思想评介研究，多是零散穿插于黄炎培的生平事迹之中，虽然没有系统分析，但是通过黄炎培的个人经历、家庭生活、实践活动，可以侧面反映他的职业教育思想的某个方面或某一主张。文学传记毕竟不是专门的黄炎培职业教育思想研究，传记中有些关于黄炎培的教育思想观点和政治观点缺乏依据，带有一定的臆想成分，比如尚丁在《黄炎培》中，认为黄炎培在"非有斋"中研读裴斯泰洛齐等人的西方教育著作，可实际上，黄炎培在1913年8月发表的文章中早已提及裴斯泰洛齐的生活教育，他1914年2月才搬到"非有斋"，两者从时间上看没有直接联系。这种人物传记的文学性较强，允许掺杂作者的想象，可以作为理解黄炎培职业教育思想的一个侧面参考，但是很难作为史料依据引用。

（二）关于黄炎培教育思想的研究

黄炎培教育思想的研究主要集中于大量中国教育史、中国教育思想史著作之中，侧重于对黄炎培教育思想的介绍评价。第一次中国教育史研究高潮著作中出现黄炎培教育思想的研究，现留存在各高校图书馆的代表性著作有：舒新城著《近代中国教育思想史》、陈青之著《中国教育史》、任时先著《中国教育思想史》，从中可以看出，在中国教育史中开始出现黄炎培职业教育思想的评介研究；第二次中国教育史研究高潮是20世纪80年代至今，比较有代表性的研究成果有：朱经农著《教育思想》、毛礼锐和沈灌群主编《中国教育通史》、郭齐家著《中国教育思想史》、沈灌群和毛礼锐主编《中国教育家评传》、王炳照和阎国华主编《中国教育思想史》、孙培青主编《中国教育史》、陈学恂主编《中国教育史研究》、曲铁华主编《新编中国教育史》、北京师范大学出版社版修订出版《中国教育通史》，等等。这些教育史著作多是关于职业教育思潮的评述，主要介绍黄炎培职业教育的基本思想和内容特色，以及黄炎培职业教育思想对今天的启示意义。

从中国教育史著作中可以看出，黄炎培职业教育思想的评价研究在教育史上所占篇幅很多且越来越多，这说明其教育史学价值逐步提高，受研究者的重视程度在不断提高。一方面，反映了教育史学科的细化和发展，职业教育在中国教育史从无到有，从边缘化到逐渐受到重视；另一方面，也反映了黄炎培职业教育思想经过历史的沉淀，其研究价值不断被挖掘,对今天职业教育发展仍具有重要借鉴意义。但是对其评介研究旨在评价与介绍,多是从历史分期角度,梳理黄炎培为中国近现代职业教育做出的努力和贡献,以及黄炎培职业教育思想所占据的历史地位,并非切入理论视角,以黄炎培职业教育思想为研究对象进行专门学术研究的著作。

此外,教育论著中关于黄炎培职业教育思想内涵研究是比较系统和全面的,会以理论研究的视角,分析黄炎培职业教育思想的内涵价值,较具代表性的著作有三本:1997年田正平和周志毅著《黄炎培教育思想研究》、2006年唐永泽著《黄炎培职业教育思想评介》、2016年谢长法著《教育家黄炎培研究》。其中,唐永泽著《黄炎培职业教育思想评介》虽然是对黄炎培职业教育思想的评介,但实际已具有对其思想内涵研究的成分。书中系统介绍了黄炎培职业教育思想,将黄炎培职业教育思想的形成与发展,黄炎培的职业教育观、人才观、大职业教育主义等都进行了分析,在分析中提炼了黄炎培职业教育思想理论体系的主要特点,并指出了黄炎培思想价值对当代职业教育的借鉴意义,虽然介绍评价内容也不少,但是能对黄炎培职业教育思想进行客观分析与评价。而这其中最具有代表性的成果是田正平、周志毅的《黄炎培教育思想研究》,该书分为上下两篇,上篇以时间为序,将黄炎培从事教育活动的生平经历呈现出来;下篇则对黄炎培的实用主义教育思想、职业教育思想、农村教育思想、华侨教育思想等进行研究。最新关于黄炎培的研究著作是2016年谢长法著《教育家黄炎培研究》,史料非常翔实,主要记叙了黄炎培在中国现代教育方面做出的两大贡献:清末发起成立江苏教育会,而后组织成立中华职业教育社,使其成为全国最有影响力的教育社团,从社团的社会影响方面,研究黄炎培对教育做出的贡献。这些著作都是以黄炎培的生平活动为线索,对黄炎培和黄炎培思想进行研究。后两本都是较全面地对黄炎培教育思想内涵进行挖掘,先以黄炎培生平教育活动和思想发展为轨迹,较全面地论述了黄炎培教育思想,又分专题对黄炎培的实用主义教育思想、职业教育思想、农村教育思想、华侨教育思想进行研究。

自1983年中华职业教育社复社以来,加强了对黄炎培教育思想的研究,关于黄炎培研究的学术讨论会、黄炎培教育思想的研讨会时有召开,这重新揭开了黄炎培教育思想研究的序幕。其中,在全国影响较大的黄炎培教育思想研讨会的资料汇编分别是:1987年会后编辑出版的《黄炎培职业教育思想研讨会专刊》,1992年研讨会收集论文二十余篇,1996年和2006年的研讨会,这几期学术讨论会相继出版了《黄炎培研究文集一》《黄炎培研究文集二》《黄炎培研究文集三》。在这三本文集中,集中收录了这一时期关于黄炎培研究的最新成果,包括专业历史工作者和职业教育研究者的成果。其中,职业教育工作者将研究目光集中在黄炎培职业教育的理论价值,并用现代人的思维和方法从中探究其思想的闪光点。

(三)关于黄炎培职业教育思想的研究

1. 黄炎培职业教育思想的评介研究

以史为鉴,可以知兴替。教育史学中黄炎培职业教育思想研究独具特色。中国教育史研究经历了两次高潮。[1]在20世纪三四十年代的教育史著作中,关于黄炎培"职业教育"思想的论述较少,一方面是由于中国职业教育的发展起步晚,另一方面是由于黄炎培职业教育思想未经过长久时代的考验,在教育史学中的价值未得到公认。但在陈青之著《中国教育史》中,已经出现对黄炎培《学校教育采用实用主义之商榷》的介绍,并将其作为对职业教育思想的介绍,从中看到了黄炎培实用主义教育思想在当时社会的影响,"全国教育观念为之发生变化","实用主义"成为最时髦的词。在舒新城所著的《近代中国教育思想史》中,除了将"实利教育思想与实用教育思想"独立成章进行述评,还将黄炎培的"职业教育思想"也单列出来进行专门阐述,并对以黄炎培为首的现代职业教育思潮在中国教育史上的影响给予极高评价,将黄炎培职业教育思想发展变化过程作为当时职业教育思想变迁的线索,这说明黄炎培职业教育思想在教育史学上的价值在当时已初露端倪。

中华人民共和国成立之后,中国教育史发展一波三折,但是从20世纪80年代至今,中国教育史研究得到繁荣发展,这一时期的中国教育史著作中,凡提实用主义教育或者职业教育,必提黄炎培的职业教育思想,关于黄炎培教育思想评介几乎被载入所有中国教育史著作,且述评研究所占比重越来越大,成为教育史研究的重点单列章节。例如,陈学恂主编《中国教育史研究》的"现代分卷"中,从黄炎培职业教育思想形成的社会背景、理论基础、核心特点等论述黄炎培职业教育思想,从七方面论述黄炎培的职业教育思想体系。曲铁华主编的《新编中国教育史》,在介绍黄炎培教育思想时,直接将黄炎培的职业教育探索作为研究内容,从黄炎培关于职业教育目的、方针、原则,以及职业道德教育等组成部分专门分析,勾勒出了黄炎培职业教育思想体系框架。北京师范大学出版社版修订的《中国教育通史》是由20世纪90年代出版的王炳照、阎国华主编的《中国教育思想通史》和王炳照、李国钧主编的《中国教育制度通史》合编而成,并且还对当时职业教育思潮演进进行了专门章节阐述,不仅对职业教育内涵进行了界定,还分析了职业教育重点被泛化的原因,这实际反映了黄炎培职业教育思想在中国教育史地位的渐变过程,也

---

[1] 李涛.百年中国教育史研究高潮的回顾与反思[J].东北师大学报(哲学社会科学版),2003(2):106-113.

反映了职业教育在中国教育史地位的逐渐提升。

随着中国社会经济发展方式的转变,国家对职业教育发展的需求与日俱增,职业教育在国民教育中所占比重加大;再加上教育史学科的细化发展,高校教育学专业专门开设了职业教育研究方向课程,关于中国职业教育史著作也开始出现在研究者视野。具代表性的中国职业教育史著作有:闻友信等著《职业教育史》、吴玉琦著《中国职业教育史》、石伟平主编《中国职业教育史研究》、谢长法著《中国职业教育史》、孟庆国等著《中国职业技术师范教育史》。在这些职业教育史著作中,不仅运用了大量篇幅介绍黄炎培生平和教育活动,更是从多视角论述黄炎培职业教育思想,如石伟平主编《中国职业教育史研究》中,第九章至十一章,将黄炎培职业教育思想精神内涵蕴于清末民初实用主义教育、北洋军阀时期职业教育和国民政府时期的职业教育发展变化中,不仅从黄炎培推动职业教育学制确立角度,还从职业教育目的、教学原则、实习方法、道德教育多方面来分析黄炎培职业教育思想,进一步阐释了黄炎培对"职业"和"职业教育"理解的不断深化。

2. 黄炎培职业教育思想的内涵研究

"内涵"即蕴含在内,用来反映事物的内在本质属性。关于黄炎培职业教育思想内涵的研究主要是从学术价值角度,挖掘黄炎培职业教育思想所蕴含的内在哲理,这是黄炎培职业教育思想评介研究的深化,已具备一定的研究深度。从搜索到的"黄炎培职业教育思想"内涵研究成果来看,此类研究层次水平高低不一,有的仍停留在黄炎培职业教育思想的内容分析层面,但有研究者已经有意识地选取不同研究方法或视角,挖掘黄炎培教育思想的内涵与意义。在"黄炎培职业教育思想"的研究过程中,大量的文献源自以下学者:全国政协副主席、中华职业教育社理事长张榕明,南京工业职业技术学院唐永泽,华东师范大学教科院马庆发,北京师范大学职业与成人教育研究所高奇,浙江大学教育学院田正平等,他们推动并引领黄炎培职业教育的研究与发展。众多教育研究机构在"黄炎培职业教育思想"研究方面成果斐然,如南京工业职业技术学院、华东师范大学职业教育与成人教育研究所、黄炎培职业教育思想研究会、兰州石化职业技术学院等,这些机构一直关注职业教育理论研究,也持续关注黄炎培职业教育思想的研究。

通过统计分析发现,与民国同时代教育家粗略进行比较,关于"陶行知"为主题包含"教育思想"的检索文献高达5487篇,关于"蔡元培"为主题包含"教育思想"的检索文献834篇,关于"陈鹤琴"为主题包含"教育思想"的检索文献559篇,关于"晏阳初"为主题包含"教育思想"的检索文献477篇。从研究数量来看,关于黄炎培职业教育思想的研究文献并不算少,对其有效文献进行再分析发现,关于黄炎培"职业教育思想"内涵研究文献只有218篇，偏低于其他民国教育家教育思想的研究文献。这说明，关于黄炎培职业教育思想内涵研究相对比较少。较有学术价值和代表性的文献是1980年唐龙圭和沙裕忠发表的《从实用教育到职业教育——评黄炎培职业教育思想》，首开中华人民共和国成立后关于黄炎培职业教育研究的先河，其他具有代表性且被研究者广为下载和引用的有：福建师范大学黄仁贤《黄炎培职业道德教育思想探微》，北京师范大学高奇《黄炎培职业教育思想研究与实验》《黄炎培职业教育思想研究》，南京工业职业技术学院唐永泽和傅瑞林《论黄炎培职业教育思想的核心理念》，南京工业职业技术学院王晓东《黄炎培职业教育思想"以人为本"的价值取向》《黄炎培职业教育思想理论体系的基本特征》，湖南省教育科学研究院职成教育研究所汤大莎《黄炎培职业教育思想理论体系研究》，重庆中华职业教育社傅正洪《黄炎培职业教育思想——现代职业教育理念的基石》，焦作大学吴玉伦《黄炎培大职业教育思想的理论价值》，中央教育科学研究所刘巧利、刘璞《从"实用主义教育"到"职业教育"——谈黄炎培的职业教育理念》，湖北工业大学李梦卿等《黄炎培职业教育思想的发轫径迹与价值衍增》《传承与发展：黄炎培职业教育思想的价值追寻》。这些关于黄炎培职业教育思想的内涵研究，多从黄炎培职业教育的核心理念入手，对其"手脑并用""乐岗敬业""以人为本"等观点进行深层分析。再进一步检索分析发现，期刊论文不论是在数量上，还是在角度的多样性上，都显示出了学位论文无可比拟的丰富性，但是期刊论文研究的理论深度不够，多是黄炎培职业教育思想内涵的价值研究，或者选取其职业教育思想的某一切入点进行挖掘。

在这些文献资料中，关于黄炎培职业教育思想形成的历史背景、思想发展变化过程、思想主要内容特点等成为研究的重点，在黄炎培职业教育思想内容方面没有摆脱教育史中关于人物教育思想的范式研究，从教育作用及地位、教育目的、教育方针、教学原则、德育等方面分析黄炎培职业教育思想，多数文献从史料进行分析佐证。除了对黄炎培职业教育思想内涵进行全面研究，还对黄炎培职业教育思想某一点进行深度挖掘，如黄炎培的职业指导理论研究、黄炎培的教育管理理论研究、黄炎培的道德教育理论研究等。在研究时间上看，关于"黄炎培职业教育思想"的研究主要集中在近十年以来，特别是从2006年始，黄炎培职业教育思想研究进入一个崭新阶段。2005年之前，相关的研究文章总共只有12篇，到2006当年就达到27篇。自2006年以来，关于黄炎培职业教育思想的研究都保持在每年30~50篇规模。细究原因，可以发现，2005年国务院《关于大力发展职业教育的决定》中提出"大力发展职业教育"，建立并完善"中国特色的现代职业教育体系"。这反映了中国在由农村经济结构向城镇化转型的过程中，国家对职业教育越来越重视。缘于中国社会对职业教育发展的迫切需要，开始转入对职业教育理论的探究，如何从职业教育理论上指导职业教育发展成为学者们试图寻找的途径。于是,研究者重新回到中国近现代职业教育的源头,希望从黄炎培职业教育思想的研究中,能够寻找解决职业教育问题的方法,这也是撰写本书的出发点。

通过对黄炎培职业教育思想的内涵研究,逐渐发现存在某些局限性,主要体现在以下几个方面。①虽然研究数量自2006年开始增多,但是重复研究现象较为严重。中华职业教育社每年都有关于黄炎培职业教育思想研讨会,也曾收录过黄炎培职业教育思想的研究成果,出版了三本黄炎培研究文集,但是很多研究文章都是泛泛介绍黄炎培生平事迹,往往从研究黄炎培生平教育思想出发,围绕教育史中黄炎培"大职业教育主义"思想进行介绍评价,很多研究停留在就事论事层面,内容比较浅显,缺乏一定新意和研究深度。②研究者囿于职业教育内部,没有看到黄炎培职业教育思想的出发点和归宿是回到社会改造大视角,多侧重于黄炎培职业教育思想形成发展的演变过程。依据20世纪上半叶的中国职业教育思潮三阶段划分黄炎培职业教育思想,没有切实从黄炎培职业教育思想的内在生成、发展、转变入手分析其思想嬗变的原因。③缺乏理论视角的创新,研究黄炎培职业教育思想就是罗列黄炎培的教育贡献,对黄炎培职业教育思想产生的社会条件缺乏深入的客观分析。

3. 黄炎培职业教育思想的比较研究

通过中国知网检索发现,关于黄炎培职业教育思想的比较研究只有18篇,这反映了黄炎培职业教育思想的比较研究相对较少。此类研究主要分为三大类。

(1) 黄炎培职业教育思想的渊源继承的比较研究,通过与其他人职业教育思想比较,重点分析黄炎培职业教育思想的产生和形成。例如,李雪莲《黄炎培与杜威教育思想之比较》,史淑丽《黄炎培与杜威职业教育思想之比较》,李照清《黄炎培与杜威职业教育理论之比较》,王彪《试论蔡元培、黄炎培职业教育思想的继承发展关系》,董爱国《陶行知与黄炎培职业教育思想之比较》,李丽华《陈独秀与黄炎培职业教育思想之比较》,彭干梓、夏金星《蔡元培与黄炎培:上世纪初中国主流职业教育思想的师承与创新》,雷婷婷《张謇与黄炎培职业教育思想的相通之处》。在比较黄炎培与他人职业教育主张之中,寻找黄炎培职业教育思想的生成和职业教育发展的共同规律。实际上,在中外教育史研究中,原本留有职业教育论著的思想家就不多。所以,黄炎培职业教育思想的比较研究主要集中在与杜威、凯兴斯泰纳、蔡元培、陶行知教育思想的比较研究。在中国,最多是将黄炎培与杜威的职业教育思想进行比较,由于其职业教育想法得益于美国教育考察,这也说明黄炎培受杜威实用主义教育思想影响。研究者多认为,黄炎培职业教育思想是从杜威实用主义思想发展演变而来,而当时中国社会受杜威实用主义哲学影响较深。同时,杜威职业教育思想是其教育思想的有机组成部分,杜威非常重视职业教育的发展;两人对职业教育中的"职业"概念都进行了广义界定,两人都矢志不渝地追求教育改造社会,在学校系统中致力于每个人的职业培养,从而达到社会改造的目的。当时,国内新学盛行,黄炎培的职业教育思想受其师蔡元培实利主义教育思想影响。如王彪在《试论蔡元培、黄炎培职业教育思想的继承发展关系》中将二人同称为中国现代职业教育开创者,认为蔡元培实利主义教育是为职业教育奠定基石,黄炎培的职业教育思想是对蔡元培职业教育思想的继承和发展;彭干梓等发表《蔡元培与黄炎培:20世纪初中国主流职业教育思想的师承与创新》,文中明确提出黄炎培职业教育思想是对蔡元培实利主义教育的师承和创新,将二人同时尊称为中国现代职业教育的开创者,认为二人将高等教育与职业教育紧密相连,是中国职业教育史上的宝贵财富。

(2) 黄炎培与他人在职业教育思想上的差异研究。通过黄炎培与他人在职业教育主张上的区别,着重分析黄炎培职业教育思想的特点。例如,马斌《张謇、黄炎培、陶行知的职业教育理论及其当代价值》、朱冬梅《黄炎培与凯兴斯泰纳职业教育思想比较》。由于黄炎培在其职业教育思想形成过程中,多次提到受裴斯泰洛齐职业教育思想的影响,但在实际思想比较过程中,研究者更多发现的是两人思想的差别。韩柱香和朱冬梅都从两人的职业教育目的、社会背景、产生目的、职业道德培养等方面,比较了黄炎培与裴斯泰洛齐关于职业教育主张方面的各自特点;在20世纪20年代中国首次出现职业教育思潮,这一思潮的代表人物还有陆费逵、陶行知等,他们对职业教育理论建设都做出了不同程度的贡献。因此,在职业教育思想研究中免不了被拿来与黄炎培的职业教育思想进行比较。此外,中国职业教育产生的特殊背景,与中国实业教育的渊源关系,都在比较研究中更好地理解了中国职业教育产生的特殊性。马斌在《张謇、黄炎培、陶行知的职业教育理论及其当代价值》中就分析了张謇、黄炎培和陶行知在不同时期职业教育的各自特点和侧重点。

(3) 全面分析黄炎培职业教育思想与他人职业教育思想之异同的研究。例如,张晓明《杜威、黄炎培职业教育思想之比较》,阮婧、李纯蛟《张澜与黄炎培职业教育思想探讨与启示》,羌建、马万明《张謇与黄炎培职业教育思想及实践之比较研究》,龚财枝《黄炎培、陶行知农村职业教育思想比较研究》,李向红、任一明《卢作孚与黄炎培职业教育思想之比较》,河南大学史淑丽《黄炎培与杜威职业教育思想比较研究》,河南大学李小妮《黄炎培与凯兴斯泰纳职业教育思想比较研究》。张晓明认为,二人对职业教育概念、目的、实施途径、课程体系建设等微观方面存在不同,将中西两位职业教育思想大家的职业教育观和职业教育思想形成的过程进行分析研究。河南大学史淑丽《黄炎培与杜威职业教育思想比较研究》和李小妮《黄炎培与凯兴斯泰纳职业教育思想比较研究》分别在 2007 年和 2010 年对黄炎培职业教育思想与杜威和凯兴斯泰纳职业教育思想进行了全面比较，在论文中将黄炎培与杜威和凯兴斯泰纳职业教育思想出现的社会环境等进行了全面解读，从职业教育思想的社会化、科学化、平民化多个角度，深入分析两人职业教育思想的相同和相似之处。

此外，在其他人物教育思想研究中，穿插着黄炎培职业教育思想的研究，在国内只要涉及职业教育思想的研究，就会涉及与黄炎培职业教育思想的比较，比较有代表性的是：翟红霞《20 世纪上半期职业教育思想研究》、龙凤姣《清末民初女子职业教育思想研究》、王成涛《中华职业教育社与中国职业教育近代化》、许念英《中国早期职业教育的总体特征及其思想渊源》、王乐《民国早期职业教育思潮述评》、曾晓芳《晏阳初职业教育思想探析》、袁姣《邹韬奋与中国近代职业教育》、李向红《卢作孚职业教育思想研究》、戴亦明《张謇的实业教育思想》。这些研究，多从比较教育学角度，分析黄炎培对中国新教育之路的探索，将黄炎培职业教育思想当作对杜威的实用主义教育的本土化改造，而非专门对黄炎培职业教育思想的比较研究。

4. 黄炎培职业教育思想的启示研究

随着对黄炎培职业教育思想研究的深入，学者在研究中越来越注重黄炎培职业教育思想的现代价值和当代启示，增强了思想研究的实用性价值，这也是史学研究的价值所在。在中国知网检索到关于黄炎培职业教育思想启示研究有 152 篇，较具代表性和时代特征的是：高奇《黄炎培职业教育思想研究与实验》《黄炎培职业教育思想研究》、唐永泽和傅瑞林《论黄炎培职业教育思想的核心理念》、潘懋元《黄炎培职业教育思想对当前高等职业教育的启示》、张哲华《论黄炎培的职业教育思想及其对当前农村职业教育的启示》、李新民和邹林斌《黄炎培职业教育思想的精髓及其对当代职业教育的启迪》、王前新和严权《黄炎培的职业教育思想及其对我国职业教育的启示》、许瑞泉《黄炎培职业教育思想的现代价值探究》、马庆发《黄炎培职教思想的现代价值与行动策略——兼论职业教育促进新农村建设》、郑玲《黄炎培职业教育思想与中等职业教育培养目标定位》、龚财枝《黄炎培职业教育思想及其对高职教育发展的启示》、王勇《黄炎培职业教育思想及其对我国当代职业教育的启示》、徐国立《黄炎培职业教育思想及其对高职人才培养的启迪》、尹浩《黄炎培教育思想引领职业学校发展的实践探索》、杨克亮《黄炎培职业教育思想与现代职业教育》。

在这些黄炎培职业教育思想的"当代启示"研究中,主要是结合当代职业教育发展的时代特征,围绕当代中国职业教育发展的现实意义展开,主要可归纳为四个方面的重要启示。①重视教育实践能力的培养,这对当今教育仍具有重要启示意义。黄炎培大力提倡"手脑并用"原则,尤其重视体育教育。②黄炎培重视学生健全个性的教育,认为教育要培养的是完整的人,对学生个性化培养也相当重视。③黄炎培重视学生职业道德的教育,学生的道德培养是一切教育的前提,特别是学生对职业道德理解,不同职业有不同的职业道德特点。④社会化办学的启示,黄炎培重视教育与社会的沟通,认为不能关起门来办教育,不仅筹资渠道从全社会想办法,而且在学生学习内容上也主张与社会相结合。

这些研究多从黄炎培职业教育思想的平民性、实践性、科学性等基本特征入手,探讨黄炎培职业教育思想对中国近代职业教育具有的理论价值和实践意义,以此启迪中国职业教育的发展方向:职业教育是比普通教育更复杂的教育类型,必须加强职业教育与社会、企业的联络,必须与时俱进、开拓创新。黄炎培职业教育思想研究本身的目的不仅是唯思想而思想,作为一种职业教育史料的梳理,更应是为现实职业教育改革提供解决问题的办法,只有全面客观分析历史中的经验和教训,才能以史为鉴,直面当今职业教育的现实问题。

三、本书写作的主要目的、思路与方法

(一)写作的主要目的

涂尔干说过:"通过从历史的角度考察教育,我们不仅将有能力更好地理解现在,还有机会重新回顾过去本身,将那些我们很有必要予以认识的失误揭示出来,因为继承这些失误的正是我们自己。"[1]基于此,本书主要有以下两个写作目的。

(1) 全面、系统梳理黄炎培职业教育活动的嬗变历程和职业教育的基本思想与实践。选取黄炎培先生的职业教育思想作为研究对象,包括黄炎培职业教育活动生成的社会背景和思想渊源、黄炎培的职业教育本质思想、职业教育管理思想、职业教育教学思想和职业道德教育思想。以此作为职业教育理论研究的一个切入点,从而为黄炎培职业教育思想理论研究的深化起到抛砖引玉的效用,也是为中国职业教育理论研究做一点微不足道的贡献。

(2) 本书力图全面收集整理黄炎培职业教育思想与实践活动史料,挖掘黄炎培的职

---

[1] 爱弥尔·涂尔干.教育思想的演进[M].李康,译.渠东,校.上海:上海人民出版社,2006.

业教育本质思想、办学教学思想及职业教育德育等方面的思想价值。基于黄炎培职业教育思想对"教育与社会""教育与生产劳动""个人与国家"关系的认识及对中国职业教育的历史影响,客观评析黄炎培职业教育思想的贡献与局限,结合我国目前职业教育深化改革与发展过程中存在的现实问题,提出黄炎培职业教育思想为今所用的经验、理论和依据,以求为现阶段中国职业教育事业发展提供思想资源和经验借鉴。

(二)写作的主要思路

本书力图从纵向研究与横向研究双向思路来全面呈现黄炎培职业教育思想与实践活动。在纵向研究上,以时间为线索展现黄炎培职业教育活动嬗变的过程;在横向研究上,分析黄炎培职业教育的基本思想组成部分,如黄炎培职业教育的本质思想、管理思想、教学思想和德育思想;以及黄炎培重点参与的中华职业教育社、中华职业学校和徐公桥改进试验区的改革活动。本书的主要框架思路如下。

首先,对黄炎培职业教育活动产生的社会背景进行剖析。黄炎培职业教育思想的产生既受世界各国职业教育发展的影响,又受国内社会政治、经济、文化环境的影响,国内外社会发展的需求催生了现代职业教育。发展职业教育是顺应世界潮流和当时中国现实发展的需要,黄炎培顺势学习西方职业教育思想,在中国推行职业教育。国外职业教育迅猛发展,以及国内辛亥革命胜利后的政治形势、民族资本主义经济的短暂发展、西学东渐文化思潮的影响,都为黄炎培职业教育思想的形成提供了可行性外在因素。

其次,对黄炎培选择职业教育救国寻根究底。在中国社会从传统到现代的转型过程中,黄炎培不仅受中西文化思想的冲击,还经历了大量国内外教育考察等实践活动,这些都成为黄炎培选择职业教育救国的缘由;另外,黄炎培受"教育救国"思想影响,希望通过职业教育能救中国,出发点和归宿皆是社会改造,通过分析理解黄炎培职业教育思想的这一逻辑生成点,能更好地理解黄炎培职业教育的基本思想。

然后全面呈现黄炎培职业教育活动的嬗变历程。本书以时间为序,以黄炎培的教育活动为中心,坚持实事求是的原则,贯穿黄炎培推进职业教育事业发展的一系列重要事件和黄炎培致力于"教育救国"的一系列经历,从而全面梳理黄炎培职业教育思想的孕育发酵、萌芽形成、发展成熟和泛化转型历程。本书改变了以往按职业教育思潮三阶段划分黄炎培职业教育思想形成发展过程的固有分期,力图围绕黄炎培"职业教育"思想,全面、客观描绘黄炎培一生职业教育思想的发展演变轨迹。

特别选取黄炎培领导和组织的职业教育活动中比较典型的几个案例进行呈现。中华职业教育社具备较为完善的组织架构,社员分工明确,各司其职;定期召开年度会议,保持组织的活力；不断壮大社团力量，为职业教育发声，扩大影响力等都值得现今社团借鉴。中华职业学校从学科设置到办学实践中对实习工厂、学生动手能力的重视，以及形成的办学特点和经验也是现今职业学校办学的宝贵财富。徐公桥改进试验区更是为乡村振兴战略背景下的农村教育提供了许多先进、开明的做法。这些都为今后职业教育发展提供了多方面参考。

与此同时，专辟一章，分析黄炎培职业教育的基本思想组成部分。以黄炎培职业教育的本质思想、管理思想、教学思想和德育教育思想为专题，围绕黄炎培对"什么是职业教育""如何进行职业教育办学"等问题，对黄炎培职业教育的目的功能、办学管理方式、教学方法、德育主张等进行阐释解析，既涵盖黄炎培对职业教育的理论认识，又具体到黄炎培在职业教育实践活动中形成的职业教育管理观、教学观、德育观等。

此外，对黄炎培职业教育思想进行多维度评析。在分析黄炎培职业教育思想时，要"知变"，还要"明因"，既要看到黄炎培职业教育思想在当时社会上产生的效果，又要阐释其职业教育思想所受时代、环境的种种影响。力求客观评析，符合当时社会情境，既要看到黄炎培职业教育思想于那个时代的重要理论价值和历史贡献，又要反思黄炎培职业教育思想的时代局限性。

最后，对黄炎培职业教育思想的当代启示进行反思。黄炎培职业教育思想虽然形成于20世纪初的教育改革浪潮中，相较今天，中国社会制度虽然已经发生了根本变化，但中国目前面临深化职业教育改革的诉求同样强烈，通过回顾黄炎培职业教育实践历程的经验及教训，反思黄炎培职业教育思想的合理性和局限性，可以更好地为现阶段构建现代职业教育体系提供经验依据，也可以为现代职业教育的改革发展提供借鉴与启示。

（三）运用的主要方法

本书采用文献研究法、历史研究法、比较研究法等多种研究方法，结合历史学、教育学、社会学等学科视角，把黄炎培职业教育思想置于职业教育思潮、民国社会这个大的历史背景下去考察。除认真研读《黄炎培日记》《黄炎培教育文集》《黄炎培教育文选》《黄炎培教育论著选》《黄炎培诗歌集》等，本书尽可能搜集其他未入编的黄炎培职业教育思想读本，如《双手万能》《敬业乐群》《黄炎培卷》，从接受的视角阅读了不同时期学者的教育史专著、学术论文、期刊论文、传记年谱等，从比较的需要出发，阅读了大量提倡职业教育主张的相关中外教育史著作和职业教育史专著。

1. 文献研究法

人物思想的主要研究方法即文献研究法，本书也不例外。本书尽可能在充分占有相关史料基础上开展研究。首先,对黄炎培教育文集、日记、生平事迹、传记谱系、诗歌书信等进行整理收集、阅读分析;其次,继续查阅江苏省志、川沙县志、《教育与职业》等民国期刊,以及当时的经济、政治、文化等史料数据;再次,厘清"中国知网"中,从1980年1月至2017年12月所有关于黄炎培职业教育思想的研究成果,对黄炎培职业教育的活动经历和思想主张进行分析研究。以求在全面分析掌握黄炎培一手文献资料的基础上,发现黄炎培职业教育思想研究中存在的问题,找出自己的研究空间,提炼出黄炎培职业教育思想给今天职业教育深化改革的借鉴和启示。

2. 历史研究法

黑格尔认为,只有哲学的方法,即历史的与逻辑的相统一的方法,才是最高的最完善的认识真理的方法,职业教育发展遵循怎样的历史规律,即哲学的方法是哲学职业教育发展的具有选择权重的方法。本书选用历史研究法,通过查阅民国时期的社会构成、政治状况、经济状况、文化状况等,试图还原黄炎培所处的时代背景,从人物所处历史环境中理解问题。通过洞察黄炎培职业教育思想形成的过程及历史动因,按照历史发展的顺序,将黄炎培的生活实践史、教育思想史进行统一整理和归纳;同时,反思黄炎培在不同时期对职业教育的认识,以期为中国现代职业教育的发展提供借鉴经验。

3. 比较研究法

比较研究法可以较全面地考察、认识事物。本书在黄炎培职业教育思想形成的基础上,比较黄炎培职业教育思想与杜威实用主义教育的不同,以及与蔡元培、裴斯泰洛齐等职业教育思想的师承发展关系,以求发现职业教育界对职业教育的普遍认识,寻找职业教育在中国生成的原因。从而为中国现代职业教育的发展寻求道路,得出符合客观历史事实和教育发展规律的结论。

黄炎培职业教育思想的时代背景

> 职业的专门化,由于能使劳动者的技术熟练,所以促成劳动成果在质与量上的提升,也因此而对公共福祉有所贡献,也等于是为最大多数人谋福利。
>
> ——马克斯·韦伯[1]

"教育是附属于社会的一个体系,它必然反映着那个社会的主要特征。"[2]同样,任何教育思想的产生都离不开它所处的社会环境,教育思想一方面服从于环境条件,另一方面又作用于环境条件。所以,教育家舒新城道出了教育思想与社会环境的直接关系:"宇宙间一切现象,都须受因果律底支配,一种思想的产生也自然有它的原因。此种原因分析来虽然很复杂,但有一条通则可应用于说明一切思想之由来,就是思想是应付环境的。"[3]他进一步强调了研究教育思想产生原因的重要性,称之为"思想史之研究,第一要注意思想所以产生之缘由"。[4] 受舒新城这一思想史观影响,本书在回答黄炎培职业教育思想是什么之前,先对黄炎培职业教育思想产生的缘由进行分析。舒新城认为中国职业教育思想的"产生之来源有二:一由于国内社会之需要,二由于欧美职业教育思想之激荡"。[5] 黄炎培本人在1917年《本社宣言书之余义》中也阐释了在中国提倡职业教育的两个原因:"其一,职业教育者,盛行于欧洲,渐推于美国,而施及东方;其二,本社之倡

---

[1] 马克斯·韦伯.新教伦理与资本主义精神[M].康乐,简惠美.译.桂林:广西师范大学出版社,2010.
[2] 联合国教科文组织国际教育发展委员会.学会生存:教育世界的今天和明天[M].北京:教育科学出版社,1996.
[3] 舒新城.近代中国教育思想史[M].福州:福建教育出版社,2007.
[4] 同上.
[5] 同上.

职业教育,非专事推荡世界潮流以徇时尚。诚恫夫今之国家与社会,不忍不揭橥斯义,为万一之补救,本于自谋非发于外铄。"[1]这都为黄炎培职业教育思想产生的缘由提供了研究维度指向,即要从国际职业教育发展趋势和国内职业教育发展需要的社会大背景入手,分析黄炎培职业教育思想的产生既符合中国谋求自身发展的需要,又符合世界发展趋势的需要。

20世纪是风云变幻的世纪,西方各国发生了科技革命,社会形态和世界格局发生了很大变化。特别是在20世纪上半叶,两次世界大战,从欧洲战场扩大到亚洲战场,从大西洋延伸到太平洋,全世界先后有61个国家和地区卷入战争;新的世界政治格局正在形成;继第一次工业革命后,又发生了第二次技术革命,主要资本主义国家基本实现了工业化,新的世界经济格局正在形成。

19世纪末至20世纪初期,中国同样面临特殊的社会转型,清政府的灭亡、辛亥革命的不彻底性,造成了国内政局动荡、军阀割据;由于中央政权虚弱,又为社会经济文化发展提供了相对自由生长的空间,出现了短暂的民族资本繁荣和文化复兴。正如狄更斯《双城记》开篇描述的历史拐点处的记忆,"那是最好的时代,那是最坏的时代;那是智慧的时代,那是愚昧的时代;那是信仰的时代,那是怀疑的时代;那是光明的季节,那是黑暗的季节;那是希望的春天,那是失望的冬天……"。[2]这也是中国知识分子面临社会转型期救亡与图存并举的时代背景。在此特殊社会背景下,中国知识分子不约而同地走上了寻求社会改造的道路,只不过选择的社会改造途径各不相同,如梁漱溟、陶行知"乡村教育改造",孙本文、张佛泉"政治社会改造"。而黄炎培选择了一条"职业教育救国"的社会改造道路,他认为当时社会面临三大问题,这也是他经常提到的自己倡导职业教育是因为受了三大刺激:"一般社会生计之恐慌为一刺激,百业之不改良为又一刺激,各种学校毕业生失业者之无算为又一大刺激。"[3]从社会学角度分析,这三大刺激即当时社会的政治环境、经济环境、文化环境矛盾聚集焦点。所以,对国内社会整体环境进行研究,可以帮助理解中国职业教育产生的原因,理解黄炎培职业教育思想产生形成的必然。

---

[1] 中华职业教育社.黄炎培教育文集(第二卷)[M].北京:中国文史出版社,1994.
[2] 查尔斯·狄更斯.双城记[M].石永礼,等译.北京:人民文学出版社,1993.
[3] 中华职业教育社.黄炎培教育文集(第一卷)[M].北京:中国文史出版社,1994.

第一节　国家救亡图存的时代需要

一、社会转型时期的民族危机

史学界一般将1840年的鸦片战争作为中国近代史的开端,认为鸦片战争是中国历史的转折点,而将19世纪60年代洋务运动的开始作为中国近代化的开端。19世纪下半叶开始,闭关自守的清政府遭遇了世界资本主义列强的不断入侵,外国侵略者迫使清政府签订了一系列不平等条约,将侵略势力伸向中国,中国屡遭列强凌辱与瓜分,逐渐丧失了独立自主地位,民族危机严重。自此,中国人民同外国侵略者之间的矛盾逐渐成为主要社会矛盾。同时,国内阶级矛盾斗争日益激化,经历了太平天国运动和义和团运动,清政府一败涂地,甚至沦为"洋人的朝廷"。[1] 两次鸦片战争的失败,让清政府从"闭关锁国"的盲目自信自大中清醒过来。为了"自强"和"求富",中国走上了向西方学习的道路,古典中国这个异常稳定的传统社会形态开始瓦解,中国传统社会开始向现代社会转型。1895年,甲午中日战争爆发,中国的民族危机进一步加深,国内要求救亡图存的呼声越来越高涨。这使中国知识分子开始反思中国西学之路,由学习西方器物到学习西方制度,进一步到学习西方文化。

20世纪初,辛亥革命虽然推翻了清政府的统治,结束了中国两千多年的封建专制,于1912年正式建立了中华民国临时政府,但是临时政府存在时间非常短暂,同年就被以袁世凯为首的北洋军阀政府替代,直到1928年北伐战争结束,一直都是北洋军阀政府统治时期。这一时期中央政府在政权权威上缺失,各政党多围绕政治权力争夺,党派之间纷争,导致出现军阀割据、中央政权虚化的局面。这时的中国处于剧烈的政治社会动荡时期,社会各种势力及政治代表空前活跃,中国近代史上出现了绝无仅有的政党林立时期。据统计,在辛亥革命前后,各地宣告挂牌政党团体达到300多个。这些政党大多没有固定的政治纲领和组织领导机构,其基本宗旨围绕"民主共和""发展平民教育",实际上大相径庭。

整个民国时期,虽然名义上实行的是资产阶级民主共和制。但是,中华民国政治体制多变,先后经历了南京临时政府统治、北洋军阀统治和南京国民政府统治三个时期,而且政权组织形式更迭频繁,先后有总统制、责任内阁制、君主制、大元帅制、委员会制等。

---

[1] 中国史学会.辛亥革命(二)[M].上海:上海人民出版社,1957.

"整个民国社会,仍是一个以手工劳动为基础的小生产到社会化大生产,从以一家一户为单位的农业与家庭手工业紧紧结合的自然经济到商品市场经济,从传统的家庭血缘为主的宗法关系到由法治所保障的自由、独立的人际关系,从迷信到科学,从专制到民主,从封闭到开放,从地域性联系到世界性联系的这一由旧制向新制转型过渡的时代"。[1]而且,当时无论是哪个时期的政府,都无力改变中国"亡国灭种"的民族危机,民族矛盾和阶级矛盾始终是这一时期的主要矛盾,中国半封建半殖民地的社会性质没有改变。半殖民地半封建社会的政治环境,导致不同时期各个阶级的进步爱国代表人物,对于近代中国历史主题的认识有着惊人的相似之处:围绕民族解放、民权自由和民生幸福展开,目的是救亡图存,实现国家独立富强和人民的自由幸福。

由于鸦片战争,中国社会被迫打开了自己封闭的大门,接受外国侵略者带来的现代化诸因素,本身对这种现代化方式是一种抗拒、排斥的态度,那么,这种被动现代化的进程必然缓慢且有其特殊性。中国社会现代化进程步履维艰,造成社会认同和文化认同危机,各种社会改造思潮相继涌现,旨在改造中国社会空前的整体性危机。于是,中国近代的主要教育思潮,如国民教育思潮、实业教育思潮、实用主义教育思潮、平民教育思潮、职业教育思潮……无不伴随着民族危机而来,在民族危机裹挟下,中国知识分子努力通过推动中国教育现代化进程,来实现"救亡图存"的政治理想。近代中国的社会变革,从表面上看首先是由经济领域开始,然后逐渐向文化和政治领域拓展;从社会和国家整体视域来看,各个领域的变革又具有内在联系性,并且相互渗透、相互促进。

二、民族危机对实用人才的呼唤

中国在遭遇民族危机后,从语言、技艺学习到制度、文化学习,都旨在"救亡图存",这个向西方国家学习的过程,实际也是培育人的过程,隐含着对实用人才的迫切需要。鸦片战争后,资本主义国家加快了侵略中国的步伐,中国社会危机和民族危机加重,为挽救社会危机和民族危机,在19世纪60年代,清政府洋务派开始启动留洋计划学习西方技术,以期能够"师夷长技以制夷"。特别是甲午中日战争的失败,面对严重的民族危机,一大批有识爱国士大夫和知识分子决心奋发图强、洗刷耻辱,掀起了声势浩大的维新变法运动。无论是"求富"还是"自强",都落实到"学"上;无论是洋务派还是维新派,几乎一致强调学习西方国家发展实业教育,也同时表达了对实用人才的强烈渴求。那么,培养实

---

[1] 忻平,等.民国社会大观[M].福州:福建人民出版社,1991.

用人才的任务理所当然成为学校的首要任务,"学校者,造就人才之地,治天下之大本也"。[1] 设立学校成为培养人才、实现富强的重要途径。这里学校所造就的人才不再是传统社会以经史之学著称的士大夫,而是中西兼通的新式人才,既要对西方国家政治、经济、文化和教育内容有一定了解,还要对"西学"中的自然科学和社会科学多方面知识具有广泛认识。

经过甲午战争后,中国掀起赴日考察学习的热潮,"据汪婉《清末中国人对日教育考察之研究》统计,自 1898 年至 1911 年,有据可稽的赴日考察者就达 1195 人"。[2] 从这一数据可以看出甲午战争后,中国面临严峻的民族危机,迫切想寻求新的救亡之道,出现求"学"若渴、求"才"若渴的局面。而这些留日学生既有朝廷官员,也有文人学者,多是学习日本的实业教育,很快日本的实业学校和实业教育制度被引介到中国。"实业教育"这一概念最早源于英语中的"industrial education",指"工业教育",经日本明治维新传入日本被译为"实业教育"后,又在这一时期被引入中国。辛亥革命之后,与清政府统治时期相比,社会上出现一些新的社会生产力及与之相适应的社会因素,社会对"实用人才"需求更为广泛。在北洋军阀统治时期,形式上实行的是资产阶级的民主制度,国会中是以资产阶级势力为主,且地方政府里也存在一定数量的资产阶级代表人物。这些人多有中西学习经历,接受过实业教育,具有较开阔的视野,在发展民族资本主义、推进中国现代化进程中能创造比较有利的条件。

第二节 民族资本主义经济的发展

一、民族资本主义发展的艰难境遇

中国民族资本主义起步于 19 世纪,是在中国被动现代化过程中发展起来的,其发展带有特殊性。第一次鸦片战争之后,外国资本主义以商品输出的形式打开了中国的大门,企图把中国市场纳入世界资本主义市场范围;第二次鸦片战争之后,外国资本主义通过新的不平等条约,攫取了协定关税、海关行政、沿海贸易、内河航行、内地通商及领事裁判等经济、政治特权,并开始进行资本输出。逐渐地,中国社会经济结构发生了变化。一方面,自然经济迅速解体,小农业和小手工业相结合的经济结构遭到破坏,并在一定程度

---

[1] 郑观应.盛世危言[M].郑州:中州古籍出版社,1998.
[2] 谢长法.中国职业教育史[M].太原:山西教育出版社,2011.

上催生了近代民族资本主义工业;另一方面,由于帝国主义控制了中国的经济命脉,封建主义与帝国主义相互勾结,阻断了中国通向资本主义的发展道路,中国陷入了半殖民地半封建社会,中国的经济日益带有殖民地性质,中国的农工商业日益成为外国资本主义的附庸。中国长期稳定的自然经济在外国廉价商品与资本冲击下逐渐解体,帝国主义对华进行商品输出和倾销,对民族资本主义发展造成巨大压力。所以,中国民族资本主义先天不足、缺乏原始积累,后天受压制、无力与外国资本主义竞争;内受中国传统重农抑商观念影响,外被资本主义强国排挤,只能在夹缝中求生存。

二、民族资本主义发展的有利因素

辛亥革命推翻了清政府封建统治,引起了中国社会政治结构的变化,为民族资本主义经济发展提供了一定条件。进入北洋政府统治时期后,与经济建设有关的政府机构主要有农商部和交通部,在当时颁布了一系列利于工商业发展的法令。1913年9月,实业家张謇出任两部总长,12月合并为农商部,公布《农商部官制》,开始推行实业计划。从1912—1927年,先后有21人担任农商总长,留美、日者占近一半,有近2/3的人接受过新式教育,但是更换频繁,严重影响经济政策的连续性。[1] 这也是当时北洋军阀统治时期政治的一大特色,反映了当时中国民族资本主义发展的特殊性。不管怎样,"据统计,从1912—1916年,北京市政府所颁布的有关发展实业的条例、章程、细则法规达86项之多"。[2] 这些法令条例一定程度地解除了民间对兴办工商企业的限制,并实行一定奖励政策,还包括对企业的保息,对民族工业产品及其所用原料的减免捐税等鼓励措施,刺激了民族资本主义经济发展。

三、民族资本主义发展的短暂春天

第一次世界大战期间,中国民族资本主义得到了很大发展。由于资本主义强国多忙于欧洲战场,对中国市场的资本输出暂时放松,中国进口货值减少,导致国内市场供应不足;且战争的消耗也使得资本主义强国增加了对中国部分商品的需求,这刺激了中国近代工业的发展,为民族资本主义工业提供了短暂的发展机会,这一时期又被称为中国民族资本主义发展的"黄金期"或是"春天"。

---

[1] 张静如,等.北洋军阀统治时期中国社会之变迁[M].北京:中国人民大学出版社,1992.
[2] 同上。

工厂企业经营状况大为好转,具体表现如下。①新设工厂数量成倍增长。1913—1915年,平均每年注册工厂41.3家,1916—1919年上升为平均每年注册124.6家,而1903—1908年,平均每年注册工厂仅为21.1家。[1]就投资而言,1914—1949年共设新厂矿379家,投资额从战前1.3亿元增加到3.3亿元,包括铁路航运在内共达4.3亿元。[2]②工厂使用蒸汽机动力明显上升,技术装备水平明显提高。1913年,全国民族工业企业使用的蒸汽动力总动力约为43448马力,1918年增加到82750马力。[3]机械动力增加表明工业技术装备水平的提高,非常明显地反映出工业化水平的进步。③投资额大增。1840—1911年的71年中,创办资本额在1万元以上的工矿企业共约953家,创办资本额约为2亿元。[4]而1912—1920年的8年中,中国创办的资本额在1万元以上的工矿企业总数约850家,创办资本总额约为2.3亿元。从设厂总数到创办资本额均反映出这一时期中国近代化开始进入了高潮。1913年,工业投资额约为5亿元,1917年约为1.3亿元,1920年约为1.6亿元。[5]④对外贸易持续发展。中国的对外贸易总值由1912年的8.4亿多两增加到1919年12.7亿两,1914年入超2.1亿余两,1915年下降到3561.5万两,1919年更是下降到1618.9万两,进出口值已经基本持平(表2-1)。

表2-1 1912—1919年对外贸易发展统计表[6]　　　单位:万海关两

年份	进出口总值	指数	出口总值	指数	进口总值	指数	入超值
1912	84361.7	86.7	37052.0	91.9	47309.7	83.0	10257.7
1913	97346.9	100.0	40330.6	100.0	57016.3	100.0	16685.7
1914	92546.8	95.1	35622.7	88.8	56924.1	99.8	21301.4
1915	87333.7	89.7	41886.1	103.9	45447.6	79.7	3561.5
1916	99820.4	102.5	48179.7	119.5	51640.7	90.6	3461.0
1917	101245.1	104.0	46293.2	114.8	54951.9	96.4	8658.7
1918	104007.6	106.9	48588.3	120.5	55489.3	97.3	6901.0

这一时期主要以棉纺织业等轻工业发展为主,实业家张謇所办的大生纱厂、荣家企业、南洋兄弟烟草公司等大型企业的经营状况也由衰复振,许多中小型企业的产销情况

---

[1] 陈真,等.中国近代工业史资料(第1辑)[M].北京:生活·读书·新知三联书店,1957.
[2] 吴承明.中国资本主义与国内市场[M].北京:中国社会科学出版社,1985.
[3] 阮湘.中国年鉴(第一回)[M].北京:商务印书馆,1924.
[4] 杜恂诚.民族资本主义与旧中国政府(1840—1937)[M].上海:上海社会科学院出版社,1991.
[5] 姜恒雄.中国企业发展简史[M].北京:西苑出版社,2001.
[6] 复旦大学历史系.近代中国资产阶级研究[M].上海:复旦大学出版社,1984.

也大为好转。相应地,工厂数量的激增,对工人的需求量也随之增长。还有资料表明,从19世纪70年代到1911年的半个世纪里,中国资本主义近代工业投资万元以上的厂矿约700个,资本总额约1.3亿元;而在1912—1918年的6年间,新建厂矿470多个,投资1亿元,加上原有企业扩建,新增资本1.3亿元以上。也就是说在1912—1918年,中国资本主义工业的发展超过了以往半个世纪(表2-2)。这些资料均说明在第一次世界大战期间和战后初期,中国资本主义所获得的迅速发展。而同一时期,外国资本增长有限,官僚资本陷于停滞阶段。

表2-2 中国民族资本主义工业1912—1920年发展速度[1]

行业	项目	1912年	1920年	发展速度(1912年为100)	年均增长率/%
棉纱	棉纱产量指数	100.0	422.4	422.4	17.4
面粉	面粉产量指数	100.0	516.9	516.9	22.8
缫丝	厂丝出口量	59157.0	77855.0	131.6	3.5
卷烟	资本额/万元	137.8	168.0	122.0	36.7
火柴	资本额/万元	294.2	745.0	253.6	12.3
电力	发电量/千瓦	12013.0	29602.0	246.4	11.9

四、民族资本主义对工人队伍的需求

第一次世界大战前后的几年,中国的民族工业确实有了长足的发展,随着工厂规模的扩大,需要的工人越来越多,工人阶级队伍也会随之壮大。例如,中国的缫丝业,已有数千年的历史,历来均采用旧式丝车缫制,自1880年意大利机械缫丝发明后,中国丝商1881年起购用意车,后代相继开厂到1921年(民国10年)增至六七十家,规模大大增加。[2] 同时,一些新式机器也逐渐投入使用,不仅对工人数量有了进一步需求,对工人的技术水平也有了相应要求。这就导致了人才供与求的矛盾,工人阶级队伍的主要来源是失去自然经济庇护的农民。在中国近代产业工人中,农民出身者约占50%;都市居民出身者约占20%;熟练手工业工人出身者约占20%;另外,还有一些为数不多的学生或其他社会流民。[3] 虽然也有少数城市居民和熟练的手工业工人,但他们也都没有经历过正式的职业学校教育。

---

[1] 复旦大学历史系.近代中国资产阶级研究[M].上海:复旦大学出版社,1984.
[2] 李文海.民国时期社会调查丛编·近代工业卷[M].福州:福建教育出版社,2010.
[3] 朱汉国.中国社会通史(民国卷)[M].太原:山西教育出版社,1997.

中国人口受教育程度普遍偏低。由于受中国传统文化影响,中国士大夫向来抱着"半部论语治天下"的态度,对社会现状的调查不足,所以,现在能查到的国民受教育程度统计不足,真正开始进行社会调研是在国民政府时期,从1922年开始比较多。自1914年新文化运动开始发展了15年,中国受教育人口平均时间仅为3~4年(表2-3),农村人口受教育程度更是数据低得令人揪心(表2-4)。

表2-3 1929—1933年受过教育的人口的平均在学时间(年)[1]

性别	平均时间	教育形式		
		旧式	新式	新旧兼有
男	4.1	4.0	3.7	7.5
女	3.0	2.8	2.9	5.3

表2-4 1929—1933年中国乡村人口受教育程度[2]

性别	人口总计/%	是否受过教育/%			是否识字/%		
		未受教育	稍受教育	不详	文盲	识字	不详
男	100.0	54.1	45.2	0.7	69.3	30.3	0.4
女	100.0	97.7	2.2	0.1	98.7	1.2	0.1

由此可以推断在20世纪初,黄炎培提倡职业教育的辛亥革命前后,文盲率会更高。这些人都不能识字,更别提接受过正规职业教育。相较于世界其他国家的学校职业教育,已经是建立在小学毕业基础之上的再学习,中国职业教育发展水平离世界先进国家职业教育发展水平还相距甚远。

其次,教育与生产需求相脱节,造成人才供与求的矛盾。所以,黄炎培大声疾呼:"社会所需要的是做事的人才,学堂所造成的是不会做事又不肯做事的人才。"[3]这种对做事的人才的需求与当时普通教育培养的人才比例失调,导致学生毕业即失业,但是社会又迫切需要人才的矛盾现状。社会失业问题普遍,在清朝末年,中国已存在大量失业现象,但因没有确切统计数据,所以不能具体分析当时的失业状态。但到了1912—1927年,加上政治局势起伏不定,失业加剧,可通过现存零星分散与局部的数字窥其一斑。可参照人口编制法进行推算,如劳动者占总人口70%为标准进行失业估计。1925年,中国人口总数大约为4.36亿人,70%人口具备劳动能力则大约有3亿人。当时农业工人有

---

[1] 朱汉国,等.20世纪的中国——走向现代化的历程(社会生活卷)[M].北京:人民出版社,2010.
[2] 同上.
[3] 胡适.胡适文存(卷4)[M].上海:亚东图书馆,1921.

87218990人、血汗工人有34887596人、机械工人有1744379人、手艺工人有13982848人，共计136933813人，剩余的168332654人是失业人口。[1]虽然调查数据反映的只是失业假象，真正的失业者是少数，无业者占据大多数，但也确实反映了当时中国失业人口之多。

第三节　新文化运动引领教育变革

一、放眼世界科学文化

19世纪中叶起，中国文化进入一个激烈变动期。究其原因，主要的是西方文化的涌入，对中国固有文化进行了强劲冲击，这种冲击在中国文化史上是空前的。鸦片战争以后，中国再也不能闭关锁国，开始睁眼看世界。国内一些有识之士开始承认西方拥有胜过中国的"长技"，要想抵御西方侵略，必须学习西方长技，"尽转外国之长技为中国之长技"。[2]随着时间推移，人们慢慢意识到西方的长技不止船坚炮利，还有各种科学技术，以及制度文化。西学东渐蔚然成风，很多知识分子都开始翻译介绍西方各种科学知识，当时具备一定科学知识的知识分子，纷纷与传教士合作，一系列介绍西方科学文化的著作被翻译出版，涉及数学、力学、光学、天文学等，可谓天文地理，无所不包。所以，当时中国的出版业异常发达，这为近代中国科学技术的发展奠定了基础。据统计，鸦片战争之后到1911年间，全国共有468种海外科技著作被译成中文，覆盖天文地理各领域。例如，综合及杂著44部、天文气象12部、数学164部、理化98部、博物92部、地学58部。[3]翻译出版业兴盛，平均每年有六七部翻译著作出版，大大促进了近代中国科技水平的提高。不仅科技领域繁荣，与此同时，在学术领域、文学艺术领域也都翻译并出版了大量国外著作。辛亥革命以后，中国结束了两千多年封建君主制的历史，文化思想选择的自由度更大了，多元外来文化与传统文化相互碰撞，为轰轰烈烈的五四新文化运动拉开了序幕。五四时期，中国各种文化思潮此起彼伏，报刊出版业、民间社团都相当繁荣，多元的外来文化与本土文化结合，新学与旧学相碰撞、中学与西学相融汇，形成了一个百家争鸣的思想繁荣期，近世中国文坛上关于中西文化的碰撞蜂拥而起，正是西学东渐，引起中西文化交相辉映。

---

[1] 鲁竹书.失业问题研究[M].上海：中央图书局，1927.
[2] 魏源.道光洋艘征抚记(下)[M].上海：世界书局，1936.
[3] 湖北大学中国思想文化史研究所.中国文化的现代转型[M].武汉：湖北教育出版社，1995.

二、新文化运动的积极影响

从文化思潮角度看,民国初年"新旧相冲,错综百出"局面的出现,乃是晚清中学西学之争的继续与发展,但是它无论在文化革新规模上还是深度上,都造成了中国文化的一次重大转型。新文化运动绝非临时性突发事件,也不能说是当时激进人士鉴于辛亥革命失败的另谋出路。新文化运动的形成经历了相当长时间的酝酿与积累,它是清末以来中国民主主义文化思想的继续和发展。[1] 当时人们用来支撑施行伦理革命的主要学理依据,是卢梭的天赋人权说,天赋人权说的核心是提倡人权精神,而与提倡人权精神相呼应的还有科学精神。一方面,人们把是否引进和采用先进科学技术,看作能否救国的关键举措。另一方面,进步思想界提倡科学,更加看重提倡科学精神,用以反对形形色色的迷信思想和迷信行为。总之,当时文化革新派的基本思路就是,中国亟需进行文化改革,改革的办法则是引进西方新文化来改造中国旧文化。

这场新文化运动,本质上是一场和中国社会现代化相适应的文化现代化运动,以其给中国文化带来的巨变,铸成了在中国文化现代化历程上的里程碑。它的基本精神是"民主"和"科学",这成为当时文化思想启蒙的精神内涵,这深深地影响了黄炎培教育思想。同时,新文化运动使得马克思主义在中国的传播形成高潮,作为文化观的唯物史观为当时社会文化环境注入新的理论。马克思主义唯物史观的基本内容:经济是社会的基础,人类社会所包括的一切社会生活现象的根本条件乃是经济的生活。经济是历史进化的最高动因,历史进化的实质是经济的进化,而职业教育与经济发展有着直接关系,这些新思想的传播都为黄炎培职业教育思想的形成积蓄了营养。

三、新旧文化映入教育改革

学校教育是传递文化最直接、最有效的途径之一,所以,新旧文化的冲击首先从教育改革开始。由于中国传统社会"重农抑商",受儒家文化影响深远,在教育内容上鄙视教育职业性,教育实践中存在"重文化轻职业、重理论轻实践"痕迹。随着西方资本主义列强对中国的掠夺,世界资本主义现代化潮流也波及中国大地,中国开启了缓慢的被动现代化的过程。甲午战争后,中国又把学习的目光投向日本,清政府派出大批考察学习团,越来越多考察学务的官员对欧美国家和日本的实业教育有了较为全面的认识,这为中国

---

[1] 陈万雄.五四新文化的源流[M].北京:生活·读书·新知三联书店,1997.

教育改革提供了重要参考。1901年,逃亡京外的慈禧太后以光绪帝名义颁布"预约变法"的上谕,开始新政。在教育改革方面,一项重要内容就是废八股兴学校,遣派学生游学外国。

虽然在教育体制和教育内容上也向民主化方向发展,但由于中央权威的缺失,政治组织形式更迭频繁,实施效果不明显。1902年8月15日,清政府颁布了《钦定学堂章程》,这是中国第一个关于学校系统的文件,又被称为"壬寅学制";同年,管学大臣张百熙主持拟定了《京师大学堂章程》等6个文件,规定了各级各类学堂的目标、修业年限、入学条件、课程设置等。不过,由于清政府对张百熙不信任,以致该学制未及实行即被废止。1904年,"癸卯学制"开始,将开设实业学堂正式纳入教育体制。辛亥革命之后的北洋军阀时期,教育体制变化明显。1912年9月,为推进教育改革,临时政府改清朝学部为教育部,蔡元培出任教育总长,公布《普通教育暂行办法》和《普通教育暂行课程标准》,通过了新的教育宗旨,"注重道德教育,以实利教育、军国民教育辅之,更以美感教育完成其道德"。[1] 这一系列学制上的更迭,奠定了教育内容、教育方式向近代化教育转型的基础,促进了中国教育的现代化进程。

随着教育改革的实施,新旧教育体制开始并轨,教育改革中的各种矛盾又暴露出来。新成立的学校之间,新学校与旧私塾之间,学校与学生之间,学校与政府之间,学校与民众之间经常会有各种矛盾与纠纷,毁学事件频繁发生。其中,学校改革是核心,学校中的各种问题暴露明显。首先是新学堂之间发展的不平衡,虽然学堂数目有了惊人的发展,但是很多学堂是"旧瓶装新酒",社会上法政学堂居多;其次是新学堂中缺乏新式教育训练的教师,教师没有实质性长进,则教学内容只能沿袭传统课程,"戊戌以来,科举虽变,学堂普兴,而所谓新教育者,论其内容八股专家主持讲习,以格言语录为课本者有之,禁阅新书新报者有之,禁谈自由者有之"。[2] 最重要的是,这种改革没有实质性思想启蒙,根深蒂固的求学为做官思想观念很难改变,所以,革命派把清末这种教育改革称作为专制主义教育穿上西学新装的把戏。

第四节　社会改造的全民理想愿望

"逻辑"一词在《辞海》中释义为"有'思想''思维''理性''言语'等含义"。[3] 因此,"逻辑生成点"可以看作"思维、思想的起点和出发点"。那么此处,黄炎培职业教育思想

---

[1] 舒新城.中国近代教育史资料(上)[M].北京:人民教育出版社,1961.
[2] 转引田正平,周志毅.黄炎培教育思想研究[M].长春:辽宁教育出版社,1997.
[3] 辞海编辑委员会.辞海[M].上海:上海辞书出版社,1990.

的"逻辑生成点",可以理解成黄炎培职业教育思想的出发点。事实上,这也是黄炎培职业教育思想的初心归宿。

一、"社会改造"的由来

"社会改造"由"社会"和"改造"组成。"社会"(society)原有两重意思:一是指由人形成的各种组织,它常用于作为人类生活在其中的各种组织的总称[1];二是表示家庭之外的公共领域,是人自行结合形成组织的含义。"社会"在中国古代的原意是"春秋社日迎赛土神的集会",最早指村民集会[2];后演变为志同道合之人结合成的团体;直到甲午中日战争后,中国士大夫开始翻译日本人的作品,最早是黄遵宪在《日本国志》中引入,1900年后关于"社会"的使用频率增加;1902年有人指出:"社会者,日人翻译英文Society之语。中国或译之为群。此处所谓社会,即人群之义耳。此字近日译日本书者多用之。"[3]日本人为了介绍学习欧美各国改造思想与运动,将"社会"与"改造"结合起来,就产生了"社会改造"。于是"社会改造"逐渐普及起来,连欧美各国也将社会改造翻译成"Social Reconstruction"。此时,中文里的"社会"词义也渐渐开始广泛,且越来越受到普及,"社会"与"社会改造""社会学""社会主义"等成了当时的最时髦的口头禅,特别是"社会改造"成为五四时期中国各大刊物竞相谈论的"热点话题",甚至"在五四前后的数百种新老刊物中,几乎无不涉及社会改造的话题,不少刊物还明确宣示刊物的宗旨就是'社会改造'"。[4] 自中国晚清以来,"社会改造"具有了真正的现代意义,代表了那个时代知识分子的理想方向,在五四前后到抗日战争爆发前的国内知识界和社会各界,"社会改造"成为一个最常用词汇之一。

二、"社会改造"的历史含义

"社会改造"是时代的共同指向和时代问题的集中显现,在人们心目中具有极其重要的意义。正如傅斯年在《时代与曙光与危机》中所言:"这有始有终的政治社会改造运动,从千年后来看,必然自成一个段落而号一个时代。"[5]而这个时代的精神是什么呢?"就

---

[1] Robert Allen, ed. Chambers Encyclopedic English Dictionary[M]. Edinburgh: Chambers,1994:1180.
[2] 中国大百科全书编辑委员会.中国大百科全书·社会学[M].北京:中国大百科全书出版社,1991.
[3] 转引自金观涛,刘青峰.观念史研究[M].北京:法律出版社,2010.
[4] 刘集林."社会改造"与"改造社会"[J].广东社会科学,2012(4).
[5] 欧阳哲生.傅斯年全集(第一卷)[M].长沙:湖南教育出版社,2000.

是人人以'社会为家'的理解"。[1] 傅斯年借希腊人的精神遗产分析了当时"社会改造"精神的内涵："第一，负社会的责任，拿做当唯一的责任，远在个人的家庭的责任心之上；第二，觉得社会和家庭同样的恋爱力，不特能离，且断乎不忍离，为他出力，不专希望成就取得报答，有不止不倦的心境；第三，把家族的亲密诚实无间、无拘无伪的意味推到社会上。"[2] 这基本上代表了当时社会知识界的主流精神，他们已经将社会改造当成自己的使命和责任。再借用傅斯年的话："我们既是这个时代的人，自然负了这个时代的意义的责任。"[3]

当时，对"社会改造"的定义众说纷纭，没有统一定论。从1919年曹任远在《社会问题之面面观》中认为社会改造是一种观念的改造，将社会改造当作改良人与人之间的关系和改良人结合起来。这种观点虽然较为抽象、笼统，但是揭示了改造社会所涵盖的范围：个人层面和社会层面。那么，可以先从个人与社会的关系入手，加深理解"社会改造"的含义。一是人的本质是社会性。这是马克思最精辟的理解，马克思说："全部人类历史的第一个前提无疑是有生命的个人存在。因此，第一个需要确认的事实就是这些个人的肉体组织，以及由此产生的个人与其他自然的关系。"[4] 他在费尔巴哈人的"本质"的基础上，深刻揭示了人与社会的关系，并且指出人的本质的形式随着历史的进程发生改变。他将人的自然属性和人的社会属性结合起来，认为人的本质的现实意义即一切社会关系的总和。二是人与动物的本质区别即人的社会属性。马克思指出："任何历史记载都应当从这些自然基础，以及它们在历史进程中由于人们的活动而发生的变更出发。"[5] 除了"自然基础"，即人的自然属性，更重要的是历史进程中人的活动的变更，这种变更又是在一定社会关系中进行的。人在一定社会关系中生产、活动，不仅建立起生产关系，还有人与人之间的思想影响等。

从个人与社会关系的角度看，可以帮助当时人们理解"社会改造"的历史含义。首先，五四之后，中国知识界普遍认为中国有了现代意义的"社会"，之前的国家主义开始转向社会改造，文化运动也转向社会运动。"社会"一词在真正意义上替代了中国古代的"群"的概念，成为被广泛应用于指称人类生存其中的某种基本的组织结构。其次，现代社会组织建设开始成为"社会改造"的核心问题，"社会改造"关键在于"造有组织的社会"，傅斯年将这种"有组织的社会"解释为"一面是养成'社会的责任心'，一面是'个人间

---

[1] 欧阳哲生.傅斯年全集(第一卷)[M].长沙：湖南教育出版社，2000.
[2] 同上。
[3] 同上。
[4] 马列著作选读·哲学编辑组.马列著作选读·哲学[M].北京：人民出版社，1988.
[5] 同上。

的粘结性'"。[1] 再次,社会改造的手段发生了改变。当时的"社会改造"已经含有了自下而上改造的意味,认为只有通过这种自下而上的方式才能进行社会改造,才能实现政治改革,才能实现社会真正的觉悟。1919年,由郑振铎、瞿秋白等人创办了《新社会》杂志,在杂志的第一期发刊词中宣称:"我们的改造方法,是向下的——把大多数中下级的平民的生活、思想、习俗改造起来;是渐进的——以普及教育做和平的改造运动;是切实的、研究的等。"[2] 在另一份刊物《浙江新潮》中,更是一语中的:"我们以为改造的责任,在于农工劳动的。"[3] 这成为五四之后非常有代表性的社会改造趋向,与之前社会上自上而下的政治制度改革也有所区别。从中可以看出,中国知识界在引入"社会改造"的过程中,基本形成了自己的"社会改造"方向:重视培育社会力量,重视教育进行社会改造,重视自下而上的社会改造方式等。

三、"社会改造"的教育理想

"社会改造"盛行于斯,与当时各种教育思潮的此起彼伏有重要关系,这也是中国当时社会思潮的目标与理想。如果说自1840年以后的中国社会始终处于一种剧烈变动的历史过程中的话,那么这种剧烈变动的根本动因就是"社会改造"。特别是辛亥革命之后,在这种社会改造过程中,出现了一个巨大的漩涡:封建专制政体大厦的轰然坍塌,第一次世界大战、第二次世界大战、新文化运动,一系列社会思潮激浪排空……深刻的、集聚的社会变革。正如杜威在《我的教育信条》中所言:我相信——教育是社会进步及社会改革的基本办法。[4] 在当时,教育的概念比较宽泛,梁漱溟在《乡村建设理论》中曾经将教育等同于中国的"教化",认为教育是作为社会改造的动力与手段。一提"教化"则演变成一种无所不包的文化陶冶。

少年中国学会曾经对其会员进行过一项关于"终身想从事事业"的调查问卷,在这60份问卷中,有50人表示愿意从事的事业是教育与实业行业,特别是教育事业,不同类型的教育事业都涵盖其中,这反映了当时青年知识分子立志通过改造思想达到改造社会的决心。与清末相比,这时期各种教育思潮具有较强的理论色彩,关于教育与政治的关

---

[1] 欧阳哲生.傅斯年全集(第一卷)[M].长沙:湖南教育出版社,2000.
[2] 发刊词[J].新社会,1919(11).
[3] 中共中央马克思 恩格斯 列宁 斯大林著作编译局研究室.五四时期期刊介绍 第二集(下册)[M].北京:生活·读书·新知三联书店,1979.
[4] 华东师范大学教育系,杭州大学教育系.现代西方资产阶级教育思想流派论著选[M].北京:人民教育出版社,1981.

系,仍然是大家共同关心的热点;并且,教育与经济发展的内在联系,也越来越受到人们的普遍重视。当时社会各种教育思潮百花齐放,如国民教育思潮、实用主义教育思潮、平民主义教育思潮、工读教育思潮、科学教育思潮……尽管表现形态、关注热点不同,兴起时间先后不一;但是追求受教育权的扩大和教育的科学化,对教育上民主与科学的追求,是它们共同的内涵特征,"都毫无例外地与这样一种思维定式联系在一起:教育的改造是社会改造的前提,社会的改造依赖于教育的改造"。[1] 在辛亥革命以后,社会各界人士对改革教育都表现出强烈关注,好像顷刻间,整个社会都受到同一种运动的激励。人们从实际的社会需要出发所提出讨论的各种问题,不仅成为民国初期教育改革思潮的重要社会基础,而且构成民国时期教育改革的主要内容,这极大地推动和加快了中国教育现代化的步伐。

正是因为黄炎培认为教育与社会有密不可分的关系,教育既受制于社会,又反过来影响社会。所以,黄炎培选择"教育救国",进而又选择与社会联系更紧密的"职业教育救国"这条道路。就像罗素在《社会改造原理》中把社会改造当作一种政治哲学,而政治制度"应该牺牲占有性来促进创造性"。可以通过国家、战争和财产作为占有冲动在政治上体现;也可以通过教育、婚姻和宗教这些创造性的冲动来体现。[2] 无疑,黄炎培是选择了教育这个"创造性冲动"来投入到社会改造的时代洪流中。同样,"社会是个人造成的,个人的内心就是一个小社会。所以改造社会的方法,第一步是改造自己"。[3] 那么无疑,教育的主要目的是培养人,对人的品性和见解方面的影响很大。罗素认为:教育是"站在现状这一边的最强的力量",[4] 而"一定的思想习惯通常由从事教育者灌输进去"[5]。所以,教育又是改造人的最直接、最有效的途径。

在中国当时的社会,贫穷落后是社会的整体面貌。教育也从学校走向了社会,"教育救国"成为当时一代知识分子的共同夙愿。由反思社会贫困问题,到迫使人们思考现代社会组织原则的合理性,从而进行社会改造。新文化运动后期,社会经济发展停滞不仅工农大众无法维持生计,日益增多的知识分子也碰到生计困难。这一时期民众生活日益贫困,社会普遍出现生计危机,受到新知识分子的关注。黄炎培先是从职业教育入手,企图通过"职业教育救国",达到社会改造的目的。他在《复吴棨华书》中指出:"为毕业生谋

---

[1] 王炳照,阎国华.中国教育思想通史·导言(第六卷)[M].长沙:湖南教育出版社,1994.

[2] 博特兰·罗素.社会改造原理·原序[M].张师竹,译.上海:上海人民出版社,1987.

[3] 欧阳哲生.傅斯年全集(第一卷)[M].长沙:湖南教育出版社,2000.

[4] 博特兰·罗素.社会改造原理[M].张师竹,译.上海:上海人民出版社,1987.

[5] 同上。

服务之地步,且足为社会改进之途径也。"[1]他认为给毕业生谋出路,减少这种社会失业问题也是社会改造的一个重要途径。后来,黄炎培提出"大职业教育主义",强调职业教育与社会宏观层面的联系。历史告诉我们,教育影响政治远不如政治影响教育。[2] 随着抗日战争的爆发,黄炎培更是走出教育界,直接走向社会,将主要精力放在社会改造运动中去。可以说,黄炎培选择了"职业教育救国",将教育改造作为社会改造的手段和工具,其最终目的还是实现社会改造。

---

[1] 田正平,李笑贤.黄炎培教育论著选[M].北京:人民教育出版社,1993.
[2] 傅斯年.中国学校制度之批评,原载1950年12月15日《大陆杂志》第1卷11期.

选择职业教育救国的理念缘由

时代是思想之母,实践是理论之源。黄炎培职业教育思想不仅来源于时代,还与他丰富的国内外教育实践活动和教育考察经历紧密相关,他的职业教育思想经历了一个发展演变的动态过程,其职业教育救国思想主要源于四个方面。

第一节 "仁爱"与"为公"

黄炎培从小受到中国传统文化的濡染。1878年(光绪四年)10月1日,他出生于江苏省川沙县城关镇。[1] 当时科举制度没有被废除,黄炎培经历过科举制度,考取举人。黄炎培父亲黄叔才在乡里设塾授徒,母亲是"南汇孟荫余之女",亦知书识礼,他家可以算是"书香门第",他自幼接受传统文化熏陶。黄炎培在7岁时就随母亲识字,8岁时已随两叔父读《四书》,所以,黄炎培后来回忆道:"在不太长的时间里,读完了五经:《易》《书》《诗》《春秋左传》《礼记》。"[2] 13岁时,黄炎培已经读完《四书》《五经》,并开始广览群书;14岁起,学做八股文,并在八股文习作方面下过十年工夫;21岁时,以府考第一名考取秀才;24岁时,考取举人。

黄炎培读书非常勤奋,在他10岁时,母亲为他讲盲词《珍珠塔》,就勉励他勤奋上进,以至于黄炎培至老不忘。到了1957年,他在70岁高龄时回忆母训作诗感叹:"余兴逢场听管弦,珍珠塔影隐华筵。人情冷暖儿时识,母训回头七十年。"[3] 在1907年被人控告为革命党嫌疑时,黄炎培与提学使毛庆藩有一段对话,可以通过黄炎培所阅读的书,看出

---

[1] 许汉三.黄炎培年谱[M].北京:文史资料出版社,1985.
[2] 黄炎培.八十年来[M].上海:文汇出版社,2009.
[3] 许汉三.黄炎培年谱[M].北京:文史资料出版社,1985.

他受传统文化影响的影子:"幼读四书五经,后从十三经中选读《尔雅》;从二十四史中读《史记》《汉书》《后汉书》《三国志》;于诸子百家中读《庄子》《墨子》;于唐诗中读李白、杜甫两家;于宋儒学案中,读朱熹、陆九渊两家,但重陆;于明儒中特重王阳明和顾亭林。"[1]虽然黄炎培痛恨旧式学堂教育,自称"思想中毒",但二十多年旧式文化对他的熏陶已融入骨血,他也认为自己的思想是"从学习旧文化打下来的思想基础"。

一、"仁"与"爱"思想

黄炎培在口述史《八十年来》中强调关于旧文化"时时记在心头"的几句话是:"亲亲而仁民,仁民而爱物"(《孟子》)。"泛爱众,而亲仁"(《论语》)。这种"让世界充满爱"的儒家思想让黄炎培视广大人民群众为兄弟,关心劳苦大众疾苦,在国难来临之际,毅然决然升华为"救国"的民族大义,黄炎培是这么说的,也一直是这么做的。特别是黄炎培离开南洋公学之后,于1903年正式创办川沙小学堂,"既是他教育救国思想的具体体现,又是他锐意改革旧教育的一种尝试"。[2]这时黄炎培对教育事业倾注的"大爱"思想就初见端倪,他把办学作为救国的一项重要措施,当时川沙小学堂的办学目的不为科举考试,不为功名利禄,而在唤醒民众,他也呼吁民众要爱国。四十多年后,黄炎培总结他所从事教育事业的基本思想时,仍然谈到"天赋我以知,更赋我以爱,有生而爱其身,爱其群,因生生相倚,而爱其家,爱其族,爱其国"。[3]

可以说,中国传统文化中"仁"与"爱"的思想贯穿了黄炎培一生的教育事业,无论是作为私塾先生,还是后来从事新教育事业,黄炎培都立志"教育救国",这些成为他"造福公众"最有力的手段。黄炎培受儒家"爱"的思想影响还体现在他的"慈悲心肠",他是素食主义者,50年不吃杀生的动物,他时常感叹"天赋不忍杀生之一点仁心"。黄炎培一生都在追求"如何造福于公众",他关心大量社会问题,为抗日救亡而奔走呼号、为民主共和而北上延安,是一个不折不扣的爱国主义者。

二、"为公不为私"思想

在儒家传统文化思想中,具有重要的"崇公抑私"思想,孔子就提出"天下为公"的社

---

[1] 许汉三.黄炎培年谱[M].北京:文史资料出版社,1985.
[2] 田正平,周志毅.黄炎培教育思想研究[M].沈阳:辽宁教育出版社,1997.
[3] 中华职业教育社.社史资料选辑(第三辑)[M].北京:中华职业教育社,1982.

会道德理想。在《礼记》"礼运"中"大道之行也,天下为公"。"故人不独亲其亲,不独子其子,使老有所终,壮有所用,幼有所长,矜寡孤独废疾者,皆有所养。"这是古代文人追求的天下大同的理想境界,也是黄炎培所不懈追求的,黄炎培将此作为"从学习旧文化打下来的思想基础"。所以,黄炎培在初办川沙小学堂时,亲自授课,却不拿薪水。当时中学校长月薪标准100元,但黄炎培月薪只有40元。他在创办浦东中学堂时,赢得了大家认同,浦东同事领薪也极少,他们这种大公无私的精神深深影响了"近代建筑营造业的一代宗师"杨斯盛,后来杨斯盛"毁家兴学"被传为一代佳话。1908年杨斯盛病逝,在病中还挂念学校基金不足,无法扩校,弥留之际还自言自语"学校里黑板还要改良",遗言也全是为了支持黄炎培办学:"现在我勉力凑捐基金十二万两。只望我死后,支撑这校的稍减艰苦。"[1]能让杨斯盛这么信任,与黄炎培一心为公的高尚品质分不开。此外,在筹备中华职业教育社,发行债券时,上海中国银行经理宋汉章到校查账,现场盖印也充分说明黄炎培一路兴办学校、投身社会活动中,清正廉明、无私者无畏,受人尊敬。

在儒家传统文化思想中,"大公无私"是一种高尚的道德品质。黄炎培一生堂堂正正,一直在追逐这种境界,这与儒家"仁者公也"的思想是密切联系在一起的。在《二程集》中有专门论述"公"与"仁"关系的篇章,认为爱与为公是有机联系的,仁者必然具备"为公"的品质。这样能更好地理解黄炎培思想中闪现的"仁"与"公"精神。黄炎培在浦东中学办学时,曾有人密告两江总督端方,毛庆蕃彻查此事问及黄炎培平时读书情况,黄炎培坦然承认:"从诸子百家中读《庄子》《墨子》",而墨子被称为平民思想家,他的教育思想除了"兼爱""非攻",还从民间手工业生产者出发,主张互助、互爱、互利的思想,普遍反映劳动人民本性的自食其力的观点。通过黄炎培平时的读书情况,他能熟读四书五经、二十四史等。那么,这些传统文化观念,特别是儒家"仁民爱物""为公不私"的思想无不影响他做人做事,虽然他批判旧文化、痛恨科举制度,但是他遇事、做事的心态,无不折射出儒家传统文化的这些思想,可以看出他深受传统文化思想的浸染。

第二节 "救国"与"实用"

一、教育为救国

鸦片战争以后,特别是19世纪末,甲午中日战争中,北洋水师全军覆没,清政府签订有史以来最不平等的《马关条约》,当时引起国内人民强烈不满,中国民族存亡情绪空前

---

[1] 黄炎培.八十年来[M].北京:文史资料出版社,1982.

高涨；接着日俄战争、八国联军侵华，世界列强掀起瓜分中国的局势，中华民族处于危亡之境。20世纪初，"教育救国"成为新教育思想的一大主题，民主革命教育思潮、新民主主义教育思潮、国民教育思潮等教育思潮兴起，在这些教育思潮中都蕴含着一个思想主题，即通过教育让国家富强，实现"教育救国"的理想。在清末民初，中国处于民族危机日益加深和社会大变动时期。为了救亡图存，探索中国近代教育出路，培养适应社会所需人才，代表新兴政治力量的资产阶级的爱国知识分子，在宣传、介绍外国教育制度、教育模式和教学方法时，提出了改革传统教育、发展"新教育"的种种主张，在教育界产生不同程度的影响。黄炎培在此社会思潮影响下，也加入了学习"新教育"的大军。

甲午战争失败，曾给少年时代的黄炎培强烈震撼，当时社会高涨的爱国情怀也深深感染着黄炎培。所以，当黄炎培到南洋公学就学时，在接受到蔡元培等新教育思想的启迪时，能激起他强烈的爱国情感和志气，南洋公学堂成为黄炎培真切接触新教育思想的第一站，黄炎培自诩为这是他人生"第一个很大的转折点"。[1] 1901年，黄炎培投考并被录取为上海南洋公学特班学生，进入中国人在上海创办的第一所大学学习，在新旧教育转轨中完成了知识结构转变，实现了由传统知识分子向现代知识分子的转变。如果说当年清政府批准设立京师同文馆，重在培养外语人才，以保证与外国人打交道不吃亏，那么批准设立南洋公学，则是在"教育救国"思想指导下的一次重要实践。在南洋公学的这段学习经历，不仅让年轻的黄炎培接触到了新式教育课程，更重要的是遇到了他贯穿一生的导师——蔡元培先生，这对黄炎培而言，是一个重要的人生转折。

黄炎培教育救国思想主要得益于南洋公学特班的新式学堂学习，当时蔡元培任特班的中文总教习，进一步启发了黄炎培的爱国热情。蔡元培是中国近代著名的爱国教育家，他在1902年就与叶瀚、蒋观云等人发起成立了"中国教育会"，教育会的主要目的是"实欲造成理想的国民，以建立理想的国家"[2]。1912年，蔡元培出任中华民国第一任教育总长，对封建旧教育进行改造，揭开了中国近代教育史上新的一页，被毛泽东誉为"人世楷模"。蔡元培热衷于教育，一直致力于教育事业，并寄希望通过教育来培养人们的爱国思想。黄炎培在南洋公学特班学习时，蔡元培每月命题作文，其中有一题目是"春秋战国时代的爱国者"，这让黄炎培记忆犹新，可见蔡元培特别重视学生的爱国主义教育，这段求学经历成为黄炎培教育救国思想的前期启蒙。这种教育救国思想也是当时时代赋予的，黄炎培受爱国主义思想的熏陶，萌发了"教育救国意识"，这种爱国主义教育思想也成为黄炎培教育思想形成的重要源泉之一。

---

[1] 黄炎培.八十年来[M].北京：文史资料出版社，1982.
[2] 朱有瓛.中国近代学制史料（第二辑上册）[M].上海：华东师范大学出版社，1983.

二、教育为实用

当代学者刘桂林在《中国近代职业教育思想研究》中,认为"实用"的基本含义是"教育与社会生活生产密切联系,培养各类专门应用型人才"。[1]教育为实用的思想最早可追溯到洋务运动,为了国家"求强"和"求富",为了达到"师夷长技以制夷"的目的,中国开始积极向西方学习。从洋务运动开始兴办近代新学堂,到维新改良派倡导培养现代国民素质,再到五四前后"国民性"改造,都隐含着中国现代化从物质技术层面到制度层面再到文化心理层面不断推进的过程。首先是从物质技术层面的"实用"开始,学习西方的"器具",表现出对实业人才的迫切需求,围绕"实用",由此展开一系列"技艺教育""实业教育""实用主义教育"等思潮。在当时民族危机空前严重的情况下,培养有用人才,挽救国家,已成为举国上下的愿望。1912年,中华民国建立后,实业教育被纳入新式教育制度。实业教育旨在为资本主义农工商业培养可用之人,于是批判科举制度与向西方学习紧密联系,开办了一系列实业学校。这种实业教育有助于国家经济发展,也有助于人民生计,在社会上产生了一定影响。

而"实用主义教育"思潮对黄炎培影响极大。1912年2月,蔡元培首次在《对于教育方针之意见》中向人们推荐了杜威的实用主义教育;1913年4月,杜威受邀来华,更在中国掀起了学习杜威实用主义教育的热潮,所以从1919—1925年"五卅"运动,以杜威来华讲学为契机,实用主义教育思潮在中国发展到顶峰。"实用主义教育"在中国是作为实用主义思潮的基本内容,主要是杜威的教育理论基本内容及其在中国的变种或表现。这里的实用主义教育专指1919年五四运动以后中国教育界兴起的实用主义教育思潮中的"实用主义教育",这主要得益于美国教育家约翰·杜威(John Dewey)。杜威的实用主义教育是以他的"实用主义哲学"为理论基础,主张"教育即生活,而不是生活的准备""教育即生长""教育即经验的改造或改组",这是杜威对教育的根本看法,由此提出了对传统教育目的的批判。杜威借用达尔文学说中的"适应""生长"等概念,认为教育的过程就是人生活的过程,教育与生活、社会相互联系。在当时的中国掀起了研究杜威的热潮,胡适、蒋梦麟、陶行知、陈鹤琴等人对杜威实用主义教育思想在中国宣传起到推波助澜的作用。这里的实用主义虽然有别于黄炎培早期提倡的"实用主义",但是学校教育采用实用主义的思想,后来成为黄炎培提倡职业教育思想的理论基础。黄炎培主要是针对传统教育专门重视文字、脱离生活、远离社会的弊病而提出的一个教育上的概念。在《实用主义小学

---

[1] 刘桂林.中国近代职业教育思想研究[M].北京:高等教育出版社,1997.

教育法》文中，黄炎培进一步把这种实用主义的精髓归结为："实用者，乃活用各种知识技能于实地"，即"以生活所必需之知识技能也"，也即"凡知识技能宜择生活所必需者教授之也"。[1]

第三节 "科学"与"开放"

18世纪末和19世纪初，西方科技突飞猛进，受工业革命影响导致教育结构随之发生变化，职业学校兴起，使得教育理论界也出现或酝酿了许多新观念，涌现一批像裴斯泰洛齐、凯兴斯泰纳、杜威等关注职业教育的理论大家。西方科学思想与新的教育方法，以及积极进取、开放的精神都深深影响了黄炎培。

一、《天演论》打开学习之窗

黄炎培受清末《天演论》的进化论思想影响较大，而事实上，《天演论》对当时中国社会产生了广泛影响。《天演论》的思想精华可以概括为"物竞天择、适者生存""合群保种、与天争胜"。其中，"物竞"就是生存竞争，物争自存；"天择"就是自然选择，优胜劣败，指出生存竞争和自然选择引起生物的进化。严复以这种观点来观察问题，认为人类社会历史是在不断发展变化的，这样就从根本上否定了封建统治者长期宣扬的"天不变，道亦不变"的唯心主义形而上学的谬论，为资产阶级的维新运动提供了理论依据。但严复并不认为优胜劣败的现状不可更改，指出只要我们奋发图强，"与天争胜"，我们的民族和国家不仅不会"无以自存，无以遗种"，而且可以转弱为强。严复介绍和宣传达尔文的进化论，对当时中国思想界产生了巨大影响。它极大地改变了中国人的世界观与历史观，激发了中国人民救亡图存的爱国热情。学习西方，进行社会变革，成为国人共同的心理要求，从而推动了维新变法运动的开展，这种影响一直延续到20世纪20年代。在1922年，陈兼善在《进化论发达史略》中专门谈到《天演论》，认为"物竞天择""优胜劣败"之类用语，成了当时社会日常习用的术语，无论什么哲学、伦理、教育，以及社会之组织、宗教之精神、政治之设施，没有一种不受它影响。

严复除翻译英国生物学家赫胥黎的《天演论》，还将许多西方先进思想引入中国。他介绍并宣传卢梭的"天赋人权"论，借以反对传统的"君权神授"。严复较早地提出"主权

---

[1] 中华职业教育社.黄炎培教育文集(第一卷)[M].北京：中国文史出版社,1994.

在民"的民主思想,指出:"君也臣也,刑也兵也,皆缘卫民之事而后有也。""斯民也,固天下之真主也。"他认为历史上封建帝王所享有统治人民的权力是从人民手中窃取的。严复在批判洋务派的"中体西用"时,还提出了"自由为体,民主为用"的主张,提出鼓民力、开民智、新民德的启蒙方案。严复在思想的深度方面一度站在了时代的顶峰,他介绍的进化论思想,为推行变法自强的政治主张提供了理论依据,他动员全体国民奋发图强、勇敢站起来,参与到救亡活动中去。

《天演论》的盛行对青年时期的黄炎培影响很大,在黄炎培的回忆录及论著中经常提及。在《八十年来》中,黄炎培回忆了青少年时期,最早在姑父家发现严复翻译的《天演论》时的思想冲击,以至于他"清楚地记得",可说明《天演论》让他印象深刻,也影响深刻。从此,"物竞天择,适者生存"的进化论观点深入黄炎培内心。他认为:"观万物在天演界因优胜而生存,因劣败而灭亡之可幸与可悲,而悟我人应有之认识与态度。"[1]1913年,黄炎培在《教育前途危险之现象》中强调"天演之道,优胜劣汰"[2],这些都可以看出《天演论》对黄炎培思想影响之大,他已经接受了这种进化论思想,积极应对世界的变化。黄炎培认同这种思想,并践行了这种积极进取的精神,黄炎培奋斗终生就是为了追求中华民族的复兴和发展,使之能立足于世界。

二、世界先进教育思想的启发

黄炎培思维开阔,并不保守,无论是著文通信,还是在教育实践活动中都以开放的心态,接受西方教育思想。1913年,黄炎培曾在发文中透露出"自裴斯泰洛齐氏出,益主张生活教育,务使学校教育与实际的生活渐相接近,准此而教育方法一变"。[3]可以看出,黄炎培在职业学校教学中,及时吸收国外先进的教学法,从学生的视觉、听觉等直观感受来进行学校教学方法的改革。

黄炎培做到了魏源所说的"睁眼看世界",他善于接受新思想,能够积极学习西方科学的教育思想。1914年2月,黄炎培拒绝接受袁世凯的任职安排,为表示与袁世凯决裂的决心,继而辞去江苏省教育司司长一职。辞职后,黄炎培定居上海,闭门看书,重新思考"教育救国"将何去何从的问题。他在自己的"非有斋"(后改为"非非有斋")开始大量接触西方教育著作。后来,黄炎培也多次在文中提到西方新的教育思想和教育方法。例

---

[1] 中华职业教育社.社史资料选辑(第三辑)[M].北京:中华职业教育社,1982.
[2] 中华职业教育社.黄炎培教育文集(第一卷)[M].北京:中国文史出版社,1994.
[3] 同上.

如,在《我之最近感想》中对杜威提倡的平民教育大加赞赏,认为"博士所倡之要义,则平民教育是也","博士其世界之福星哉"[1];又对蒙台梭利的儿童教育思想感兴趣,多次在文中介绍蒙台梭利、桑代克等教育家,希望引起教育界关注;专门引导中华职业教育社翻译《职业心理学》等著作,学习这种职业心理测验法,效仿美国的实验法;传播"罗马色内加(Seneca)""德国博爱派教育家"思想,等等。这些都可以看出,黄炎培并不是因循守旧之人,他一直在关注西方新思想,这也是黄炎培认为的要跟上时代的趋势。为此,黄炎培本人经常被批评是追赶时髦。

由此可以看出,黄炎培既具备传统文化底蕴,传承中国文化,又不拘泥于传统文化,具有相对开放的理论视野。此外,他还非常重视对社会的实地考察和调查。他既能从中国现实调查入手,又注意从世界范围内汲取有益养分,这些都成为其职业教育思想形成的重要理论渊源。

第四节 "寻病源"与"开药方"

黄炎培被称为"中国教育界的徐霞客",从黄炎培一生的活动经历中,可以看出他非常重视教育的实地调查,也有着丰富的教育考察经历。在江苏教育总会常任调查员时,黄炎培就深入社会,"江苏六十三县,我足迹四分之三"。[2] 黄炎培坚信教育与社会不可分割,他经常提及"离社会无教育,考教育者,凡夫一切现象,苟足以表示其一社会之特性、惯习、能力而堪供教育参政者,皆在所宜考"。[3] 为探寻教育救国之路,黄炎培有几次重要的国内外教育考察经历,这对黄炎培职业教育思想的形成有重要影响。黄炎培坦言"以谓吾辈业教育,教育此国民,譬之治病,外国考察,读方书也;国内考察,寻病源也"。[4] 所以,黄炎培丰富的国内外考察经历,也是其职业教育思想的重要来源之一。

一、国内考察:寻病源

1914年,黄炎培以《申报》记者的身份,开始了第一次全国范围比较大的教育考察活动,主要考察了安徽省、江西省和浙江省。这次考察历时三个多月,黄炎培将考察过程作

---

[1] 中华职业教育社.黄炎培教育文集(第二卷)[M].北京:中国文史出版社,1994.
[2] 黄炎培.八十年来[M].北京:文史资料出版社,1982.
[3] 中华职业教育社.黄炎培教育文集(第二卷)[M].北京:中国文史出版社,1994.
[4] 黄炎培.黄炎培考察教育日记(第一集)[M].上海:商务印书馆,1915.

了详尽记载,陆续在《教育杂志》上刊载,后又编辑成《黄炎培考察教育日记》(第一集)于同年出版。黄炎培边考察边演讲,沿途了解了各县区的风俗人情、地形地貌,还对学校的具体情况有了全面认识。黄炎培通过对一个个学校的了解、认识,分析了每个学校存在的问题。他以点带面、点面结合,在肯定每个地区、每所学校优点的同时,更多地指出各学校的不足和应改进之处,进而总结了当时三省教育的弊端所在。首先,他分析了当时社会总体教育现状。一是私塾改校表面上使得学校数量骤增,实际上这些私塾学校在当时并不具备现代学校条件,在教育上没有实质性改进。黄炎培在国内教育考察中记载"江西安徽一带私塾,所用启蒙之课本,若《三字经》《千字文》《百家姓》不多见,最多者为《昔时贤文》《四言杂字》《幼学故事琼林》《龙文鞭影》等"。[1] 二是黄炎培看到了学校与社会脱节的现象,指出了"学生毕业无出路,为方今教育上亟待研究之一问题"。[2] 并且,他又列举了江苏的公私立中学,"夫毕业者百人,失业者三十",[3] 教育没有培养出社会有用之人,培养出了社会上的高等游民。三是他指出了学校中普遍存在的"官气",这不仅反映出学校华而不实的浮躁学风,更反映了社会上根深蒂固重视官吏、轻视职业的心理。四是,黄炎培认为,学校在教学内容上偏重背读,缺乏新知识和新思想;在教学方法上用脑过甚,缺乏体育、音乐教育,也缺少对教育规律和科学教学法的研究。

1914年9月14日至10月21日,黄炎培开启了第二次全国范围比较大的考察活动,主要考察了山东、直隶两省,后将所撰经历编辑为《黄炎培考察教育日记》(第二集)出版。这次考察不仅使黄炎培对国内教育状况、传统教育弊端有了更深入的了解,也更坚定了他对实用主义教育的信心。所以,在结束考察后,黄炎培在各地演讲中更加注重对实用主义教育的宣传和倡导。最后,黄炎培总结出当时传统学校教育的弊端:"学校训练难言矣,教授大都用注入式。""各种学校毕业生,除升学外几无他路,此为方今教育亟待研究之点,若中学校为尤甚。"[4] 经过这两次全面的国内教育考察,黄炎培对中国教育的症结有了越来越清晰的认识,他认为教育中的这个症结就是教育与实际生活相脱离,教育不能适应社会的需求。在黄炎培看来,改造中国教育的关键,是改造旧教育的弊病。后来,黄炎培将自己国内教育考察的目的直接定义为:寻病源。

---

[1] 中华职业教育社.黄炎培教育文集(第一卷)[M].北京:中国文史出版社,1994.
[2] 同上。
[3] 同上。
[4] 黄炎培.黄炎培考察教育日记(第二集)[M].上海:商务印书馆,1915.

二、国外考察：开药方

经过两次全面的国内教育考察，黄炎培认为找到了中国教育的症结，既然教育与社会相脱离，那么，就要加强教育与社会的联系，注重教育的实用主义。为了更好地解决问题，寻找更好形式的教育，黄炎培加快了学习西方教育思想的步伐。1915年4月，黄炎培得到赴美国考察的机会，他将自己赴美国教育调查的目的归为两个："一为职业教育之状况，二为职业教育与普通教育联络问题。"[1]由于考察团将重点放在农工商和教育方面的考察上，所以，黄炎培跟随考察了美国的芝加哥、华盛顿、雾城、纽约等26个城市，后来写成《游美随笔》，陆续发表在《教育杂志》上。黄炎培在《游美随笔》中对美国实业教育盛况叹为观止，并专门记录了一份美国中央教育局《全国职业教育大扩张计划表》，计划表中关于"国库补助金预计"的具体数字，意在说明美国对职业教育的重视程度。他感慨道："他国之教育，其进行也有方针，其设施也有计划，全国上下，万众一的。而吾国何如？求生存之政府与国民，宁终无动于衷耶！"[2]回国后，黄炎培在江苏省教育会报告和演讲中多次对美国教育状况进行宣传讲解，他分析了美国的学制、体育教育、学校教法与中国的不同之处；进而在1917年，黄炎培又将自己在美国考察的日记进行整理，编辑出版了《新大陆之教育》上编和下编。在《新大陆之教育》中详细记载了美国考察的所见所闻，并认为"美国教育，其最适切于吾国现况"，特别是"实用教育""体育""校外教育"更是中国急需要学习的法宝。[3]黄炎培既感慨又不无号召地说："吾侪比年所研究之实用主义，此行实予我以无数崭新材料。盖此主义在美国实为全国所倾向，日进而未有已。凡种种设施，昔仅得诸文字或托诸理想者，今乃使我耳目亲闻见之，而益深信其必可行，且必有效，而弥哀我国之瞠乎其后也。"[4]其中，黄炎培还通过和美国有关教育人员的交流、讨论，深受启发，他真切地感受到美国的教育乃是"足以助人生活"的教育。最后，黄炎培将美国的教育归纳为两大要点："应用和各别"，即"有用者教之，不用者不教也"和"求各各发表其特色，而不求统一也"。[5]

19世纪末到第一次世界大战期间，美国基本实现了工业化和城市化的变迁，巨大的社会变迁促使职业教育逐步进入公立中小学课堂。1906年，以马萨诸塞州道格拉斯委员

---

[1] 中华职业教育社.黄炎培教育文集(第一卷)[M].北京：中国文史出版社,1994.
[2] 同上.
[3] 中华职业教育社.黄炎培教育文集(第二卷)[M].北京：中国文史出版社,1994.
[4] 中华职业教育社.黄炎培教育文集(第一卷)[M].北京：中国文史出版社,1994.
[5] 中华职业教育社.黄炎培教育文集(第二卷)[M].北京：中国文史出版社,1994.

会报考和国家促进工业教育协会的成立为标志,美国进入了为期十年左右的学校职业教育运动时期。黄炎培美国教育考察正是在这一时期,美国职业教育运动的繁荣景象深深鼓舞了黄炎培回国办职业教育的热情。美国之行使黄炎培对中美教育有了深刻的认识,认为中国必须学习美国,不仅可以舶来职业教育这一词汇,而且要在国内大力实施职业教育。

因在美国考察途中,黄炎培参观了"万国博览会",看到了菲律宾等国的展品。回国后,黄炎培又提出考察菲律宾教育的建议。1917年1月,黄炎培开始了日本、菲律宾考察的经历,这次考察历时二十余天,黄炎培以《抱一通信》为名,先后在《申报》上予以刊登。信中不仅使国内对日本、菲律宾的政治、经济、语言、人口概况有了初步了解,对其教育现状有了一个比较完整的认识,而且使得人们得以及时知悉这次考察的情况。在通信中,黄炎培对职业教育进行了大量肯定性介绍。黄炎培称赞菲律宾的职业教育是百闻不如一见,"夙闻菲律宾大注重职业教育,仅知其趋向而已,及实地参观,方知其所定种种设施方法,诚有足令人惊叹者"。[1] 此外,他还特别介绍了菲律宾现行学制,"自初小起即设职业科,自高小起即设农、工、商及家事科,中学分设农、工、商、家事等"。[2] 黄炎培对日本、菲律宾职业教育情况的介绍,表达了他对职业教育适应当今社会发展的坚定信念和热情洋溢之言。

总之,美国之行,虽然只有短短的两个多月,但给黄炎培的印象极为深刻,使黄炎培对职业教育有了大量直接、感性认识的积累;赴日本、菲律宾考察使黄炎培亲眼看到了日本,特别是菲律宾教育"以生活为基础"的现实状况,菲律宾职业教育的发达也让他坚定了回国发展职业教育的信念,使他对职业教育有了更充分的认识和理解。这些都对黄炎培职业教育思想的形成产生了重大影响。

---

[1] 中华职业教育社.黄炎培教育文集(第二卷)[M].北京:中国文史出版社,1994.
[2] 同上.

职业教育活动的轨迹

黄炎培选择职业教育的过程是一个由反思传统教育到学习现代教育的过程,他的教育思想观念伴随着教育实践活动而来,经历了一个孕育形成到发展成熟的过程。黄炎培"以终身服务职业教育"自勉,他的职业教育思想主要兴盛于中国现代职业教育思潮中,其职业教育思想与实践活动的形成发展脉络贯穿着"教育救国",旨在用教育进行社会改造。因此本书主要以中华人民共和国成立前的黄炎培职业教育活动为研究内容,分析其职业教育活动嬗变的主要历程。1901 年,黄炎培师从蔡元培开始接触新教育思想,受其师爱国主义教育的感染,开始致力于教育救国,他在寻找教育救国途中形成了自己的职业教育思想,他的职业教育活动经历了一个发展演变的轨迹。结合近现代中国职业教育思潮的兴盛衰落和黄炎培职业教育活动的生平事迹,本章将黄炎培职业教育活动轨迹伴随其职业教育思想嬗变历程,分为四个时期:黄炎培职业教育活动的孕育发酵期、萌芽形成期、发展成熟期和泛化转型期。

第一节 批判传统教育弊端

一、清末教育变革的浪潮

经过南洋公学堂的"教育救国"启蒙,1902 年秋,黄炎培开始募款兴学,正式踏入了"教育救国"的实践活动。可以说从 1903 年川沙小学堂创办开始,黄炎培正式走上了教育救国、开启民智的道路。在教育办学实践和教育考察活动中,黄炎培不断发现普通教育的弊病,反思中国教育的出路,在不断的教育实践活动中逐渐孕育生成了其职业教育思想。

(一) 在办学实践中着手改革

田正平教授曾准确指出,黄炎培在辛亥革命前后主要从事实际办学活动,致力于探索一条改造中国教育的路子,试图通过改造旧教育,发展新教育。[1] 1902年,南洋公学风波之后,黄炎培回到川沙县开始着手创办学校。首先,黄炎培重视学校内的体育教育。在《川沙县志》中记载:"他主办的川沙小学堂,体操课改为每周6节。"[2]而当时学校排课规定为每周3节。由此可以看出,黄炎培从一开始办川沙小学堂,就非常重视体育。黄炎培意识到中国人体质羸弱,则更应注意增强学生体质,将学生强身健体作为重要教学内容去抓,也反映了黄炎培创办学校不是单纯以科举考试为主要目标。翌年,川沙小学堂正式开办,从此黄炎培与教育结下了不解之缘,正式开启了他的教育救国之路。这既是黄炎培教育救国思想的具体实践,也是他改革旧教育的一种尝试。黄炎培虽然是举人出身,可并不赞成学校以考取功名作为办学的主要方向。他旨在通过办学堂,改造国民的素质、唤醒国民的意识,达到救治中国的目的,这是他接触新教育后坚定不移的信念。这种办学理念也得到了川沙县很多人认同。当时实业家杨斯盛在考察川沙小学堂以后,不仅命其侄儿前往就学,还大为振奋,满意地说:"这样办法,别的好处吾们不知道,鸦片、嫖赌种种恶习,总可以没有了。"[3]其次,黄炎培在学校的课程设置和教学方法上进行大胆改革。黄炎培认为旧式学堂上是"每月把八股文和试帖诗来查课地方士子"[4],这种将八股文和试帖诗作为课程设置的主要内容只是为了服务科举考试,太过陈腐。所以,他在川沙小学堂内"置理科实验室、儿童博物馆,增设幼稚园"。[5]

1907年,黄炎培兴办浦东中学,又开始改造中学。在川沙县志中有记载,"清光绪三十三年(1907年),杨斯盛于六里桥独资创办私立浦东中学,是为川沙县境内第一所中学……首任监督(校长)黄炎培"。[6]黄炎培在办学过程中,坚持德、智、体三育并重,注重人的全面发展,对学生的教育、训练和管理都极为严格。在浦东中学时,一般的中学住读生,每星期可以出校自由行动;而浦东中学的学生全部住校,每月只有一天假日可以离校,别的假日仍在学校修习职业或参加运动。浦东中学的课程设置,从一开始就不仅注意到通常的文理科目,而且还特别重视武术教学。后来在川沙县志中也有记载:"民国

---

[1] 沈灌群,毛礼锐.中国教育家评传(第三卷)[M].上海:上海教育出版社,1988.
[2] 朱鸿伯.川沙县志第二十五卷(教育卷)[M].上海:上海人民出版社,1990.
[3] 中华职业教育社.黄炎培教育文集(第三卷)[M].北京:中国文史出版社,1994.
[4] 同上.
[5] 朱鸿伯.川沙县志第二十五卷(教育卷)[M].上海:上海人民出版社,1990.
[6] 同上.

5年(1916年)试行文、理分科;民国13年起,高中部分设普通科、升学科和职业科。"[1] 浦东中学的办学模式在当年的江浙一带非常知名,吸引了各地教育者前往参观考察。

通过上述办学经历,黄炎培对旧教育有了更直接的认识,从而对教育有了更真实的体会和经验。黄炎培在办学实践中一直践行教育救国理念,且为改变传统教育中"颓弱"的文人形象,加设体育课、演讲课等课程,不是将学校教育的视角停留在校内,还把学校教育同社会相联系,把教育的功能拓宽到社会。黄炎培无论是创办川沙小学堂,还是浦东中学,都体现了他向传统挑战的决心,他的办学教学过程就是其新思想、新观念和新措施落地的有益尝试。黄炎培以学校为活动中心,从学校规划、筹建、开办、管理到具体教学,都获得了极为宝贵的实践经验。特别是在当时新旧教育交替之际,新学堂又容易受到多种势力的阻挠和反对,如何使新学堂站稳脚跟,吸引四方民众,并具有学校办学特色,黄炎培有许多成功的尝试,特色在于突出新学堂与旧教育的区别,他对学校如何与社会沟通,更有效地发挥学校的教育功能进行了有益的探索。这时期,黄炎培发表了《江苏南汇县党狱始末记》,指出了当时教育存在的严重问题,"先是南汇城内设一县学堂,腐败达于极点,校中课程淆乱可笑",学生日背诵《四书》《五经》,教习时用夏楚,讲堂满壁高揭总理教习所谓谕帖者,模仿告示体裁,腐败至此,内容殆不必问。[2]

(二) 在教育管理中善于总结

1905年,江苏省在原江苏学会和江苏学务总会基础上成立了江苏教育总会,这是江苏第一个省级民间教育团体。随着江苏教育总会活动的日益推广,特别是新式教育迅速发展,于1906年12月扩充黄炎培等12人为调查部干事员。依据《江苏教育总会章程》,调查部干事员要深入实地进行调查。"调查宁苏两属各厅州县教育会之成绩""调查各地方关于学务之经济""调取各处行用之教科图书,以备检查"[3],等等。黄炎培在前期办学经验基础上,又深入江苏各县区调研教育现状,随着接触面的扩展,能够跳出小学教育、中学教育教学规律,站在教育全局思考教育问题。同时,由于黄炎培在调查中能实事求是,与各方关系都较为融洽,针对问题的症结提出解决方案,合情合理化解矛盾,这些都锻炼了他的组织协调能力和社会活动能力,很快被推举为常任调查干事。

通过《黄炎培日记》和黄炎培口述史《八十年来》,可以了解黄炎培这一时期的活动轨迹和思想变化。1911年,黄炎培由通州、苏州等地开始进行调查,1911年更历江北各处,

---

[1] 朱鸿伯.川沙县志第二十五卷(教育卷)[M].上海:上海人民出版社,1990.
[2] 中华职业教育社.黄炎培教育文集(第一卷)[M].北京:中国文史出版社,1994.
[3] 江苏教育总会编辑部.江苏教育总会文牍四编[M].上海:中国图书公司,1909.

他的足迹遍及江苏省 63 个县的四分之三。蔡元培曾评论黄炎培,说他的一切知识"都从办事经验得来"。黄炎培通过江苏省教育会的活动,增长了阅历,开阔了视野,为他后来职业教育念头的萌发、职业教育活动的开展,以及进一步参与各种社会活动和政治活动奠定了基础。

黄炎培从社会调查中了解到教育现存的弊端。在《教育前途危险之现象》中,黄炎培就当时教育现状进行了较全面的总结:"光复以来,教育事业,凡百废弛,而独有一日千里、足令人矍然惊者,厥惟法政专门教育。"[1]文中描述了社会上法政学校的盛况:报纸宣传广告、行政机关呈请立案都是"十七八法政学校也"。法政学校之多,法政专业学生之多,已远远超过了社会需求。虽然科举制度早在 1905 年被废除,但人们的思想仍停留在原来"学而优则仕"阶段,各地举办法政学堂的风气一直在延续。于是,黄炎培对法政学堂在校生进行了小范围调查(表 4-1)。

表 4-1　1913 年江苏省法政学堂一览表[2]

地名	校　名	学　生　数
江宁	省立法政专门学校	189
江宁	私立民国法政大学	1136
江宁	私立金陵法政专门学校	175
江宁	私立南京大学	110
江宁	私立江南法律学校	380
江宁	私立南京法律学校	75
江宁	私立民国大学	711 铁道银行商科均未列计
苏州	私立法政专门学校	160
苏州	私立共和法律学校	80 校外生未列计
上海	私立民国法律学校	546
上海	私立中华法政专门学校	260
上海	私立神州大学	430 法政以外未计
上海	私立法律大学	100
镇江	私立法律大学	90
镇江	公立江北法政学校	300
		统计 4742

---

[1] 中华职业教育社.黄炎培教育文集(第一卷)[M].北京:中国文史出版社,1994.
[2] 同上.

通过调查,黄炎培认为教育前途岌岌可危,清末新政以后所谓的新式学堂被包装成法政学堂,在国内遍地开花。这反映了社会上盲目设立法政学校的风气,法政学堂成为变相的走科举做官的途径,这么多法政学堂远非社会实际之需要。而与法政学生形成鲜明对照的是实业学校,江苏省仅新办6所省立农业、工业师范学校,且招生计划不满,仅招收到471名成绩合格的学生(表4-2)。[1] 黄炎培认为这是由于教育之间不能均衡发展,学校设置专业方面存在脱离社会需要的原因。

表4-2 1913年江苏五地学校对照表

学校类型	学校总数	计划招生人数	招收学生数
法政学校	15	未统计	4742
农工师范学校	6	560	471

同年,黄炎培在《学校教育采用实用主义之商榷》一文中,对清末《奏定学堂章程》颁布以来中国教育发展的历史和现状进行了全面回顾与反思,主要围绕教育存在的问题展开,希望引起教育界关注。黄炎培开篇就提出教育应该使学生具有自立能力,学生应该将所学用于社会。

二、民初新教育改革洪流

卡尔·马克思(Kmart,1818—1883)说过,萌芽无非是先前历史对后来历史发生的积极影响中得出的抽象。[2] 黄炎培职业教育思想的萌芽在于他前期从事教育实践活动中,逐渐认识到了传统教育的诸多局限性,冲击着黄炎培的思想观念,逐渐形成黄炎培的实用主义思想。所以,将黄炎培实用主义思想的形成作为其职业教育思想的发酵阶段,主要表现在以下两个方面。

(一)在小学实施实用主义教育

黄炎培在不断进行教育救国实践活动的探索中,越来越全面地了解了当时各类学校中普遍存在的现实问题,对普通教育的弊病经过反复思考,也逐渐厘清了思路,有了自己的理性认识。1913年8月,黄炎培的《学校教育采用实用主义之商榷》由江苏省教育会出

---

[1] 中华职业教育社.黄炎培教育文集(第一卷)[M].北京:中国文史出版社,1994.
[2] 中共中央马克思恩格斯列宁斯大林著作编译局.马克思恩格斯选集(第一卷)[M].北京:人民出版社,1995.

版单行本,并于10月发表在《教育杂志》第五卷第七号。黄炎培在文中,开篇点明"今之学校教育,殆未进善"[1],陈述了当时学校教育的不当之处,主张采用实用主义教育,介绍了社会上对实业教育问题的研究,将"多设实业学校""于普通学校加设实业科""提倡实业补习教育"[2]等作为教育解决社会生计问题的途径。黄炎培认为,普通学科不能适用于实际生活,普通教育又未能达到陶冶人、适用实际生活的目的,解决此教育弊端须采用实用主义教育。于是,黄炎培大声疾呼,"诚以实业为教育中心,则一切设施必求悉于此旨相结合"。[3] 黄炎培针对教育界十年来的改革现状,指出一般小学理化专科与欧美差距之大,不能应用于实业,进一步提出在小学各教科中都尝试以实用为目的,采取实用主义的改良方法。文中最后,黄炎培将实用主义教学方法概括为"打破平面的教育,而为立体的教育""渐改文字的教育,而为实物的教育",并断言:"今观吾国教育界之现象,虽谓此主义为唯一之对病良药可也。"[4]

文章发表后,在教育界引起热议和不同程度的争论。为了打消部分人的误解和顾虑,也为了趁热宣传实用主义教育的主张,黄炎培接着在1914年又发表《学校教育采用实用主义第二回商榷书》,对大家的质疑和反驳一一作了解释。他在《学校教育采用实用主义第二回商榷书》中针对学校教育采用实用主义持怀疑、反对态度的各种观点,提出了不同看法和解释,进一步对实用主义与实利主义作了区分,从而反省了自己"偏于器械的而缺精神的""专务实事实物而全废理论"的实用主义教育思想,表达了自己对待"物质教育"与"精神教育"的态度,反映了这一时期黄炎培教育思想还缺乏系统性和理论性。

自从黄炎培明确表示以实用主义改变教育状况,黄炎培认为找到了教育救国的道路,不断为实用主义教育奔走呐喊。为了切合实用,黄炎培与杨保恒以日本竹原久之助的《小学校实用的施设》为依据,结合中国实情,编译了《实用主义小学教育法》。他认为"今兹教育,非于实用的方面,施大革新不可,非从小学校下手不可"。[5] 在书中以小学教育为例,分15章详细论述了在小学校开展实用教育的必要性、注意事项、实用教育与各方面关系,在指出修身科、国文科、算术科、理科、技术科等各科具体教学弊端的同时,还就如何以实用为目的进行各科教学改良提出了具体的实施办法。在黄炎培的大力倡导下,全国小学校,特别是江苏一带附属小学等都开始实行实用主义教育。这在黄炎培1914年教育考察日记中可窥其一斑。

---

[1] 中华职业教育社.黄炎培教育文集(第一卷)[M].北京:中国文史出版社,1994.
[2] 同上。
[3] 同上。
[4] 同上。
[5] 同上。

（二）在中学实施实用主义教育

通过对实用主义教育认识和理解的深化，黄炎培在积极推行教育改革实践的过程中，思想进一步深化，渐渐地，黄炎培由在小学校中实施实用主义教育推广到在中等学校中实施实用主义教育。这种思想体现在《实用主义产生之第一年》，黄炎培与天津唐总长交谈时，"谆谆言中学教程，应注重科学，科学应注重实用"。[1] 他经过详细调查和周密思考，根据江苏省人力、财力的可能和需要，在1913制订了五年发展规划——《江苏今后五年间教育计划书》（以下简称《计划书》），从而使江苏的教育纳入了有计划的发展轨道。在黄炎培的主导下，江苏省教育呈现稳步、协调、健康发展的态势。在《计划书》中，黄炎培对江苏省教育状况从小学教育、中等教育、生活教育、高等教育几个方面进行整体总结规划。特别是对中等教育"析言之"，根据本省的地域、经济情况，对师范学校、中学校、农学校、工业学校、商业学校作了重点思考，涉及工商农学校和女子职业教育的篇幅比其他各类教育多了近一倍。

在中等教育内容方面，黄炎培将师范教育、普通教育、实业教育等归入中等教育的范畴，在《计划书》中作了重点又具体的规划，他计划未来5年，在江苏省设省立师范学校8所、私立师范学校1所，并"将来级数、名额逐渐扩张"[2]；计划设立普通中学11所，"继之以扩张，增至校各八级"[3]；在农业学校中尽快筹设甲种学校，重实验为目的；工业教育根据社会所急需，进一步细化分为"普通工业教育""高等工业教育""中等工业教育"，并加以推广；商业学校设于商战中心之地上海。《计划书》反映了黄炎培不仅重视小学校实用主义教育，对中等教育的实用主义也非常之重视，他将原来在小学校中详细的实用主义教育法推广到了中等教育。《计划书》还集中体现了民国初年教育改革的主要教育宗旨，即强调"实利教育"。这都反映了民国初教育改革的方向：将实利教育视为富国强兵、发展民族经济的重要举措。在《计划书》中，这种意图得到全面贯彻和反映，并为今后整个江苏实业教育的大力发展奠定了基础。

《计划书》表现出了黄炎培当时教育思想上注重实际、讲究事功、关心国计民生等特点。他强调农业学校"欲以教育改进农事，非全力注重实验，确有把握博其信仰不可"[4]；在组织高等工业学校时，特设土木专科，注重河海工程，等等，都切中当时社会时弊，颇具特色。从开始倡导实用主义教育到对实用主义教育的深入了解，更加坚定了黄

---

[1] 中华职业教育社.黄炎培教育文集（第一卷）[M].北京：中国文史出版社，1994.
[2] 同上。
[3] 同上。
[4] 同上。

炎培从事实用主义教育的决心。1914年黄炎培拒绝北上任教育部长,还辞去江苏省教育司司长一职,虽然多次辞官,但他并没有停止过对中国教育走向的思考,反而全身心投入实用主义教育事业中。

第二节　从实用教育到职业教育蜕变

黄炎培在经过长期教育实践活动和教育考察经历后,自认为对中国教育"病源"有了比较全面清醒的认识,那就是中国教育与实际生活相脱离,不能适应社会的实际需要。黄炎培对实用主义教育思想进行了一定思考,发表了影响较大的提倡实用主义教育言论。之后,黄炎培于1915年4月始,开启了国外教育考察经历,以期为中国教育的"病源"寻求到"方书"。

一、赴美国教育考察:开启职业教育之思

"萌芽"即萌生,根据《现代汉语词典》解释,是"开始发生,产生(多用于抽象事物)"。[1]黄炎培职业教育思想的萌芽始于他到美国考察教育期间,在《游美随笔》中,黄炎培不乏大加称赞之语:"吾述彼国实业教育之盛况,几于叹观止"[2],这时正值美国学校职业教育运动的开展时期,美国职业教育进入快速发展期。美国从1906年开始,职业教育发展呼声不断高涨,各州职业教育立法不断增多,国内四处借鉴职业学院发展经验,希望联邦政府能够资助各州中等职业教育发展,1914年成立了国家资助职业教育委员会,加快了美国学校职业教育发展。1915年4月,中国商会联合会组织了17人游美实业团,赴美考察美国农工商业盛况,黄炎培跟随游美实业考察团参观巴拿马万国博览会,对美国进行教育考察,尤其是访美期间正赶上美国通过"实行振兴全国职业教育法案"(Smith-Hughes Act),给予他强烈的震撼,并且在"万国教育联合会议"上得悉各国提倡职业教育的方法,令他开阔了视野,使黄炎培目睹了职业教育的成果、价值和意义,这为他职业教育思想的萌芽提供了营养丰富的土壤条件。美国在19世纪末已经成为最发达的资本主义国家,工业生产占世界第一位,工业的迅猛发展,生产的高度集中,推动了教育适应工业化的要求。20世纪初的美国,参与讨论职业教育法的方案众多,推动了美国

---

[1] 中国社会科学院语言研究所词典编辑室.现代汉语词典(第5卷)[M].北京:商务印书馆,2005.
[2] 中华职业教育社.黄炎培教育文集(第一卷)[M].北京:中国文史出版社,1994.

职业教育的制度化。

在旅美的两个多月时间里,黄炎培考察了美国26个城市的52所各级各类的学校,尤其对美国职业教育取得的成绩印象深刻。黄炎培在"旅美随笔"系列中的《调查美国教育报告》一文中谈道:"据鄙人意见,美国教育之发达,较之中国实不可以道里计,而其尤注重者为职业教育,此盖美国办教育者研究之结果也。"[1]黄炎培认为美国非常重视职业教育,且是中等以下学校教育中的工、农、家政等科目。其中,黄炎培发现了美国职业教育与普通教育的关系,"二者关联之处甚多,有互相倚赖、互相调剂之功"。[2]从教育拓展到社会状况,黄炎培看到了美国职业工人的社会地位和经济地位都相当高,将教育与社会现象结合起来。此外,黄炎培认为美国教育发达的绝大部分原因是"政府与社会学校合并组织机关,以谋教育之进行也"。[3]他注意到了美国职业学校学生的谋业情况,认为通过专门职业指导机关,大大提高了学生的就业率,等等。在黄炎培看来,造成中美之间国力差距的根本原因,在于美国"平民化""生活化"的教育观念,在于美国蓬勃发展的职业教育。黄炎培对教育的理解升华了,"教育之宗旨,所以使人人适于生存,乃社会上普遍之事,非特别之事"。[4]他自认为在美国教育考察的最大收获是领悟了美国职业教育的发展以"实用教育"为基础,而实用教育的典范就是职业教育。

考察美国教育,引起了黄炎培对美国职业教育的重视,他进一步认识到,仅在中小学教育中抽象地强调"实用",并不能真正解决问题。所以,黄炎培认为中国必须学习美国、研究美国,"不独须从方法上研究,更须在思想上研究也"。[5]认为不仅是舶来职业教育这个词汇,还要从思想上真正认识到要大力实施职业教育,让职业教育在中国得以萌生、发展。黄炎培认为"职业教育于大学无甚关系,而以中学校为中心"[6],他详细介绍了美国中学的学制年限、学科知识,看到了"美国学校中之科学,不外以应用为目的"[7],并根据美国的经验,提出了职业教育以"中学校为中心"的思想,这可谓实现了黄炎培由实用主义教育思想向职业教育思想的一次跨越。最后,黄炎培认为发展职业教育是解决中国教育弊端的"药方",他感慨道:"回念中国……不能不认职业教育为方今急务!"[8]所以,同年8月回国后,黄炎培各处奔走演讲、宣传职业教育,为在中国推行职业教育开始大造舆论。

---

[1] 中华职业教育社.黄炎培教育文集(第一卷)[M].北京:中国文史出版社,1994.
[2] 同上。
[3] 同上。
[4] 同上。
[5] 同上。
[6] 同上。
[7] 同上。
[8] 黄炎培.新大陆之教育(下编)[M].上海:商务印书馆,1917.

二、中华职业教育社筹建期:逐渐形成职业教育思想

黄炎培在长期探索教育救国道路上,经过前期对传统教育弊端的反思和对实用主义教育的研究,特别是在国外教育考察期间,萌发了要在中国发展职业教育的念头,并选择了职业教育道路且信念越加坚定。美国教育考察后,黄炎培更加认识到中国传统教育的弊端,开始尽心尽力于倡导和推进中国职业教育的发展,他一边注意引介翻译西方职业教育理论,一边在国内加以宣传推广,在这种学习研究思考职业教育的过程中,黄炎培职业教育思想渐渐形成。

(一)组织职业教育研究会:研究理论

由于职业教育是个舶来品,在中国引入宣传需要一个过程,黄炎培就积极做舆论准备,为此,他组织参与了一系列与职业教育相关的活动。1916年始,黄炎培在浦东川沙和南汇两县的教育会上多次呼吁:"倡导职业教育、振兴家乡教育。"后与穆欧初、张志鹤、顾兰洲等人商量,在川沙县进行职业教育的实践。同年8月,黄炎培在江苏省教育会第十二次常年大会上提出《提倡实施职业教育方法案》,经共同决议,与会人员组成了职业教育研究会,提出"以手工为职业教育之中心,重应用的手工,顾及经济,务切实用"等,自此开始了专门的职业教育研讨。9月,黄炎培在召开的江苏省教育会上,参与研讨《组织职业教育研究会办法》会章,拟定职业教育研究会的宗旨是:"专事研究各种职业教育之实施,以及提倡推广方法。"[1]研究会的主要会务是"研究关于普通教育范围内设职业科之方法""研究关于职业学校之设施方法""研究关于职业补习教育之设施方法"[2]……黄炎培担任职业教育研究会主任,这是中国最早的省级职业教育研究机构,为以后的全国职业教育机构奠定了组织基础。从此,江苏省教育会以"职业教育研究会"为中心,每年召开年会,期间还不定期召开职员会和研究会,开展了许多介绍西方职业教育理论、宣传职业教育思想、普及职业教育思想的活动。

黄炎培在对职业教育的撰文研究和讲演活动中,逐渐形成了自己关于职业教育的理论。1916年12月,黄炎培在《沪海道属教育方面所宜注意之要项》中将职业教育放在首位,提出"惟有全力提倡职业教育";1917年1月,他在《教育杂志》发表《职业教育实施之希望》(第9卷第1号)、《实用主义产出之第三年》中,均阐释了职业教育在中国实施的可

---

[1] 记事.江苏省教育会研究职业教育[J].教育杂志,1916(10).
[2] 同上。

能性、可行性和重要性。在《职业教育实施之希望》开篇,黄炎培指出职业教育在当时的流行程度,"既嚣嚣于口,洋洋于耳",又引用美葛来和博士的话,"职业教育之注重,非凭学识,乃社会要求,使不得不出此"。[1]

(二)赴日本、菲律宾考察:坚定信念

赴美考察期间,黄炎培看到当时是美国殖民地的菲律宾学校职业教育兴起情况看到多种职业教育产品和图表,大为感叹"盖东方实施职业教育之中心地"。[2]回国后,黄炎培随即提出考察菲律宾的建议,中国再次组团出国考察,这次的考察对象是日本和菲律宾。

1917年1月8日由上海出发,11日到达日本东京,至28日离开长崎。在这半个多月,黄炎培一行人考察了日本多所学校,黄炎培将学习目光更多放在日本的职业教育上。在《日本分设职业科之一小学》中,黄炎培参观日本东京高等师范学校,详细询问了小学主事佐佐木氏关于职业教育相关事宜,对学校编制及其编制宗旨、学校理化教室和理化试验室等进行了专门记录,并表达了自己的想法:"夫其感于社会之需要而计""施职业教育而注重训练,务为人格之修养""设职业科,而于普通各教科,均因其所需而增损教科书之材料以教授",最后总结强调"寓职业教育于普通教育之中,是为革新东方教育之先声"。[3]这时可以看出,黄炎培对职业教育已经表现出强烈的兴趣,并且从学校设置职业教育课程、选取职业教育教材,以及传授职业教育教法等方面留心学习,黄炎培职业教育思想中关于创办学校的想法逐渐形成。《东南洋之新教育》"弁言"中已显现出黄炎培发展职业教育的立场,"日本育英小学之设职业科,从调查下手,其准备方法大可则效""斐(菲)律宾之职业教育,完全以政府之力设施之,故其组织最完密而有秩序。"[4]黄炎培认为,职业教育设科一定要先从社会调查入手,这成为他后来兴办职业教育的一贯思想和做法。黄炎培在多次演讲中介绍了美国教育考察情况。

1917年2月3日至26日,黄炎培考察团一行人来到菲律宾实地考察教育。此行对职业教育的考察主要集中在马尼拉中学(Manila High School)、斐(菲)律宾商业学校(Philippine School of Commerce)、勃拉根工艺学校等、斐(菲)律宾大学农科和林科等,考察期间,黄炎培做了多次演说,并通过《东南洋之新教育》进行了详细记录。他将日本考察、斐(菲)律宾考察经历加以汇集,后来以《抱一通信》为名,陆续在《申报》刊登发表,对

---

[1] 中华职业教育社.黄炎培教育文集(第一卷)[M].北京:中国文史出版社,1994.
[2] 中华职业教育社.黄炎培教育文集(第二卷)[M].北京:中国文史出版社,1994.
[3] 中华职业教育社.黄炎培教育文集(第一卷)[M].北京:中国文史出版社,1994.
[4] 中华职业教育社.黄炎培教育文集(第二卷)[M].北京:中国文史出版社,1994.

日本、菲律宾的职业教育进行了大量肯定性介绍。"菲立宾之教育,其最重要之点,可一言揭之曰职业教育是也。职业教育之重要,自其普通言之,几为世界共同之趋向。""菲岛关于职业教育之设施,特设之职业学校全岛凡十九所,每省必设一工艺学校一家事学校。"[1]

在日本、菲律宾的教育考察中,黄炎培菲律宾"教育以生活为基础"的现实状况,黄炎培认为菲律宾非常重视职业教育,"初、高等小学均有职业功课,义取普及。此外特别职业学校,全岛十九所"。[2] 在《东南洋之新教育》(后编)中,黄炎培记录了所参观学校的各职业科情况,如斐(菲)律宾商业学校中的速记、簿记、打字三科,认为学校设科与社会需用相联系,政府对职业教育管理规范……这些都让黄炎培印象深刻,"叹斐岛政府对于设施职业教育之规定,精密极矣",[3] 此外,菲律宾工艺学校的课程设置、学校布局等都加深了黄炎培对职业教育的全面认识和理解。这次考察回国后,黄炎培进一步明确了职业教育对危难中国家发展的重要性,将日本、菲律宾国家的发展归功于职业教育的发展,并期冀:"今后之富国政策,将取径于职业教育。"[4]

虽然黄炎培看到了两国创办职业学校、发展职业教育的表面繁荣景象,但是并没有区分日本职业教育发展动力与菲律宾职业教育发展动力根本的不同:前者是本国资本主义发展的内在需要,后者是作为美国殖民地的外在需要。但是这段考察经历坚定了黄炎培选择职业教育救中国的信念,黄炎培在考察期间,通过中西比较、内外结合的审视,视野开阔,思维活跃。他脑海里关于回国创办中华职业教育社,开启发展中国职业教育之路的想法已具雏形。

三、《宣言书》发布:标志职业教育思想形成

早在1917年年初,黄炎培去日本、菲律宾前,就着手发起成立中华职业教育社,开始起草《中华职业教育社宣言书》(以下或简称《宣言书》)。经过一系列的筹集资金、人员发动、理论论证、演讲宣传,1917年5月6日,中华职业教育社(简称中华职教社)正式成立,44名发起人共同署名的《中华职业教育社宣言书》在大会上通过。在《宣言书》中,陈述了新教育以来的社会现状。"兴学二十余年,全国学校亦既有十万八千余所,何以教育较盛

---

[1] 黄炎培.抱一通信(十二)[J].申报,1917(03).
[2] 中华职业教育社.黄炎培教育文集(第一卷)[M].北京:中国文史出版社,1994.
[3] 同上.
[4] 同上.

之区,饿莩载途如故?匪盗充斥如故?"[1]主要对新教育以来学校数量增加,教育表面繁荣与社会现状进行对比,反映了教育与社会相脱节问题:不仅是普通教育与社会相脱节,实业学校、专门学校毕业生也多"所用非其所学"。经过反复研究,进而提出:"曰推广职业教育;曰改良职业教育;曰改良普通教育,为适于职业之准备。"[2]《宣言书》还陈述了在中国提倡职业教育的原因,论证了沟通教育与职业对于个人生计、经济生产和国家富强的莫大关系,并正式提出"推广职业教育,而谓足解此症结",[3]将职业教育的目的概括为"一方为人计,曰以供青年谋生之所急也;一方为事计,曰以供社会分业之所需也"。[4]也将教育"培养人"与"职业教育"关于"职业"的特殊性结合起来。

《宣言书》标志着黄炎培职业教育思想的初步形成,也是黄炎培教育思想中由实用主义教育正式转向职业教育的宣言书;由于黄炎培在发布《宣言书》之前,就已经联络蔡元培等教育界一众有影响力的人士加入宣传,所以《宣言书》一出,在当时中国社会引起轰动效应,这也为20世纪20年代中国近代史上规模和影响最大的职业教育思潮拉开了帷幕。从此,黄炎培正式在中国推广职业教育,将职业教育当作解决个人生计问题的主要出路,并就职业教育问题不断著文讲论,他集中研究宣传国外职业教育理论,在将世界职业教育理论引介中国的同时,又积极筹办建设中华职业学校,致力于兴办和发展中国自己的职业教育。总之,黄炎培在经过前期不断的教育实践活动、国内外教育考察后,终于选择了教育救国的方向——职业教育救中国。

第三节　发挥职业教育改造社会的作用

"一切思想都不能离开实际活动而独立,故凡可以当得教育思想的名称的,它在教育实际上必定已经或将来必要发生效果。"[5]从这一点上说,虽然黄炎培职业教育思想的形成发展依靠的是学习美国、日本等职业教育学习与思考,虽然没有深厚的哲学基础,但他却推进着职业教育在中国本土化,以他为首的职业教育思潮在中国现代史上影响深远。舒新城评"中国近代各种教育思想在实际上之影响,无有出乎职业教育思想之外者"。[6]实

---

[1] 中华职业教育社.黄炎培教育文集(第二卷)[M].北京:中国文史出版社,1994.
[2] 同上。
[3] 同上。
[4] 同上。
[5] 舒新城.近代中国教育思想史[M].福州:福建教育出版社,2007.
[6] 同上。

际上,真正让黄炎培职业教育思想得以影响广泛的是他通过创办中华职业教育社和中华职业学校来实现的,可以说,黄炎培职业教育思想的实践价值大于理论价值。

自《宣言书》后,黄炎培开始将所有的热情都转向职业教育理论研究,不断丰富其职业教育的理论内涵,使职业教育思想逐渐发展并趋向成熟。1917年9月,中华职教社决定辑印月刊《教育与职业》,作为开展职业教育理论探讨的主要阵地。同年12月,中华职教社内特设研究部,专门就职业教育种种问题及实施方法进行研究。通过这一研究阵地和舆论阵地,以黄炎培为首的中华职教社研究会成员开始专注职业教育理论研究,黄炎培也进一步对职业教育的定义、内涵、功能、目的,以及职业教育与整个社会的发展关系、职业教育与普通教育的关系等进行大量分析研究,在职业教育理论方面形成了自己的研究成果。

一、职业教育理论丰富:中华职教社活动为主要载体

随着中国现代化进程的起步,近代教育发展步伐也迅速加快,而当时清政府无力解决近代教育的各种问题,中国近代各类教育学术团体应运而生。1906年,清政府在《奏定各省教育会章程折》中明确了教育会的宗旨,将教育会作为教育行政的有益补充,正式把民间教育学术团体纳入国家教育管理系列,可以说教育学术团体正式合法化。中国近代教育学术团体一方面致力于研究教育问题,践行各种教育主张;另一方面又集合了社会力量,成为振兴教育的重要阵地,促进了中国近代教育发展。黄炎培职业教育舆论阵地主要呈现是中华职教社开展的一系列活动。中华职教社从1917年5月至今已有100多年的历史,它成立于中国近代教育学术团体的黄金时期,属于近代影响最广泛的教育学术团体之一。黄炎培在1905年,中国最早公开的江苏教育总会成立时,即任调查员,对教育学术团体带给教育的影响力具有清晰认识,他十分重视发挥教育学术团体的作用,也十分重视中华职教社的工作。从在菲律宾考察学习期间,他就一直积极筹备成立中华职教社。1917年,中华职教社正式成立,这是中国近现代教育史上最大的非政府组织教育团体,在中华职教社的不断努力下,"职业教育"一词在1918年6月25日的《教育部抄发全国教育会联合会职业教育进行计划案(训令第260号)》正式出现于官方文件中,并在附录中开始区分实业学校与社会需要不相符合、教育与职业不相适应等问题。在中华职教社成立后的几十年间,黄炎培的教育活动和社会活动主要是通过中华职教社来开展。黄炎培作《教育界与实业界联络之必要》的演讲,制定了组织大纲,通过了《中华职业教育社章程》,这是中国历史上第一个专门倡导研究、实施职业教育的团体。黄炎培更是

满怀热情地希望通过中华职教社活动践行其职业教育思想。

（一）职业教育年会平台：扩大职业教育宣传

年度会议是近代学术团体最基本的活动方式,通过召集年会可团结人心、凝聚力量。中华职教社也非常重视年会的策划召开,在《中华职业教育社章程》的开篇即是"会集研究或通讯研究——此为关于各类各项事业所构成本社意思之总机关"。[1] 中华职教社成立后,在1918年5月召开了首届年会,黄炎培的年会致辞后被中华职业教育社编辑收录到《黄炎培教育文集》中,取名《年会词》。在《年会词》中,黄炎培将中华职教社一年的发展情况做了详细介绍。这一年通过介绍出版各国职业教育学制、各种讲演来"解释关于职业教育之疑问"。[2] 征集了职业教育教科用书,为职业学校设置进行了大量实地调查。自1918年起至1937年,中华职教社共举行过17次年会,每次年会都有主要议题和结论,不仅将实业界与教育界知名人士凝聚在一起致力于探讨、发展职业教育,而且研究了职业教育诸多理论与实践问题。

职业教育年会组织安排比较完备,会前通告社员,征集社员的意见;会中安排职业学校成果展示会,会后注意总结出版相关成果文献。从1923年起,中华职教社年会不仅以"全体会议"形式进行研讨,还增加"分组会议"环节,针对专门问题做专门研究,充分发挥了学术团体研讨活动的实况。郭秉文曾在1922年第五届年会上致辞,将年会的目的进行了恰当概括,认为举办年会是"报告上年事,审查已往之成绩;请名人演讲,吸收新颖知识;提出议案,讨论未来之进行"。[3] 年会的举行确实促进了中国职业教育的发展。中华职教社在1917年成立时,参会人员大约有340人,之后会员人数迅速发展,从1917年会员786人到1922年的4812人,附设机关到1934年已达26处。

（二）演讲会与刊物：深化理论研究

黄炎培在南洋公学堂时选习过演讲课,从走上教育救国道路后,更是将这一特长发挥得淋漓尽致。作为中华职教社的主要领导者,黄炎培积极投身职业教育的演讲活动中。为唤起社会各界的支持,黄炎培四处讲演,南到汕头,北至黑龙江,东起上海,西到山西、四川。据统计,中华职教社在成立后一年内组织了35次讲演,黄炎培都积极参与其中,1918—1922年,黄炎培每年都要外出开展职业教育宣传活动。黄炎培擅长演讲,几乎

---

[1] 中华职业教育社.中华职业教育社章程[J].教育与职业,1917(01).
[2] 中华职业教育社.黄炎培教育文集(第二卷)[M].北京:中国文史出版社,1994.
[3] 上海中华职业教育社志编撰委员会.上海中华职业教育社志[M].上海:上海古籍出版社,2007.

每到一个地方都要进行演讲,通过演讲向社会各界人士宣传职业教育对青年人的重要性,职业教育对国家实业发展乃至国家富强的重要性,黄炎培的社会活动足迹遍及东三省及湖北、浙江、江西等10多个省。1917年10月,黄炎培在南汇县讲演《职业教育之必要》,并报告《南洋华侨教育状况》,在杭州女子职业学校演说;11月在南京高等师范学校演讲《职业教育》,在江苏省立师范学校演讲《职业教育》;1919年1月,在川沙商会讲演《职业教育》,在川沙县立高等小学校讲演。1920年3月赴奉贤南桥参观学校并开会讲演;在青浦演讲。7月,在江苏省立第二女子师范学校暑期讲演会讲演《职业陶冶》和《职业教育与地方行政》;在江苏省第五次教育行政会议上先后演讲《职业教育与地方行政》和《农村职业教育》;在南京高等师范学校暑期学校讲演《最近之职业教育》;在武术研究会暑期讲习会讲演《体育与职业之关系》。8月在山东暑假讲习会讲演《对于职业教育之重要与现时提倡状况》;应上海商务印书馆附设国语讲习所之请,和陈鹤琴分别作《职业教育》和《心理测验》的演讲;应上海三林、陈行、杨思三乡教员暑期讲习会之邀,讲演《乡村之职业教育》,在南汇县教育会讲演《教育与人生问题》……[1]此后,黄炎培也四处宣传职业教育,一直到抗战爆发,讲演职业教育成为黄炎培社会活动的重要组成部分。在这些讲演中,黄炎培不仅扩大了职业教育的影响范围,也加深了自己对职业教育的全面理解。实践证明,在当时社会文盲占绝大多数的情况下,演讲确实将职业教育宣传得深入人心,使很多劳苦人众了解了职业教育。

另外,1917年8月,黄炎培在中华职教社内部专门成立"职业教育研究部";9月,设立职业教育编辑股,决定另辑印《教育与职业》作为中华职教社的机关刊物,这是"国内研究职业教育唯一专刊"[2],成为黄炎培职业教育思想发展阶段重要的理论阵地。次月,蒋梦麟任《教育与职业》主编并创刊。黄炎培在《教育与职业》杂志的第1期就发表《南洋之职业教育》和《本社宣言书之余义》。1917年11月,黄炎培所作《职业教育析疑》刊发在第2期9卷11号,1918年黄炎培《职业教育谈》发表在第3至6期。此外,中华职教社每年的年会,黄炎培所作《年会词》也会在刊物发表。通过这一系列研究阵地和舆论阵地,黄炎培开展了大量相关理论研究工作,现在结集的《黄炎培教育文集》《黄炎培教育论著选》《黄炎培教育文选》等都主要来源于《教育与职业》杂志,而且2014年凤凰出版社推出的《民国职业教育史料汇编》是国内关于民国时期职业教育研究的比较全面的史料,全编50册,而第24~50册收录的就是1917—1949年发行的《教育与职业》,合计203期。从中可以看出,这一时期黄炎培专注于职业教育理论研究,对职业教育在整个教育系统的

---

[1] 谢长法.教育家黄炎培研究[M].济南:山东人民出版社,2016.
[2] 职业教育消息[J].教育与职业,1921(31).

组织结构都进行大量研究分析,不断丰富发展了职业教育的理论内涵、功能定位,介绍了世界职业教育的发展态势、新的教育研究方法。可以说,在当时中国职业教育理论建设的初级阶段,黄炎培的职业教育研究起到了开路先锋的作用。这也表明,他的职业教育思想逐渐发展并趋向成熟。

(三)职教调查研究:增加理论厚度

黄炎培向来重视调查研究,调查研究可以说是黄炎培职业教育思想形成的一个重要途径。1917年中华职教社成立后,黄炎培的调查研究主要围绕职业教育展开。在中华职教社成立一年内,开展的国内外调查次数高达49次,黄炎培在这些调查研究过程中不仅起了重要领导作用,他还经常亲历亲行。

在黄炎培职业教育调查过程中,赴东三省调查和赴南洋考察比较具有代表性。1918年,黄炎培与蒋梦麟以中华职教社名义赴东三省调查教育状况,同时也是为讲演职业教育、发展中华职教社社员。黄炎培这时已坚定宣传职业教育,号召大家在"精神上发展儿童本能,实质上注重职业教育"。[1] 调查结束后,黄炎培在江苏省教育会第十二次常年大会上,作了《考察东三省及朝鲜、青岛教育情形》的报告,将东三省自然状况、学校情况进行了客观介绍。在调查过程中,黄炎培不断宣传职业教育,也不断丰富自己对职业教育的认识。继1917年5—8月调查南洋职业教育状况之后,黄炎培又于1919年、1921年分别到南洋考察学习,这些考察学习都与职业教育密切相关。在考察过程中,黄炎培怀着对职业教育的深厚情感,对南洋职业学校给予了较多关注、指导,除了回国到各地演讲宣传,黄炎培还写成《南风篇》《南洋荷属华侨教育研究会之盛况》《南洋华侨教育商榷书》《南洋之职业教育》等发表在《教育与职业》上。这些调查和考察经历也都为黄炎培职业教育思想的发展成熟积蓄了养料。

(四)职业指导机构:拓展理论宽度

黄炎培重视职业指导理论的研究与实践,认为职业指导是"职业教育的先决问题",将其作为职业教育的重要组成部分。1919年10月,黄炎培将"职业指导号"作为《教育与职业》创刊后的第二个专号,专门介绍宣传职业指导。在《〈职业指导号〉的介绍语》中,黄炎培强调了职业指导的重要地位,"我们既办了职业学校,在学生分科选业上很有关系。因而想到岂但是职业学校有这种情形,就是别的学校学生来学,凭怎么方法替他们分科?用怎样方法教导他们养成他们职业界的种种资格?学成以后,更有怎么方法使得他们走

---

[1] 黄炎培.黄炎培日记(第二卷)[M].北京:华文出版社,2008.

一条相当的出路？仔细想想，这个职业指导，简直是职业教育的先决问题了"。[1] 并且，黄炎培还将职业指导建立在科学依据下，认为职业指导脱离不了两个标准，"一个是职业心理，一个是社会状况"。[2] 这反映了黄炎培职业指导思想的初步形成。

到1920年，黄炎培等人仿效欧美国家，在中华职教社又成立了职业指导部，编辑出版了一系列职业指导丛书；并且在各地进行职业状况调查，在各学校实施职业指导，在职业指导过程中逐渐形成了职业指导理论。1923年，职业指导委员会建立，标志着职业指导运动的开展，黄炎培也亲身投入到职业指导的实践活动中，1924年分别在南京、济南、上海、武汉举办了一星期职业指导运动。此外，上海职业指导所、比乐中学的创办，都是职业指导理论在职业学校办学过程中的积极实践，这在丰富职业指导理论的同时，也拓宽了黄炎培职业教育研究的宽度。

二、职业教育实践丰富：中华职业学校兴建为主要形式

职业教育的早期形式是学徒制，学徒制直接产生在工作过程中，职业教育的"职业性"是它与普通教育的本质区别，这都决定了职业教育不能仅停留在书本中。所以，黄炎培清醒地意识到，职业教育只从舆论宣传上发动，不足以令人信服，必须要通过办学来加以验证。自1917年中华职教社成立后，黄炎培一方面积极进行职业教育理论研究、职业教育调查研究，一方面开始筹办中华职业学校，并且从职业补习学校、职业指导机构，以及在中学中设置职业科来进行职业教育实践活动。这些成为黄炎培践行职业教育思想的重要途径，主要包括筹办职业学校和职业指导机构、职业补习学校等组织结构。

（一）创建中华职业学校

为了说服国人，黄炎培决定创建中华职业学校，这是黄炎培发起创办中华职教社实验职业教育的基地，成为黄炎培推行、践行职业教育理念的重要措施之一。实践证明，中华职业学校的创办、发展、壮大无疑是黄炎培职业教育思想践行的典型范例，通过中华职业学校的发展历史可以了解黄炎培职业教育思想的实践活动。首先，从筹集建校经费开始。黄炎培赴京向财政部申请补助经费，社会各界特别是实业界和教育界闻风响应。于是在1918年5月，中华职教社正式开办中华职业学校，同月制订了《中华职业学校设立之旨趣》，陈述了创办学校的初衷："鉴于中国今日教育之弊病在为学不足以致用，而学生

---

[1] 黄炎培.黄炎培日记(第二卷)[M].北京：华文出版社，2008.
[2] 同上.

之积习尤在鄙视劳动而不屑为，致毕业于学校而失业于社会者比。根本解决，唯有提倡职业教育，以沟通教育与职业。虽然，空言寡效，欲举例以示人，不可无实施机关，故特设此学校。"[1]所以学校设立的旨趣有两个：一是"沟通教育与职业"，二是"适应现时需要提供劳动培养国民生产能力"。[2]这不仅是中华职业学校创办的目的，更是所有职业学校创办的目的所在。由此，现代意义上的职业学校在中国得以开展，一方面打破了传统教育的壁垒，搭建了教育与职业的联系；另一方面为当时中国的民族资本主义经济发展提供了现代劳动力。

1918年，中华职业学校在上海陆家浜正式成立，这是中国第一所中等专业学校，在中国近代职业教育史上具有重要地位。在中华职教社的指导帮助下，中华职业学校章程、实施方案、课程设置等相继完善。7月，公布了《中华职业学校章程》，规定："本校专为无力升学之学生欲从事于职业者授以木工、铁工或其他相当职业科，兼陶冶其良善品性，培养其生产能力，俾将来适于生活为目的。"[3]从中可以看出，学校招生范围主要是"无力升学者"，目的很明确，就是"为谋生"，这也是黄炎培始终倡导职业教育围绕的中心。同时学校的实施方案是"养成耐劳耐苦习惯，俾将来适于自立生活""培养自治自动精神，俾将来足以发展事业""养成服务社会美德，俾将来成为善良公民"。[4]可见，学校培养目的旨在适应社会发展需要，而中华职业学校也旨在为职业教育提供办学经验。筹备学校前期发起的募金活动，课程设置、添设、停办之前的调查研究，学校对职业道德教育实习和实地参观的重视，以及注重讲演职业教育理论，等等，这些都为中华职业学校的发展壮大奠定了坚实基础。特别是1918—1927年期间，中华职业学校入学人数从84人增长到441人。从1918年8月学校举行入学实验到1952年，中华职业学校历时34年，也为其他职业学校的开办提供了经验。

（二）其他职业学校的发展

针对社会上读书人为做官，不愿参加劳动的现状，黄炎培等人提倡在中国推行职业教育，并通过办职业学校将读书与动手结合起来。创办职业学校，成为黄炎培职业教育实践活动的一个重要途径，既扩大了职业教育的宣传范围，又为社会培养了一批实用人才，解决了一批学生的失业问题。黄炎培的职业教育思想在职业教育办学过程中逐渐发展成熟，他指导过很多职业学校，除中华职业学校外，还有当涂职业学校、上海职业学校、

---

[1] 中华职业教育社.中华职业学校设立之旨趣[J].教育与职业，1918(5).
[2] 中华职业教育社.中华职业学校概况一览[J].教育与职业，1997(1).
[3] 中华职业教育社.中华职业学校章程[J].申报，1918(7).
[4] 同上。

华商纱厂联合棉铁工业学校、都江实用职业学校、中华工商专科学校,等等。黄炎培希望人们通过职业教育从根本上解决中华民族的生计问题,使人们达到做工自养,实现高尚、光明的生活,也期望通过职业学校的办学成功,为传统学校起到示范作用,从而推广职业学校,为国家民族造福。

在黄炎培和中华职教社的倡导和推动下,特别是中华职教社成立以后的十年,职业学校数量增长迅速。"就学校数量而言,1916年甲乙种实业学校525所,1918年加入职业教员养成所得531所,1921年全国各种职业教育机构并得842所,到1922年有1209所,1925年增至1548所,1926年因受北伐战争等政治运动影响,尚有1518所,此五年间不得谓无相当之进步。"[1]这也构成20世纪20年代中国教育改革的一道亮丽风景。而"1917—1947年中华职业教育社办理的学校(包括专科、职校和中学)共10所,其中中华职业学校前后毕业生8000多人"。[2]

三、"壬戌学制":职业教育地位合法化

"教育制度"在《中国大百科全书·教育》中的第一释义是"根据国家的性质制订的教育目的、方针和设施的总称"。[3]教育制度对学校教育具有法律上的规范作用和保障作用。黄炎培在20世纪20年代前后的学制改革浪潮中,非常重视职业教育制度的确立。黄炎培依靠全国教育会联合会和中华教育改进社等团体,致力于职业教育改革,最终确立了职业教育在学制中的地位。

(一)推进学校教育制度改革

学校教育制度的简称是学制,它具体规定了各级各类学校的教育目的、课程设置、教学教时等内容,对各级各类学校具有法律上的规范作用和指导意义。学制是现代教育组织日益制度化的产物,大机器生产社会需要大量熟练劳动力和高素质管理人员,因此,要求学校发挥规模效益,大批量生产学生,于是现代学校制度逐渐建立。现代学校教育制度的建立,是一个国家教育现代化进入制度层面的首要标志。20世纪可谓中国现代教育学制的确立和发展时期,中国经历了多次学制改革,学制改革成为教育改革的重点内容。清末新政时,模仿日本建立了"壬寅癸卯学制";中华民国成立后,新成立的教育部制定了

---

[1] 周谈辉.中国职业教育发展史[M].台北:三民书局,1985.
[2] 中国现代教育家传编委会.中国现代教育家传[M].长沙:湖南人民出版社,1986.
[3] 中国大百科全书出版社编辑部.中国大百科全书·教育[M].北京:中国大百科全书出版社,1985.

"壬子癸丑学制",但都由于制订时比较匆忙,缺乏理论和实践基础,在实施中弊端明显,致使改革的声音从未停止过。1917年1月,《中华职业教育社宣言书》铅印发行,在中华职教社同仁的倡导下,职业教育被越来越多的人接纳和认可,职业教育替代原来的实业教育,发展职业教育在当时教育界和实业界已基本达成共识。一直深谙中国教育问题并以开放心态介绍西方教育思想的黄炎培,将教育改革的目光集中于职业教育改革问题上。他在《职业教育实施之希望》中,提出"将欲实施职业教育乎？第一,须确立职业教育之制度"。[1] 将职业教育制度确立为实施和发展职业教育的重要内容之一。鉴于此,教育部也采取相应措施,给职业教育以一席之地。1917年3月,教育部通令各地中学自三年级起,应设第二部,于中学毕业后从事职业者可以入该部学习,增加学习农业或工业、商业。

同时,黄炎培开始重视职业教育制度研究。他提出"凡欲解决制度问题,不宜沾沾于各国制度利害得失之比较,必一以吾国历史与现状为根据而研究之"。[2] 将本国社会需求作为确立职业教育制度的原则,提出既要借鉴世界各国先进经验,又要立足中国传统与现实,构建适合中国发展需要的职业教育制度。于是,黄炎培又特别提出,应当在民国初年甲乙实业学堂的制度基础上加以改进,在中小学广泛设立职业科,会产生因地制宜、尤为便利的效果。这种思想在后来的新学制中也得以体现并实施。

（二）确立职业教育学制

在学制改革的浪潮中,黄炎培通过全国教育会联合会等渠道积极呼吁,全国教育会联合会从1917年10月通过《职业教育进行计划案》之后,每年年会都通过了有关实施职业教育的议案,黄炎培分别在1916年、1917年、1920年、1921年全国教育会联合会第二、三、六、七届年会上,对学制改革的相关问题提出了宝贵意见。其中,1921年七届年会上,广泛讨论和决议通过《学制系统草案》,草案中规定:"中等教育采用选科制,可设职业科和师范科";"为推广职业教育计,得于高级中学职业科内附设职业教员养成科"。[3] 黄炎培对职业教育学制讨论做出的贡献最大,他就会上《学制系统草案》发表了意见,要求加快推行学制改革的立法。并且,在他的积极倡导下,通过了《学制系统草案》。

《学制系统草案》公布后,全国教育会联合会又对草案详细讨论,并开始向全国广泛

---

[1] 中华职业教育社.黄炎培教育文集(第二卷)[M].北京:中国文史出版社,1994.
[2] 同上.
[3] 琚鑫圭,唐良炎.中国近代教育史资料汇编·学制演变[M].上海:上海教育出版社,1991.

征求意见,中华职教社专门在1922年1月发布《征求教育界对于新学制草案职业教育一部分意见的问题》,积极征求关于职业教育的相关意见。黄炎培在这一讨论评议中深入研究、充分肯定。1922年10月,正式通过《学制系统改革案》,即著名的"壬戌学制",也称"新学制"。

在新学制改革中,黄炎培多次对学制改革提出了自己的意见,在《申报》上发表《全国教育会通过新学制案》,记述了从1921年《学制系统草案》到正式通过《学制系统改革案》一年间的学制改革状况,经过黄炎培等人的不懈努力,"新学制"中有诸多关于职业教育的规定:"小学课程得于较高年级,斟酌地方情形,增置职业预备之教育。""初级中学施行普通教育,但得视地方需要,兼设各种职业科。""高级中学分普通、农、工、商、师范、家事等科。但得酌量地方情形,单设一科,或兼设数科……""大学及专门学校得附设专修科,年限不等,凡志愿修习某种……职业,而有相当程度者入之。""为推广职业教育计,得于相当学校内,酌设职业教员养成所。依旧制设立之甲种实业学校,改为职业学校,或高级中学农工商等科。依旧制设立之乙种实业学校,酌改为职业学校,收受高级小学毕业生,亦得收受相当年龄之修了初级小学学生。"[1]在这里,职业学校已经完全取代了实业学校的称谓,实业教育的称谓也已经被职业教育所替代。这说明黄炎培经过近十年的努力,终于正式确立了职业教育称谓,职业学校也终于在学制上正式确立了地位,取得了法律上的保障。这标志着中国近代以来的学制体系建设基本完成,可以说是中国教育从近代迈入现代的里程碑。

这一学制在形式上主要效仿美国综合中学,力图使职业教育与普通教育完全融合,特别是初级教育,让学生有了更多选择机会,学生既可以升学,也可以通过职业科多学一个技能参加就业,这样避免了学生过早分流,无形中增加了职业教育的社会吸引力。同时,对职业教育学制的规定相对简明,增加了各地办职业教育的灵活性。在《学制系统改革案》中,充分体现了黄炎培追求的职业教育的理想方式,首次将中小学的就业预备功能与升学预备功能并驾齐驱地确定下来,并且就高中由单科改为综合制,这都突出了为民众谋职业、求生计的目标,将职业教育融合到普通教育体系。同年12月,黄炎培作《民国十一年之职业教育》,大加称赞了这一年的职业教育是"承十年之趋势,由通都而及于腹地,由空论而见诸事实,由浮动之气体变为坚实之固体,由散漫的表见渐进于系统的团结"。[2]

这一时期,黄炎培将所有精力和热情都投入职业教育事业中去,在职业教育理论研

---

[1] 璩鑫圭,唐良炎.中国近代教育史资料汇编·学制演变[M].上海:上海教育出版社,1991.
[2] 中华职业教育社.黄炎培教育文集(第二卷)[M].北京:中国文史出版社,1994.

究和职业教育实践活动方面都取得了突出成绩。他关注世界职业教育的发展趋势,引介西方职业教育思想,学习西方职业指导、职业心理等方法;积极规划各省职业教育发展计划书,指导各地职业学校的兴建;参与全国教育会联合会、学制研讨会,以及倡导、宣传职业教育的各类活动,使自己对职业教育的理解进一步成熟起来,也是在同一时期,中国近现代职业教育思潮达到了高潮。

第四节 "大职业教育主义"转向

从1925年起,黄炎培着手筹划乡村职业教育的试点工作,这一年,中华教育改进社在太原召开第四届年会,黄炎培指出"乡村职业教育之设施,不宜以职业教育为限"[1],这标志着黄炎培将教育理论的研究视野由城市职业教育转向乡村职业教育。同年12月,黄炎培提出"大职业教育主义"理论,表面上将中国现代职业教育思潮推向高潮,实际是开始对前期职业教育进行反思。这是黄炎培职业教育思想泛化的转折点。特别是从1926年开始,即1926年到1949年这段历史时期,中国处于两种命运大决战时期,每种教育思潮和流派都不能脱离政治斗争的影响。黄炎培这位致力于通过教育运动推动政治运动的教育家自然更受政治影响。到了抗战开始,黄炎培不再专注于发展职业教育,而投入到抗日救亡的洪流中。在黄炎培看来,职业教育已经达不到救国目的,这也宣告了黄炎培企图以职业教育进行社会改造初衷的失败。

一、提出"大职业教育主义"

(一)泛化开始:创办《生活》周刊

1925年10月,因期刊《教育与职业》主要以发表职业教育理论研究为主,出刊周期较长,所以中华职业教育社后来特意创办《生活》周刊,旨在及时发表职业教育的相关消息。黄炎培在首卷首期发表《创刊词》开宗明义地说:"世界一切问题的中心,是人类;人类一切问题的中心,是生活。"[2]这将刊物完全指向社会生活问题。实际上,在黄炎培的指导下,《生活》周刊后来的宗旨变为"促使人们关心各类社会现实生活问题,寻求解决这些问

---

[1] 中华职业教育社.黄炎培教育文集(第二卷)[M].北京:中国文史出版社,1994.
[2] 同上.

题的方法,以为实施职业教育的依据"。[1]

《生活》周刊创办后,最初是一张4开小报,印数2800册,主要赠送给中华职教社的社员和有关教育机关。虽然《生活》周刊旨在指向社会生活问题,出版内容则涉及社会生活、社会经济、职业修养、职业教育等,大部分篇幅都是从各种报纸上搜集的职业教育和职业指导的信息。所以,当时中华职教社重视职业指导,则《生活》周刊就多职业指导文章;黄炎培重视青年修养问题,则《生活》周刊就偏重个人修养问题和职业修养问题。

《生活》周刊创办初期没有明确定位,可以看出刊物受黄炎培影响较深,而黄炎培"大职业教育主义"理论最早就是在《生活》周刊得以宣传、推广的。1926年,邹韬奋接任《生活》周刊主编,大力支持黄炎培主张的"大职业教育主义"理论。从《生活》第2卷开始"期以生动的文字,有趣味有价值的材料,暗示人生修养,唤起服务精神,力谋社会改造"[2],可见,《生活》周刊将目光逐渐由关注职业教育和职业指导转向关注现实生活。而"九一八"事变后,《生活》周刊开始响应时代号召,将出刊内容又转向社会的问题,尤其是政治问题,一直到1932年停刊。

(二) 泛化标志:提出"大职业教育主义"

1925年12月,黄炎培经过全面反思,首次提出了"大职业教育主义"主张,次年的1月,《教育与职业》杂志正式发表了《提出大职业教育主义征求同志意见》,黄炎培在文中对"大职业教育主义"理论进行了全面、深刻的论述。其实,黄炎培在1923年《职业教育之礁》中就曾经思考过施行职业教育将面临的最大问题"非以职业为贱,即以职业为苦"。[3] 他认为人们传统根深蒂固的职业尊卑观,对职业信仰的缺失,成为职业教育发展的最大阻力。而在发表《提出大职业教育主义征求同志意见》时,黄炎培直面职业教育现状:"我们同志八九年来所做工作,推广职业学校,改良职业学校,提倡职业补习教育……可是我们所希望,百分之七八十没有达到。"[4] 之后,黄炎培除了从国内政治形势、经济困难等分析影响教育发展的因素,主要还是从职业教育发展自身存在问题进行反思,认为没有良好"时机"是影响职业教育发展的一方面,但更多是从职业学校学生的出路问题反思职业教育成败。黄炎培总结了自己的经验认识:"只从职业学校做功夫,不

---

[1] 《生活》周刊第一期出版[J].申报,1925(10).
[2] 《生活》1929年12月第5卷第1期.
[3] 中华职业教育社.黄炎培教育文集(第二卷)[M].北京:中国文史出版社,1994.
[4] 同上.

能发达职业教育;只从教育界做功夫,不能发达职业教育;只从农、工、商职业界做功夫,不能发达职业教育。"[1]这可以看出,黄炎培对职业教育问题的思考更严肃、更深入了,将职业教育置于整个社会大环境中,将职业教育与社会政治、经济相联系进行反思。

此后,黄炎培围绕"大职业教育主义",对职业教育进行了横向理论思考和纵向历史反思,将《生活》周刊作为宣传"大职业教育主义"的重要舆论阵地在不同场合阐释、宣讲其"大职业教育主义"理论。1926年5月,黄炎培在中华职教社第九届年会作《述九年间之职教》,对自己的"大职业教育主义"理论进行广泛宣传,在会上得到职业教育界同仁认可并进行了广泛讨论。1927年2月,黄炎培又在《办职业教育须下三大决心》中,更加明确了办职业教育的决心:"须下决心精切研究人情、物理,并须努力与民众合作。"[2]这"三大决心"既是黄炎培办职业教育的决心,也是黄炎培"大职业教育主义"思想的精髓,黄炎培认识到,必须投身到广阔的社会活动中去兴办职业教育,同时,还要以广大人民群众的需求为目标。

黄炎培"大职业教育主义"理论的提出,为中华职教社打下了农村教育改进的理论基础,中华职教社开始将职业学校教育推广到农村和城市。一方面,为职业教育发展开辟了新道路,引导中华职教社的工作由过去偏重学校职业教育,向职业学校教育、职业指导和职业补习教育并重发展;另一方面,正是因为黄炎培在推行学校职业教育道路上困难重重,才不得不去开辟新的道路。从此,黄炎培对职业教育的研究越来越泛化,外延大于内涵,表面是对职业教育内涵的延伸,但延伸到没有边缘,则是对职业教育"职业性"特征的弱化。黄炎培对职业教育这一教育类型的理解,如果说前期黄炎培是以探索职业教育内部的教育规律为研究重点,此时则是以寻求职业教育对外部环境的适应为重点。表面上,黄炎培职业教育思想丰富完善了,实践领域也扩大了。实际上,其职业教育思想发展趋势不可避免地淡化了职业教育的特定内涵。正是从这个意义上讲,本书将黄炎培"大职业教育主义"理论的提出,作为黄炎培职业教育思想泛化和弱化的转折点。

(三)泛化表现:转向农村职业教育

1. 农村农工教育实践活动

20世纪20年代,以晏阳初为代表的平民教育运动在中国轰轰烈烈地开展起来,酿成

---

[1] 中华职业教育社.黄炎培教育文集(第二卷)[M].北京:中国文史出版社,1991.
[2] 同上.

一场声势浩大的教育思潮。与此同时,中华职教社也将工作重心由城市工商教育转向农村的农工教育。据《社史资料编辑》记载,中华职教社的活动在1929年的农村工作中,以进行爱国主义教育为中心,开始办农村改进区,建立"中华新农具推行所",主要是作为工厂和农村的桥梁,把新农具推行到农村。此外,在《职教社在云南(提纲)》里记载,业余教育是中华职教社工作的重点,主要工作对象是商店店员、学徒、工厂的技术员、工人,以及机关的基层职工。这源于这个为数很多的职业青年群,被国民党反动教育拒之于学校门墙之外,他们迫切地要求学习文化,学习职业技能。

在"大职业教育主义"理论提出后,黄炎培及中华职教社则将发展农村职业教育作为实现"大职业教育主义"的重要途径。从1925年起,黄炎培就深入山西进行考察,提出了"划区试办乡村职业教育计划";1926年,在江苏徐公桥设立农村改进试验区指导徐公桥进行乡村实验;1933年,中华职教社创办漕河泾农学团,黄炎培在漕河泾农学团举行的"农专科"和"师训所"联合开学仪式上做了演说。在漕河泾农学团的"生活调溶训练"活动中,黄炎培多次演讲"人生哲学发凡",并为农学团筹资、指导,多次参观,支持其活动。特别是1934年在农学团举行农村问题谈话会上,黄炎培提出《农村改进工作纲要》,将此作为从事农村工作改进的目标,所以这些都是黄炎培对农村改进的思考,是黄炎培企图"职业改造"农村的探索,这与20世纪30年代陶行知的"生活改造"、晏阳初的"民族再造"、梁漱溟的"文化改造"共同构成了20世纪二三十年代的农村教育思潮。

2. 农村职业教育理论研究

在20世纪二三十年代,黄炎培深入江阴、南通、苏州等地进行农村职业教育调查,在此基础上,黄炎培又基于"大职业教育主义",主张将职业教育理论研究的重心转向农村职业教育理论研究,开始推进农村教育、农村职业教育,对农村教育理论的探讨,围绕农村职业教育开展一系列研讨并发表一系列文章。1929年在《教育与职业》发表《与安亭青年合作社谈乡村事业》,根据徐公桥实际情况,提出具体建议:"用区分的方法,巡回的制度,在较偏僻的地方,指定若干地点,先办露天识字,唤起他们的兴趣。其次用补习学校的方式,使他们受较有系统的知识。"[1]此外,还有《以民团为中心之新村治》《社会经济严重问题之一斑》《徐公桥乡村改进史的最初一页》等,都对农村教育实践问题进行了认真总结,反映出他对农村教育的新认识。田正平教授评价其"职业教育'走向农村',既是一种理性分析的结果,又是一种客观环境的逼迫。而解脱职业教育面临的困境是其直接

---

[1] 中华职业教育社.黄炎培教育文集(第二卷)[M].北京:中国文史出版社,1994.

动因"。[1]

黄炎培"大职业教育主义"理论的提出还遭遇了当时特殊的社会磨难。1927年北伐战争开始,黄炎培遭到了国民党的迫害,当时国民政府给黄炎培加以"学阀"的罪名,下令通缉;并且提出打倒"学阀"口号,占领江苏省教育会,中华职教社开始流离失所。翌年,黄炎培也提交了辞去办事部主任的呈文,推荐江恒源和杨卫玉任办事部负责人。他为中华职教社找到了新的有能力有才华的掌门人大喜,并作"今日大乐,不惟放手兼放心"的演说。[2] 虽然黄炎培在这种农村改进过程中,提出了自己的农村改进理论:"划区施教""先富后教""综合改进"等,但这些也反映了黄炎培对职业教育内涵研究的逐渐淡化。到了20世纪30年代初,黄炎培已经较少有关于职业教育理论研究的创新,在报刊宣传上关于职业教育的声音也越来越轻微。1933年3月,教育部颁布了《职业学校章程》,虽然名义仍谓之"职业教育",但都是以生产教育的目标为出发点,这实际已经给职业教育定音定调。1933年12月,在国民党第四届中央执行委员会三次全体会议上,直接就生产教育进行决议,职业教育称谓已不再出现。而到了20世纪30年代中后期,由于国内抗日战争和经济建设的影响,职业教育思潮几乎消声匿迹,生产教育思潮演进为民生教育思潮,而"生产教育"几乎替代了"职业教育"。

二、由教育救国到政治救国

(一)"九一八"事件后:开始转向

1931年9月18日,日本在沈阳制造了"九一八"事变,很快中国东北三省相继沦陷,黄炎培开始积极投入抗战救国活动中,对职业教育的地位和作用进行重新审视和思考。因为黄炎培认识到:"自从'九一八'事发,吾们内心起了极大的冲动,精神受了极大的影响。吾们亲切地看出,在我们中国这样一个政治上、经济上受着种种枷锁的国家,所谓社会问题的解决,必须统一于国家、民族的解放。"[3] 所以,黄炎培逐渐地从职业教育相关活动中抽身出来,积极组织抗日团体,进行救国宣传。1931年,黄炎培联合中华职教社江恒源、杨卫玉等组织了抗日救国联合会,而江恒源、杨卫玉正是职业教育在农村改进活动的主要代表。1932年7月,黄炎培第二次北行,旨在代表上海各界救国人士支持张学良出兵抗战、进行宣传救国。

---

[1] 田正平,周志毅.黄炎培教育思想研究[M].长春:辽宁教育出版社,1997.
[2] 黄炎培.黄炎培日记(第三卷)[M].北京:华文出版社,2008.
[3] 中华职业教育社.黄炎培教育文集(第四卷)[M].北京:中国文史出版社,1994.

这一时期,黄炎培亲自担任发行人,创办了《救国通讯》,旨在"以救国为职志,以全民抗战为途径"[1];1934年1月改名《国讯》,且由不定期刊改为半月刊;1935年《国讯》又改为旬刊,1937年"淞沪会战"后上海沦陷,刊物暂停。黄炎培说这个刊物主要"是以努力使职业教育配合国家民族为中心",[2]黄炎培在刊物上公开发表了很多救国的文章,如《为什么救国要有高尚的人格》《为什么救国要有博爱互助的精神》《精神救国》《如何唤起民众》《华北当前的危机》等,都反映了黄炎培将职业教育与抗战救国相结合,他的主要精力转向了抗战宣传、提倡国货。

(二)"七七事变"后:完全转向

谢长法教授在《教育家黄炎培研究》中认为:1937年7月全面抗战爆发后,面对国土沦陷、国破家亡的现实,黄炎培以极大的心力投入到抗日救亡运动中。[3]这确实是黄炎培人生的一个转折点,从黄炎培在1938年《重做人》诗篇三章中可以看到他决绝的态度:"六十年,过去了,努力无成成亦小,一切何足道!国难来,重做人。""六十年,过去了,区区贡献付一笑。一切何足道!国难来,我再生,谁死谁生?愿跟顽敌拼。"[4]通过"重做人"和"再生",可以看出他投身国难的决心。从此,黄炎培将"教育救国"理想投入到抗日救亡社会活动中。至此,关于职业教育理论研究与思考的留存减少。虽然在1938年,黄炎培作《我之人生观与吾人从事职业教育之基本理论》中,也有专门对职业教育的提及,但也只是重申职业教育的目的,较之前变化不大,唯一变化就是把职业教育"谋个性之发展"放到首位,这与黄炎培提及的人生观之做人是具有相关性的。

自此,黄炎培充分展现了他社会活动家、政治家气质,公开抨击汪精卫的投敌叛国。在整个抗日战争期间,黄炎培始终以高度的热忱,积极参加抗日运动,勉励青年"知救国,知救民,才是有志气的青年;能救国,能救民,才是有本领的青年"。[5]他先后主持了《生活》周刊《展望》《宪政》等杂志,对青年学生和各界群众起到了宣传和组织作用。此间,黄炎培不时进行抗战演讲,以"中华复兴讲座"为名,后经整理在《国讯》连续刊发。通过《国讯》及后来中华职教社编辑的资料《社史资料选辑》来看,黄炎培这一时期主要围绕"抗战"为主题。1939年,黄炎培和梁漱溟、沈钧儒、张澜等人在重庆发起成立统一建国同志会;1941年3月,中国同盟成立大会召开;1944年9月,中国民主政团同盟改名为中国

---

[1] 转引自谢长法.教育家黄炎培研究[M].济南:山东人民出版社,2016.
[2] 中华职业教育社.黄炎培教育文集(第四卷)[M].北京:中国文史出版社,1994.
[3] 谢长法.教育家黄炎培研究[M].济南:山东人民出版社,2016.
[4] 黄炎培.红桑[M].上海:展望周刊社,1954.
[5] 许汉三.黄炎培年谱[M].北京:文史资料出版社,1985.

民主同盟;1945年7月,黄炎培等人开启有名的延安之行,作《延安归来》。抗战胜利后,黄炎培又极力主张和平、反对内战,为争取民主而不懈努力。

虽然这一时期,黄炎培也在为"抗战教育"奔波,参加出席了一些全国教育会议,进行了一些职业教育办学实践。如1938年,中华职教社在孤岛上发展补习学校;1943年夏,黄炎培、江问渔、杨卫玉在重庆创办中华工商专科学校……但这时的黄炎培,主要是以政治家的身份从事社会活动,号召国人进行抗日救国。

第五章

黄炎培职业教育实践的典型案例

黄炎培经过一系列教育探索,最终确定选择走职业教育救国的道路,为此开启了20世纪20年代的职业教育思潮;同时,他围绕职业教育进行了不断的实践探索,形成了中国现代最早的职业教育办社、办校案例。

第一节　中华职业教育社

中华职业教育社(简称中华职教社)创立于1917年5月6日,由黄炎培联合蔡元培、梁启超等48人在上海发起,初设于上海方斜路的江苏省教育会内。创立之初,以倡导、研究和推行职业教育,改革脱离生产劳动和社会生活的传统教育为社志,成为中国近代教育史上改革的先行者。

一、具备较为先进合理的组织架构

梁漱溟认为一个组织需要具备4个条件:"许多人合起来""一个共同目标""有秩序"和"向前进行"。[1] 中华职教社自1917年创设延续至今一百余年,除了新中国成立后国家对民间社团的支持,还有其自身良好的运作模式,可称为一个比较成功的公共团体,这都与它完善的组织架构有很大关系,主要表现在以下方面。

(一)组织结构合理且各司其职

中华职教社在成立时,将社团内部分为董事部、议事部和办事部。从组织的完备性

---

[1] 梁漱溟.乡村建设大意[M].济南:山东人民出版社,2005.

来看,其具备稳定的组织架构。其中,董事部由永久社员相互举荐九人,任期为四年,主要负责管理社内资产、核定大政方针、聘任办事部主任人员等;议事部由议事员和基金管理员组成;办事部分为义务干事、主任、总书记、书记、庶务书记和学校主任六部分,除义务干事外,其他五部分都是互助、协同办公。同时,议事部的议事员任期三年,可连任,其职权较为清晰,明确规定了四条:公举本社主任、公举基金管理员、审核预算决算和议决本年度办事方针。社内成员都是中国籍公民,可称之为"中国现代社团"。

此外,中华职教社设立各种委员会,聘请全社会热衷于职业教育,致力于发展中国职业教育的有识之士(图5-1)。

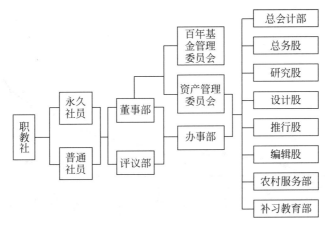

图5-1 中华职业教育社组织系统图(1933年)[1]

可以看出,中华职教社分为永久社员和普通社员,后来的组织结构包括董事部、评议部和办事部三大部分。董事部下又分为百年基金管理委员会和资产管理委员会;办事部和资产管理委员会再分为八个委员会。中华职教社将组织工作具体化,已初步具备了现代管理中注重工作效率的特征。所以,现代管理的一个前提条件就是要有一个合理完善的组织架构,保证各部门各成员各司其职,充分发挥社员的积极性,其合理性在于合乎现实需要,且经过论证、决议,正式设立,这也是中华职教社能延续至今,有一百多年历史的坚实基础。

(二)社团充分发扬民主且办事部细则分明

新文化运动以来,社团活动异常活跃,据国民政府教育部高等教育司1933年的统计,自1911年前后至1931年左右,教育学术团体增长了7倍之多[2](图5-2)这些社团也

---

[1] 江恒源.十六年来之中华职业教育社[M].上海:中华职业教育社,1933.
[2] 中国第二历史档案馆.史档案资料汇编·第五辑第一编·教育(二)[M].南京:江苏古籍出版社,1994.

都非常注重发扬民主,民主教育作风表现在方方面面。中华职教社的民主也表现在各方面,首先是在社团成立时按章程推选出各成员,1917年5月,推定聂其杰、张元济、史家修、王正廷、杨廷栋、郭秉文、沈恩孚、朱少屏、黄炎培为临时干事。1917年6月,用通信选举法选举黄炎培、沈恩孚、郭秉文、张元济、贾丰臻、史家修、杨廷栋、庄俞、穆湘玥、朱少屏、王正廷、吴畹九为议事员。可以看出,民初教育宗旨对民主教育的推崇,当时教育学术团体的活跃。

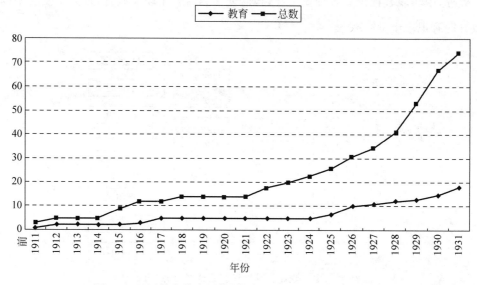

图 5-2 民国教育学术团体增长概况(民元以前至1931年)

其次,中华职教社的办事部设有主任和书记各一人,其余的各部分及办事员名额,根据各项事业的兴办来选定,办事部的主任从特别社员中选出,总书记以下的各办事员,由主任聘任,总书记负责协助主任的工作事宜。办事部规定了较为完整的会议细则:"本会议以办事部全体及基金管理员组织之,本会议由办事部主任召集,以办事部主任为主席,主席因事故缺席时,总书记代理,并在书记中指定一人,做会议时的记录,会议议决的议案,由主席签字,交职员执行,细则有未尽事宜,得于会议时提出修正"[1]可以看出,办事部会议记录较为严谨周密,且这些规定都是在协商一致的基础之上定出来的,体现了作为一个公共团体所具有的"公共性"特征。另外,中华职教社对教育经费的筹措和使用都写进议事,各部会议和处事原则无不透露出规范和民主。

---

[1] 中华职业教育社.黄炎培教育文集:第二卷[M].北京:中国文史出版社,1994.

二、有组织定期召开全体社员大会

新文化运动以来,中国社会社团兴起,知识分子在探索救国救民道路中,认识到"学术团体之使命,在时常聚焦讨论,以谋常理之发现及事业之进展。"[1]这样,开展会议便成为中华职业教育社最基本的活动方式之一。中华职教社在成立之初,就决定定期召开年会,规模也在不断扩大。

(一)将定期召开年会写入社章

中华职教社的章程中开宗明义:"会集研究或通讯研究——此为关于各类各项事业所以构成本社意思之总机关。"[2]从建社伊始就表现出对会议的重视,且中华职教社基本上把每年5月定为年会召开的时间,从1918—1937年,共举办过17次会议。中华人民共和国成立后,这个传统也保留了下来。2017年5月5日,中华职教社在北京隆重举行了立社100周年庆祝大会。

特别是在刚成立的最初十年,会议成为中华职教社成员的一项公共活动,每年都举办大会,各类大大小小的临时干事会、董事会、职业教育展览会等议高达339次,平均每年开会约34次,办事员会多达236次(表5-1),这说明中华职教社对职业教育的实践活动非常重视,也很注意及时解决实践中出现的职业教育问题。这一时期,各类会议的召开为大家探讨职业教育理论与实践问题提供了一个广阔的平台,既为中国职业教育的发展宣传造势,也可见当时职业教育在中国发展得如火如荼。

表5-1 中华职业教育社过去十年间集会统计[3]

会别年	大会	临时干事会	议事员会	董事会	办事员会	职业教育展览会
1	1	6	7		16	
2	1		5		11	1
3	1		9		11	
4	1		6		30	2
5	1		7		35	
6	1		7		28	1

---

[1] 杨卫明.中华职业教育社与近代中国职业教育研究[J].中国职业技术教育,2014(18):69.
[2] 中华职业教育社.中华职业教育社章程[J].教育与职业,1917(1).
[3] 中华职业教育社.中华职业教育社十年小史[M].上海:中华职业教育社,1927.

续表

会别年	大会	临时干事会	议事员会	董事会	办事员会	职业教育展览会
7	1		9		25	1
8	1		5		22	2
9	1		5		20	1
10	1			4	38	1
统计	10	6	60	4	236	9

（二）不断扩大职教年会范围

1921年8月，中华职教社组织的"全国职业学校联合会"在上海成立，为了扩大职业教育的研究讨论范围，更是自1922年起，每年几乎与中华职教社的年会同步联合召开，进一步扩大了职业教育的影响力（表5-2）。

表5-2　全国职业学校联合会历届年会概化一览表[1]

时间	届次	地点	出席人数	主席（或主席团）
1922年	1	上海	无记载	无记载
1922年	临时	济南	46	顾树森
1923年	2	上海	60	赵师复
1924年	3	武汉	100多	高践四
1925年	4	南京	100多	廖茂如
1926年	5	杭州	48	无记载
1928年	6	苏州	50多	蔡正维
1929年	7	杭州	87	章鲁泉
1930年	8	上海	200多	王尧承、刘湛恩
1931年	9	镇江	131	蔡元培
1932年	10	福州	89	蔡元培、江恒源等11人
1933年	11	开封	200多	江恒源
1934年	12	南昌	413	黄炎培、杨永泰、熊式辉、丁超伍、程时奎、江恒源、龚伯循
1935年	13	青岛	206	黄炎培、江恒源、欧元怀、王儒堂、褚民谊、沈成章、顾树森、雷法章、沈恩孚、刘湛恩
1936年	14	成都	156	卢作孚、胡春藻、庄泽轩、江恒源、蒋养春
1937年	15	上海	503	蔡元培、钱新之、潘公展、顾树森、穆藕初、黄炎培、王云五、刘湛恩、欧元怀

---

[1] 上海中华职业教育社志编撰委员会.上海中华职业教育社志[M].上海：上海古籍出版社，2007.

从表 5-2 可以看出，全国职业学校联合会的加入，明显扩大了中华职教社年会的范围。同时，地域范围也扩大了，由原来的上海到了省外各地，成为全国性的年会。翻阅这一时期的历史资料还发现，会议的一些议案内容也越来越丰富，由刚开始的共同讨论议案，到了后期分组讨论。到 1929 年，已经分为教育行政组、职教经费组、职教教师组、职教课程组、女子职业教育组、职工补习教育组、职业指导组等 7 组，提请 20 条议案重点讨论；1934 年，分为特别委员会、职业教育行政组、农村改进组、职业补习教育组、职业课程组 5 组，提请议案达到了 77 条。可以说，不管是年会的参与人数还是影响范围、议案内容，都有了整体性扩展。

三、凝聚社会矢志职业教育之士

（一）社员来源广泛

任何组织的影响力扩大都离不开队伍的发展壮大。中华职教社作为一个民间教育团体，能够推动中国近代职业教育思潮的兴盛，主要原因是凝聚了一批矢志于教育救国、想改良普通教育、发展职业教育的爱国人士。有学者统计，"社员人数从 1917 年 7 月议事员会议时的 506 人，到 1918 年 5 月的职教社第一届年会时，发展到 836 人，再到 1937 年 5 月第十七届社员大会时的 19700 余人"[1]，至新中国成立前社员达到三万余人，人数规模有了跨越式增长。

其中，社员来源非常广泛，通过对中华职教社发起人和赞助者具体分析发现，政府官员占 40.9%，教育工作人员占 27.3%，商人占 20.5%，其他为 11.3%（表 5-3）。这里将蔡元培、江谦等前期担任过校长或者教育行政人员的都归类于学校工作人员。

表 5-3 近代中华职业教育社发起人员类别、人数及比例[2]

人员类别	人数	占总人数的比例/%
政府官员	18	40.9
学校工作人员	12	27.3
商人	9	20.5
其他	5	11.3
总计	44	100

---

[1] 陈梦越.民国时期中华职业教育社年会研究[D].杭州：浙江师范大学，2016.
[2] 朱有瓛，戚名秀，钱曼倩.中国近代教育史资料汇编：教育行政机构及教育团体[M].上海：上海教育出版社，2007.

从表 5-3 中可以发现,中华职教社作为民间性的教育团体,确实非政府官员占主体地位;其创办群体为非政府主办主管的机构,属于民间性质。此外,在创办群体中,还有实业家、银行行长、公司总经理、医生、杂志社社员等,将社会各行各业思想开明人士都汇聚一堂,有利于职业教育与社会问题的衔接,也有利于大家共同探讨、关心职业教育,具有先进性。

(二) 社员齐心协力

当时的中华职教社社员,分为普通社员、特别社员与永久社员,各占三分之一。经由两位社员以上介绍,都可以成为职教社的社员。普通社员每年交纳两元会费,特别社员每年交纳二十元会费,并且规定"凡一次纳特别捐二百元以上者,为永久特别社员;其一次纳二千元以上者,并赠以永久特别社员金质徽章",[1]这说明,社员之间都有千丝万缕的联系,能够互相举荐,所以社员增长态势迅速,由 1917 年最初的"普通个人社员 545 人,特别个人社员 204 人,永久个人社员 37 人,总计人数 786 人",到了 1931 年"普通个人社员 9325 人,永久个人社员 350 人,达到了总计人数 9884 人"。[2]

此外,社员不仅有个人互相推荐加入的,还有以团体形式加入的,这更增强了中华职教社的凝聚力。这些人不仅为中华职教社提供了基本的活动资金支持,还有一批如张謇、宋汉章、蔡元培、黄炎培等对职业教育有研究基础和兴趣的学者,他们热衷于教育救国,大力开展职业教育研究,形成了一批职业教育理论成果。

四、搭建多方阵地为职业教育发声

建社之初,中华职教社就注重组建职业教育舆论阵地,不仅创设了职业教育理论与实践交流的"载体",还举办了多期演讲,活跃于宣传职业教育理论与实践讯息。

(一) 充分发挥《教育与职业》舆论阵地作用

在当时,法政学堂流行,职业教育被称为"啖饭教育",中华职教社非常重视职业教育的宣传工作。从建社开始,就专门成立研究部,其主要载体是创办了《教育与职业》,在中国深入探讨职业教育理论,为职业教育在中国的发展提供理论支持。一方面开辟"专

---

[1] 朱有瓛,戚名秀,钱曼倩.中国近代教育史资料汇编:教育行政机构及教育团体[M].上海:上海教育出版社,2007.

[2] 江恒源.十六年来之中华职业教育社[M].上海:中华职业教育社,1933.

号",围绕某一职业教育理论或实践问题,专门普及或者集思广益;另一方面又设置"普通号",开设专论、译述、书报介绍、经验谈等栏目,及时反映职业教育改革和发展动态,介绍和普及国内外职教通讯,对于当时宣传职业教育发挥了重要作用。据统计,从1917年底至1949年前,《教育与职业》共发行专号45期,包括"补习教育号"(13期)、"职业指导号"(15期)、"职业训练号"(29期)等,产生了强烈的示范效应。此外,据黄炎培统计,中华职教社共出版著作110余种,包括理论专著、职业学校的教材、职业学校的管理经验总结和职业学校情况统计,社会上各行业和职业岗位的概况,国外职业教育经验介绍,职业教育论文集及该社的事业介绍等。其中,直接以"职业教育"命名者即达数十种。

《教育与职业》所发挥的舆论阵地作用,不仅从社内给予地位认可,也得到了社会广泛认可。在1933年第143期,中华职教社连续几期在封底向学界及社会宣传:该书为"国内唯一的最完备的职业教育专书"。时任该社办事部主任的江恒源更是直言不讳:"中国自有职业教育以来,当以此书为最有系统,最为丰富,可称为社内同人研究之结晶。"可以说,中华职教社基本完成了中国职业教育理论体系的探索,也为城乡职业教育实践模式积累了经验。

(二)充分利用当时盛行的巡回讲演形式

清末民初,民众文化水平极低,文盲不识字,也看不懂报纸、书籍等文字形式的宣传,宣讲、演出这种"口语化"启蒙成为开启民智的重要手段。梁启超曾撰文介绍日本教育家福泽谕吉,视其为"传播文明三利器"之一[1]。当时国内设有专门的宣讲所,为了吸引民众,宣讲时还配有乐队。黄炎培本人很擅长讲演,年轻时还因讲演入狱,在中华职教社时坦言:"同人以为讲演职业教育的目的,不唯在使施教育者与受教育者咸知所趋重,且将使学生父兄与一般社会鉴于各地竞施无目的之教育,其结果使青年无路谋生,大为生产前途之累,因而及早为子弟谋职业之预备。"

中华职教社对讲演非常重视,在章程中就明确表示讲演是推行职业教育的重要方式,将讲演分为多种形式:定期讲演、临时讲演、出发讲演、就学校讲演或就各业中心地讲演等,以及时地向学界与社会传递职业教育信息。首先,聘请各界口才好的社会名人为讲师,如庄泽宣讲解职业教育概论,黄炎培讲解职业教育行政,邹恩润讲解职业指导,杨卫玉讲解职业陶冶等。其次,长期讲演内容丰富且能与社会个性同步。据《申报》报道:中华职教社组织"学术讲座",涵盖职业教育原理、职业指导、职业心理测验、农业教育、工业教育、商业教育、女子职业教育、哲学问题、工艺问题、经济问题、农村问题、农艺及工业

---

[1] 杨卫明.中华职业教育社与近代中国职业教育研究[J].中国职业技术教育,2014(18):69-73.

化学问题、家庭工业问题等,受到中等以上在校学生和社会各界的欢迎和喜爱。

第二节　中华职业学校

中华职教社在成立后,就着手设立职业学校、职业补习学校,在中学分设职业科等成为实践职业教育的重要方式,特别是中华职业学校的创办,作为中华职教社试验职业教育的基地,引起社会广泛关注。1918年9月,中华职教社在上海西南区创办中华职业学校。抗日战争爆发,学校一部分迁往重庆继续办学,另一部分迁往上海法租界租房办学。

一、大兴调研基础之上的学科设置

黄炎培认为职业学校设置要根据社会需求,达到一种供需平衡,为此他提倡职业学校设科之前要进行充分的调查研究,中华职业学校在创办之前也不例外。《中华职业学校概述》中,第二章节即为"本校设科前之调查",详细记录了学校的调查情况。首先,较为全面地调研了学校选址附近的小学校学生父兄职业种类。沪南六地共调研了学生父兄数936人,学生父兄职业种类187种(图5-3),进而得出调研结论:"比较多寡则以铁工为最多,次为小工,次为小贩卖,又次为木工,又次为花业等。小工与小贩卖,不足为固定职业,自当以木工为次多数。"[1]不仅调查学生父兄辈职业,还实地走访上海西南门内外各街道商店1659种类(图5-4),最后确定学校开设木工科和铁工科,也是当地最重要的两种职业。

其次,中华职教社还根据社会的职业需求及时动态调整专业设置。学校后期增设珐琅科、纽扣科,1921年因社会需求减少停办;学校因毕业生社会需求增大,适时扩大铁工科规模,改为机械科作为学校的主科;1922年根据社会需求减少停办木工科;1925年设机械、土木、商科三科……此外,学校还根据周边需求举办了职业补习夜校,帮助白天没时间学习的工人进行技能学习。总之,学校能够立足周边地区职业需求,及时调整职业科目和课程,具有其先进性。可以看出,中华职教社在办学过程中,注重加强学校与社会的联系,真正做到了面向社会办学。

---

[1] 中华职业教育社.中华职业学校概况[J].教育与职业,1920(0):1-5.

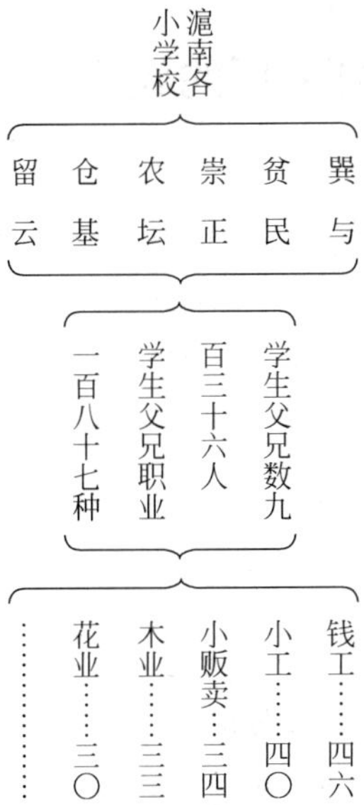

沪南各小学校 ｛ 异与、贫民、崇正、农坛、仓基、留云 ｝
- 异与：学生父兄数九
- 贫民：学生父兄职业百三十六人
- 崇正、农坛、仓基、留云：学生父兄职业一百八十七种

- 钱工……四六
- 小工……四〇
- 小贩卖……三四
- 木业……三三
- 花业……三〇
……

图5-3　中华职教社调研学生父兄职业情况[1]

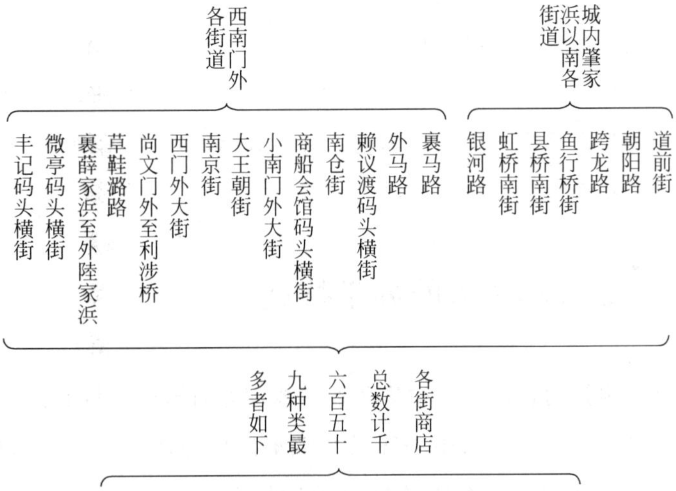

城内肇家浜以南各街道 ｛ 道前街、朝阳路、跨龙路、外马路、鱼行桥街、县桥南街、虹桥南街、银河路 ｝

西南门外各街道 ｛ 裹马路、外马路、赖议渡码头横街、南仓街、商船会馆码头横街、小南门外大街、大王朝街、南京街、西门外大街、尚文门外至利涉桥、草鞋路路、裹薛家浜至外陆家浜、微亭码头横街、丰记码头横街 ｝

- 各街商店总数计千
- 六百五十
- 九种类最多者如下

- 杂货店……一二六
- 木器店……七二
- 成衣铺……七一
- 茶馆……六八
- 钱器店……五四
- 铜锡作……四九
- 鞋店……四三
- 竹器店……四一
- 煤炭……三八
- 粮店……三八
- 内店……三七
……

图5-4　中华职教社调研周边商店职业情况[2]

---

[1]　中华职业教育社.中华职业学校概况[J].教育与职业,1920(0)：1-5.
[2]　同上。

二、尤其重视学校实习工厂的建设

中华职业学校成立之初,"对于实习方面特别注重,时生徒半日授课,半日实业,务期各种技能达于纯熟为主。"[1]首先,学校非常重视实习工厂的建设。一是实习工厂门类齐全。学校所设置的每一科目,如铁工科、木工科、珐琅科、纽扣科、漆工科、藤竹科、电镀科等,均附设实习工场。二是设科工场的设备齐全,满足学生的实习需求。比如,铁工工场设备费用最贵,但是设备却相对最为完善,兼顾学生的锻造、铸造和模型等不同环节的训练;每个工厂配有专门的解剖模型,以备学生参观学习。

其次,制定了翔实的实习场所规则。一是"工场规则"。时间上是规定"上午六时五十五分钟摇铃进工场,七时开工,十二时散工。下午十二时五十五分钟进工场,一时开工,五时散工。"[2]其他纪律也很严明,规定了进入工场后的大小注意事项十二条。二是"各工场学生实习规则"。规定了学生在实习场的一般规则,包括着装、名牌、用具、原料等十二条事项。另外,还有"各工场艺徒实习规则"十一条和"各工场职工服务规则"十八条,都做了具体规定,保证了教育实习的质量。

此外,学校开办后,与附近工厂商定学生的工厂实习。一方面,是为了让厂家了解学校,明白学校培养的学生是为适应工厂需要;另一方面,也让厂家明白,学校和厂家是一家,大大提高了学校毕业生就业率。

三、不同于政府和个人的办学特点

首先,办学具有很强的目的性。中华职业学校创办时即表明目的:"一是鉴于当时全国尚无一所正式的中等职业学校,中华职教社欲推广职业教育必先作出榜样,提供办学经验;二是为社会培养经济发展急需的技能型人才。"[3]

其次,办学具有很强的示范性。中华职业学校在学科设置和学制安排前会考虑学生及课程等实际情况。比如根据校址陆家浜一带执业情况设置学科专业;根据实际需要,划分学制;对教员的负责心、学识经验、教学技巧、社会阅历等有一定要求。为了"使动手的读书,读书的动手,把读书和做工两下联系起来"[4],在实习工场、礼堂和教室悬挂"劳

---

[1] 中华职业教育社.中华职业学校概况[J].教育与职业,1920(0):1-5.
[2] 中华职业教育社.中华职业学校概况[J].教育与职业,1920(0):16.
[3] 上海中华职业教育社志编辑组.上海中华职业教育社志[M].上海:上海古籍出版社,2007.
[4] 周汉民.敬业乐群黄炎培职业教育思想读本教师篇[M].上海:上海科学技术文献出版社,2014.

工神圣"字样的匾额,学生入学《誓约书》的第一条就是"尊重劳动",包括实行学生自治等,通过这些规则意识、仪式感强化学生对职业教育的认识,起到一定示范作用。

此外,将爱国教育融入职业教育日常。一是学校每天吹号升降国旗,即使学校搬迁到租界没有国旗可升时,也通过摇铃的方式为号角,做到师生闻铃而起,举行"精神升旗"。二是注重学生德育发展。始终坚守"敬业乐群"校训,教导学生"对所习之职业具嗜好心,所在之事具责任心""具优美和乐之情操及共同协作之精神";始终坚守"金的人格、铁的纪律""利居人后,责在人先"的德育标准[1],要求学生养成良好的职业素养,成为优秀的现代职业人。

第三节　徐公桥乡村改进区

1926年6月,黄炎培任"联合改进农村生活董事会"的会长,江苏省昆山县徐公桥乡村改进实验区建设工作正式启动,这是中国近现代农村改革的第一次尝试,可以说是黄炎培农村职业教育实践的典型案例。其"推动以后,情况殊佳,各方闻风响应者甚多,一时蔚成空前热烈之农村复兴运动,全国农村改进机关普遍皆是,实开农村教育史上之新纪元"[2],为后来乡村改进实验区建设积累了丰富教育经验,为乡村教育改革起到了示范作用。

一、生计教育拉开经济改良序幕

生计是乡村生活的首要问题,也是制约乡村发展的瓶颈问题。黄炎培认为农民所苦的是"贫第一,病次之,至于教育乃是有饭吃以后之事,先富之,后教之"[3]。所以,黄炎培选择职业教育救国最初的出发点是解决失业者的生计问题,"生计教育"成为黄炎培职业教育思想内容的重要组成部分。在历时六年多的徐公桥乡村改进试验区建设过程中,取得了良好成效。

(一)社员发挥专业优势助推农村经济发展

当时的农民辛苦劳作一年,却只能勉强温饱,生活基本没有结余。为了帮农民创收,

---

[1] 周汉民.世纪弦歌中华职业教育社立社100周年纪念文集[M].上海:上海科学技术文献出版社,2017.
[2] 沈光烈.农村改进的实施[M].上海:中华书局,1941.
[3] 黄炎培.断肠集[M].上海:上海生活书店,1936.

社员千方百计解决农民生产困难。首先,向农民推行新农具来提高生产效率。当时推行的新农具涉及灌溉、打稻、碾米、弹棉花等领域,"本社自设新农具推行所以来,为期虽仅一月,各处来接洽者甚多……运往徐公桥试用,颇得农民信用,来借贷者,纷至沓来,及至应接不暇。"[1]可见当时新农具受农民欢迎程度,也在一定程度上为农民增产发挥了作用。

其次,运用现代科学技术知识发展农业经济。为支持试验区农业发展,黄炎培及社员凭借自身的农事知识,帮助农民解决科学种植,邀请农业专家给农民们传授科学的技法,专家们"有时召集开会研究并介绍优良种子"[2]同时,专家给农户提供秧苗,承担徐公桥及周边地区农地建设等方面的工作,既能让农民及时发现农村种植中的问题,又能在专家指导下,学到科学的农业知识和本领。

此外,帮助农民积极开拓新的副业。为了给农民增加收入,社员们在维持原有农业发展基础上,开辟新的苗圃,寻找新的经济增长点。比如,在昆山农场跟农民一起养蜂、养鸡、养牛等,向农民讲授新的饲养方法,带动了农民发展副业的积极性。

(二)开办借贷合作机构帮助农民筹措资金

当时,农村经济凋敝,虽然徐公村地处江苏省,属于相对比较发达的农村地区,但是农民经济状况仍然不容乐观,出间麦产"90%输出,仅留10%自食"[3],普通农民生活贫苦。由于认识到"农民经济困窘,无力购买肥料,提高土地生产力。很多农民为了购买肥料和种子,要么借高利贷,要么贱价售粮。"[4]试验区先后筹建了借贷合作社和信用合作社。1928年7月成立借贷合作社向农民放贷,贷款率较低、期限较短、金额较小,"利息每月7厘,贷款期限5个月。"[5]贷款额度则根据农户家的田地亩数,每人贷款不超过10元,且规定只能用于购买农业生产资料,不得用于农活以外的其他用途,成为救济农民的有效方法。

1929年成立信用合作社,宗旨是:"以社员联合信用,向社外于社员,作正当之经济用途,及社员得储金之便利""养成社员简朴自主及合作之精神"[6],当时收纳社员467人,筹集社股金1780元,这调节了乡村经济,一定程度减轻了农民负担,对防止农村高利贷,帮

---

[1] 社务述要[J].教育与职业,1929(110):133.
[2] 陆叔昂.三周年之徐公桥[M].上海:中华职业教育社,1931.
[3] 李文海.民国时期社会调查丛编·乡村社会卷(第二编)[M].福州:福建教育出版社,2009.
[4] 朱考金,姚兆余.富教合一:徐公桥乡村改进实验初探[J].中国农史,2007(4):128.
[5] 陆叔昂.三周年之徐公桥[M].上海:中华职业教育社,1931.
[6] 张登德讲民国乡村建设运动.联合日报[N].2010年6月5日.

助农民增收起到了积极推动作用。

二、文化教育提高农民综合素质

在改进试验区建设之前,徐公桥当时"共有住户 446 户,人口 1990 人,然而,全区仅有两所小学,大多数学龄儿童无学可上,全区受教育程度极低。据统计,成人识字者仅占 25%,其中能够写作者只有 15%"。[1] 于是,黄炎培及社员以教育为先导,开始了教育改进试验活动。

(一)兴办学校来普及义务教育

当时,农村教育最紧迫的问题是适龄儿童入学率低,试验区就大力推进义务教育作为徐公桥村改进的重要突破口。首先,增加教育经费投入。通过昆山徐公桥政府资助和私人募捐的形式,由开始的 1116 元增至结束时的 4702.8 元,教育经费增长了 3 倍之多。也能看出,当时社会募捐是教育经费来源的重要渠道之一。

其次,扩充学校和学生数量。到 1934 年 7 月试验期满时,"小学公立者四,私立者二,流动教室二,就学儿童五百三十五人。"[2] 可以看出,这几年时间,公办小学由 1 所增至 4 所,私立小学也由 1 所增至 2 所,学校数共增长 4 所;还添设了 2 处公立流动教室,保证了当地适龄儿童大多都能接受教育,"学生人数增长了 5 倍,学龄儿童入学率由创办之初的不足 50% 增长到 90% 以上。"[3]

同时,采用多样化办学形式。为了最大程度招收学龄儿童,根据学龄儿童家境情况安排上课形式。对于家境比较好有升学需求的儿童,采取全日制授课形式;对于需要帮助家里劳作的儿童,采取晚间 7:30 以后上课的形式。这种较为灵活的学习形式,符合不同需求的农村家庭状况,较好保证了全区儿童都能接受义务教育,较好提高了儿童文化素质。

(二)开设补习班推行成人教育

试验区开展成人教育的形式就更加多种多样。首先,设立中心学校。考虑当时农民失学的很大原因是学校离家较远,上学会影响家里干农活。所以,将中心校的校址选在

---

[1] 姚旖璇.民国时期农村职业教育实施研究[D].东北师范大学,2020.
[2] 姚惠泉,陆叔昂.试验六年期满之徐公桥[M].上海:中华职业教育社,1934.
[3] 江问渔,姚惠泉.中华职业教育社农村工作报告[M].上海:中华书局,1935.

每个区域公共房屋或村长家中,其教学内容以"生产教育为主,重点普及农事教导,训练农业技术"[1]可以看出,设置的主要课程就是与农民生产生活息息相关的识字、珠算等必备知识;使用的教材也主要是浅显易懂的文字编录常识。而且,由村长或者村副主要负责劝学,当时的乡村干部经常挨家挨户进行劝学工作。

其次,设立多类型教育方式。通过识字指导团、夜校、教育馆等推广教育,进行扫盲识字教育活动。其中,夜校授课时间为每晚7时到9时,并于学期末进行测试,考试合格者颁发结业证书;改良茶馆3处,作为宣传新教育阵地,在聊天谈话和讲故事过程中,拉近与乡民的距离,适时提出实用的识字,寓教于乐地传授给乡民,极大地增加了乡民识字的兴趣;建民众讲演厅2处,以及常识馆、文字处、服务团等增进乡民知识,当时识字成人从560人增加到1524人。

三、爱国教育寓于农民乡村生活

黄炎培的一生始终贯穿着爱国主义教育这条主线,他之所以在中国大力发展职业教育,在于他认为这是"提倡爱国之根本"。同时,黄炎培将爱国教育融于个人职业品德培养全过程,关于农民职业道德的培养则主要表现在爱乡自治和公民道德两方面。

(一)互助合作的爱乡就是爱国

中华职教社社员非常重视传输自治自办观念,在试验区开展了自助合作组织,不仅提高了农作生产效率,推动了农村经济发展,还帮助农民养成了互助合作精神。鲁迅经常在国民劣根性中批判农民的冷漠、自私、小农意识,在合作组织的参与下有所改善。黄炎培认为,从自身做起,过好自己的生活,做一个好人,就是国家的好百姓。所以,在试验区协助农民谋生的基础上,更教会他们如何做人。在合作社指导协助下,农民对家族、邻里、家乡的责任感得以加强,其内心逐渐形成了乡村自治意识。

黄炎培与江恒源在对当时农村现实境遇改进的思路上是志同道合的,他们对农民身上的穷、愚、弱、散的缺憾都有清醒的认识。黄炎培提出乡村教育应该是以"生活为中心,不是为教育而教育",除了解决农民"穷"的问题,关键是要解决"愚、弱、散"。自主合作组织可以说是乡村改进实践中的一种潜移默化教育,通过人人自治、合群,达到"视公事如己事,扩大爱家爱乡之心以爱国"的效果。[2]经过改进,农民合作参与意识有了显著提

---

[1] 申晓云.民国史实重建与史论新探[M].北京:生活·读书·新知三联书店,2014.
[2] 江恒源.中华职业教育社之农村工作[M].上海:中华书局,1929.

升,农村整体风貌也有了很大改观。特别是后期,徐公桥乡民在国家危难中做出的贡献和努力,都体现了强烈的爱国主义情怀。

(二)乡村秩序的文明也是爱国

改进试验区非常重视乡村文明建设,社员秉承"乡村文明"的建设思路,在实施社会教育中灌输村民的国家观念。首先,禁绝烟赌不良习气。正如黄炎培曾在《从六年半的徐公桥得到的小小经验》中总结的,"一方面注意增进农家生产,一方面注意减少他们无谓的消耗。"这里"无谓的消耗"主要是指当时的农村在农闲时候会有赌博活动,也有男子参与吸食鸦片。针对此现象,徐公桥改进试验区进行了烟赌治理,通过劝说地方干部带头不参与,再到签署戒除烟赌公约,制定相应处罚措施,逐渐打压了烟赌奢靡之风,净化了地方风气。

其次,引导农民积极健康生活。一方面,修建卫生设施,改良公共卫生。1931年,建成公共医诊所和储备药库,让村民生病有所去处;迁移整改农村厕所,村民联合管理改善了农村的卫生状况。另一方面,做好卫生常识的科普工作。诊所聘请医生,做好诊治村民疾病和种痘、打预防针等工作;举办卫生知识演讲和展览,制定《改良厕所计划》和《厕所规则》,增加农民卫生常识。此外,还修建公园等游乐设施,都极大改善了当时农村生活秩序和农民精神风貌。

通过这些改进,丰富了农民日常生活,提高了村民生活质量,顺应黄炎培理想的农村生活方向,过好自己生活,就是国家的好百姓。这些在"一·二八"淞沪战争爆发后,徐公桥村民的抗战救国活动中得以体现,他们协同军队进行侦查考察,将考察工作处理得井井有条。

黄炎培职业教育思想

黄炎培热爱教育事业,他在华侨教育、农村教育、普通教育等领域都有所建树,可是毋庸置疑,职业教育思想是黄炎培教育思想的核心部分。自 1903 年,川沙小学堂创办伊始,黄炎培一直从事教育工作,将"教育救国"作为毕生不懈追求的奋斗目标;特别是 1917 年,《中华职业教育社宣言书》发表,标志着黄炎培职业教育思想的正式形成,开启了"职业教育救国"的道路。自此,黄炎培就职业教育的理论建构与实践活动进行了大量探索与思考,形成了他本土化的职业教育思想理论。所以,田正平教授在评价时说:"职业教育思想能够在 21 世纪 20 年代成为我国教育界颇有影响的一种教育思潮,与黄炎培的倡导与努力是分不开的。"[1]本书基于黄炎培对职业教育的本质认识、职业教育的教学理念、职业教育的道德规范等方面的论述,将其职业教育的本质思想、管理思想、教学思想、道德规范思想展开加以重点分析。

第一节 职业教育本质认识

近现代职业教育的兴起与发展,伴随社会变革而来,社会变革对教育提出的新要求之一,即发展职业教育。德国哲学家卡尔·西奥多·雅斯贝尔斯(Karl Theodor Jaspers)在《什么是教育》中指出:"当社会发生根本变革时,教育也要随之而变;而变革的尝试首先是对教育本质问题的追问。"[2]黄炎培在中国大力宣传发展职业教育,就不可回避地对职业教育本质问题追问。黑格尔认为"本质是实存的根据",一切事物都有它的本质,只从质量互变去认识事物是不够的,必须进一步把握事物的本质,只有事物的本质才是

---

[1] 田正平,周志毅.黄炎培教育思想研究[M].长春:辽宁教育出版社,1997.
[2] 雅斯贝尔斯.什么是教育[M].邹进,译.北京:生活·读书·新知三联书店,1991.

稳固和扎实的,才是事物的真正面貌。所以,黄炎培在进行职业教育研究时,正是从职业教育的本质入手进行阐释,从而形成了他对职业教育本质的认识,即黄炎培的职业教育本质思想。这是黄炎培在当时社会环境和时代背景下,对职业教育"是什么"的"实然"状态与"应该是什么"的"应然"状态的思索和探寻,反映了中国近现代职业教育从无到有的发展历程,在这个发展历程中一直贯穿着中国近现代职业教育"实然状态"与"应然状态"的矛盾统一,而黄炎培在所诠释中国近现代职业教育"实然状态"与"应然状态"时,则带有强烈的政治色彩,具有鲜明时代特色。一般而言,职业教育的本质可从历史、事实、价值三个角度进行研究[1],北京师范大学俞启定教授也认为:"职业教育的本质是客观存在的,职业教育是什么,职业教育的特性是什么,职业教育的功能是什么,这三个问题的探究可以揭示职业教育的本质。"[2]据此,本书将从这三个维度探究黄炎培对职业教育本质的认识,不仅可以更好地理解黄炎培职业教育思想,也可以更深入地理解职业教育的本质。

一、历史维度:职业教育的缘起

黄炎培多次在演讲中谈到自己提倡职业教育的缘由,从刚开始出于对"外边没饭吃、没衣穿"之人的"同情心"出发[3],到系统分析职业教育的起源问题。黄炎培认为职业教育是"人群生活进化,由混合而进于分工。其时即有职业。欲求分工生活之改良与发展,于是对于职业而施以教育"。[4]他强调了职业教育源于社会分工对不同职业的要求,又在《教育大辞书》中分析了中国职业教育缘起的四个原因,在此从三个方面进行分析。

(一)当时国人文化程度普遍低

黄炎培在1930年《教育大辞书》中,提出了中国"无知识,无职业的游民太多,欲救济之,不得不提倡职业教育。"[5]这确实是当时中国国民受教育程度的真实写照。鸦片战争之前,中国社会是一个典型的农业社会,"它的特征是全国百分之七十五以上的人民都居住在农村,乡村居民的主要职业为务农,他们自耕自食,自给自足,代代相因"。[6]实

---

[1] 刘晓.职业教育本质:历史、事实与价值[J].职教通讯,2011(9):1-8.
[2] 俞启定,和震,等.职业教育本质论[J].中国职业技术教育,2009(9):5-10.
[3] 中华职业教育社.黄炎培教育文集(第二卷)[M].北京:中国文史出版社,1994.
[4] 同上.
[5] 同上.
[6] 金耀基.从传统到现代[M].北京:法律出版社,2010.

际上,据学者张纯元统计,农村人口比重在20世纪10年代为93％,20年代为85％左右,30年代为80％左右,40年代为85％左右。[1]而在这种"农业社会的经济结构"背景下,不怎么需要教育承担劳动力再生产的职能,此时的教育"就是承担现存的不平等生产关系以及相应的整个社会关系的再生产职能。"[2]那么,这种受教育权利掌握在统治阶级手中,属于"社会精英教育",是"政治精英"的工具。所以,有的学者指出在1900年,不发达国家的文盲率能达到95％以上时,据此可以推断出当时中国社会文盲率也不会低于90％。

其实,这种"精英教育"是农业社会经济结构背景下的主流教育,在国外也是如此。工业革命带来了生产方式和经济结构的变化,使世界主要资本主义国家由农业社会转变为工业社会。而在工业社会经济结构背景下,手工劳动已经无法满足工业生产的需要,一方面对产业工人的数量有需求,另一方面对产业工人的素质要求也提高了。原来国人文化程度已无法满足国家的需求,教育职能也随之转向培养"精英、教化庶民",[3]这种庶民教化主要是与劳动力的专门培养与训练紧密结合在一起,即产生了学校职业教育。随着生产技术装备的日趋"高""专",要想提高生产率,不仅对生产者的科学技术素养有一定要求,对生产者的文化素养的要求也会相应提高。

(二)学校教育与职业脱离

黄炎培认为职业教育产生的第二个和第三个原因分别是"欲救济学校毕业生,与中途辍学的学生之失业,不得不提倡职业教育"和"欲使青年热心社会服务,而先与以充分之准备,不得不提倡职业教育。"[4]这实际反映了学校教育与职业相脱节的问题,一方面学校教育要提供给学生就业所需要的本领,另一方面又隐含着对传统教育弊端的批判。中国古代社会士、农、工、商"四民"的职业分类,造成了中国严重的职业等级歧视观念,所有职业都不如"士"的社会地位高,所以造就了千百年来中国官文化的盛行。传统教育中这种做官文化必然造成对其他职业的疏离,造成传统教育与生产型职业的疏离。黄炎培在《中华职业教育社宣言书》中将中国传统教育当作"解决生计问题"的最大障碍,说"吾中国现时之教育,决无能解决生计问题之希望""吾中国现时之教育,不惟不能解决生计问题,且将重予关于解决生计问题之莫大障碍。"[5]这里的"现时教育"就是指中国传统

---

[1] 朱汉国.中国社会通史(民国卷)[M].太原:山西教育出版社,1996.
[2] 吴康宁.教育社会学[M].北京:人民教育出版社,1998.
[3] 同上.
[4] 中华职业教育社.黄炎培教育文集(第二卷)[M].北京:中国文史出版社,1994.
[5] 同上.

教育,是黄炎培在教育实践活动和教育考察经历中对中国传统教育的反思。他从1903年投身教育救国活动,先从改造普通教育弊端入手,对当时社会普通教育弊病提出严厉批评。

一方面,黄炎培基于"新教育"旨在"教育救国"理念,反驳了普通教育办学数量与社会需求不相符。虽然科举制废除了,但是法政学生数量之多远远超过社会需求。传统的普通教育致使学生毕业无出路:"初等小学毕业,舍升高小无他路。高小毕业,舍升中学无他路,等而上之,莫不如此,而以中学为最甚。"[1]社会教育现状就是学生把心思用在升学上,可是毕业生能够升学的只占到三分之一,找不到工作的学生占总人数的二分之一。黄炎培认为学校教育造就了一批鄙夷劳动、不愿意动手的学生,反而出现大量毕业生失业现象。另一方面,学校开设专业与职业需求相脱离。在《教育前途危险之现象》中,黄炎培以江宁、苏州、上海、镇江、清江五地为例,指出了学校开设大量的法政专业,造成法政专业毕业生过剩。

(三)国家生产力发展的需要

黄炎培认为职业教育起源的第四个原因是"欲利用丰富的物产,与过剩的人工,以增进国家之生产力,不得不提倡职业教育"。[2]自鸦片战争开始,中华民族终于意识到"落后就要挨打",这里的落后主要是国家综合国力的落后,即"国家生产力"的落后。所以,中国开始走向了西学东渐、求富自强的道路,"增进国家之生产力""国家富强"成为全国上下一致的美好愿望。同时,生产力发展促进社会分工的发展,社会分工又促进职业教育的发展,职业教育发展与社会生产力发展有着密切关系。一方面,职业教育受制于生产力的发展,当在生产力发展相对较慢的农业社会,"手工劳动过程本身就是劳动力再生产的最好的'学校'"。[3]此时社会无求于教育进行专门的劳动力培养与训练。另一方面,职业教育又促进生产力发展,职业教育主要承担起"庶民教化"的任务,所教内容与生产有很大关系,旨在促进生产力的发展。

自洋务运动开始,中国开启了近代工业化道路;到辛亥革命,临时政府颁布了一些促进资本主义工商业发展的法规,再加上接踵而来的第一次世界大战,民族工业的发展迎来了黄金期。随着工业的发展、社会经济水平的提高,社会分工也越来越细化,对劳动者的专业素质和技术要求也相应提高。那么,劳动者"要想完善自己,就得了解自己所扮演的角色,让自己完全适合自己的职业",最快的途径就是通过职业教育来完成。所以,黄

---

[1] 中华职业教育社.黄炎培教育文集(第一卷)[M].北京:中国文史出版社,1994.
[2] 中华职业教育社.黄炎培教育文集(第二卷)[M].北京:中国文史出版社,1994.
[3] 吴康宁.教育社会学[M].北京:人民教育出版社,1998.

炎培认为发展职业教育也是社会发展的需要，是国家增进生产力的需要。

二、事实维度：什么是职业教育

（一）职业教育概念释义

黄炎培对职业教育概念的认识经历了一个不断认识、深化的过程。20世纪初，黄炎培考察学习欧美职业教育发达国家，看到美国相对完整的职业教育体系，感受到美国蓬勃发展的职业教育热情，引起他极大兴趣，认为"职业教育为方今急务"[1]，发展职业教育是世界、时代的发展趋势。于是，黄炎培专注于职业教育理论研究，发表了一系列文章，对职业教育的概念问题展开了研究。最早是在1917年《新大陆之教育》（下编）中，黄炎培从广义与狭义上对"什么是职业教育"进行了界定，广义而言，"凡教育皆含职业之意味。"[2]狭义而言，"职业教育，则专重实用，纯为生活起见。"[3]可以看出，黄炎培在努力拉近职业教育与教育的关系，也努力从实业教育向职业教育转变，这都是他试图让大家易于接受"职业教育"的概念，也达到当时推广宣传的目的。

1923年，黄炎培继而在《职业教育析疑》中，充分揭示了职业教育的概念。首先，厘清了"实业教育"和"职业教育"的区别。一是面向的社会群体不同。"实业教育之高焉者，高等专门实业亦属之；其下焉，仅为职业之预备者亦属之。"[4]"实业教育"发端于洋务运动，从早期洋务时期李鸿章、曾国藩、张之洞等人的实业教育思想，到18世纪末维新派以康有为、梁启超、严复等人倡导的实业教育思想，再到民初实业家张謇为代表的实业救国教育思想，倡导者多为民族资产阶级实业家，其理想是实业达到救国、强国目的。而"职业教育"与平民教育思想中的"生计教育"有同样目的，都想通过普及教育，解决人们的生计问题，旨在解决社会底层个人的生计问题。二是在中国发展时间不同。黄炎培说"论其长，可谓过于职业教育"[5]。这说明"实业教育"在中国经历时间长于"职业教育"在中国发展时间。接着黄炎培进一步从词源上解析"实业教育"与"职业教育"的区别，进一步论述"职业教育"面向人群范围宽于"实业教育"。"英语 industrial education 之名词，依其本义，仅限于工业教育。东方译为实业教育，也仅限于农工商三种，而医生、教师等不与

---

[1] 黄炎培.新大陆之教育（下编）[M].上海：商务印书馆,1917.
[2] 中华职业教育社.黄炎培教育文集（第二卷）[M].北京：中国文史出版社,1994.
[3] 同上.
[4] 同上.
[5] 同上.

焉。""职业教育 vocational education,则凡学成后可以直接谋生者皆是。"[1]既对社会上普遍认同的"实业教育"术语进行了来龙去脉的考证,又将职业教育"谋生活"的社会功效进行宣传,认为"谋生计"乃职业教育的根本宗旨,职业教育可以解决中学毕业生和青年学生失业问题。所以,黄炎培认为解决社会生计问题的最有效途径就是发展"职业教育"。

经过长期职业教育理论研究和实践活动的积累,到1930年,黄炎培在《教育大辞书》中对"职业教育"概念的定义基本形成,"用教育方法,使人人一方获得生活之供给与乐趣,一方尽其对群之义务,名曰职业教育。"[2]这时黄炎培对"职业教育"意义的理解由"谋生活"到"获得生活之供给与乐趣",在维持个人生存基本需求基础上带有了感情色彩,职业教育还应带给人"乐趣"。此外,黄炎培已经是站在教育学角度,阐释了职业教育还应该是有其科学教育方法,有更高尚的道德追求,即"为群服务"的。此时,黄炎培已经赋予职业教育更丰富的内涵,更深刻揭示了职业教育的本质。从教育内部审视,"职业教育"有区别于普通教育的内涵,有"谋生活"的意味;从教育外部审视,"职业教育"又有其"教育方法",以达到培养人的目的。到1934年,黄炎培在《中华职业教育社宣言书》中,对"职业教育"的定义又进行了延伸,完善为"用教育方法,使人人依其个性,获得生活的供给和乐趣,同时尽其对群之义务"。[3]这里"使人人依其个性"从符合教育发展规律的角度,丰富了"职业教育"培养人的含义。黄炎培在对"职业教育"概念进行界定、研究、丰富的基础上,不断在中国推行、宣传、发展职业教育。

(二)职业教育特征透视

尽管职业教育话语体系丰富,但是相较于其他教育活动,职业教育的特征至今仍无定论。基于"职业教育的特征具有多样性,可以分为本质属性和派生属性"。[4]本章在分析职业教育特征时,重点从黄炎培所认为的职业教育的社会性、职业性和平民性进行全面透视。

1. 社会性

1926年,黄炎培正式发表《提出大职业教育主义征求同志意见》,对前期八九年来的职业教育工作进行了全面反思,痛定思痛之后提出"办职业学校的,须同时和一切教育

---

[1] 中华职业教育社.黄炎培教育文集(第二卷)[M].北京:中国文史出版社,1994.
[2] 同上。
[3] 中华职业教育社.黄炎培教育文集(第三卷)[M].北京:中国文史出版社,1994.
[4] 俞启定,和震,等.职业教育本质论[J].中国职业技术教育,2009(9):5-10.

界、职业界努力的沟通和联络;提倡职业教育的,同时须分一部分精神,参加全社会的运动。"[1]此时,黄炎培深刻意识到只依靠学校、教育界、职业界三者中的任何一方力量,都不足以发展职业教育。职业教育不仅需要教育系统内部的努力,"对外还须有最高的热诚,参与一切;有最大的度量,容纳一切。"[2]黄炎培将这一职业教育方针命名为"大职业教育主义",这是黄炎培对职业教育本质属性是"社会性"认识的最大体现。黄炎培认为职业教育与其他教育类型相比,与社会外部环境联系更直接、更密切,如他认为"办职业学校最大的难关,就是学生出路。"[3]这实际反映了职业教育与劳动就业的关系,职业学校就业与职业教育质量关系重大,而劳动就业又是一个综合性工程,涉及社会人口、政治、经济、科学、文化习俗等诸多方面,这些反过来都牵动着职业教育的运转。另外,黄炎培反复强调"职业教育是绝对不许关了门干的,也绝对不许在书本里讨生活的。"[4]也是在强调职业教育与社会外部环境的相关性。黄炎培认为职业教育必须开放、灵活,需要有全社会的关心、参与和支持,能吸纳社会力量支持尤为重要。而且黄炎培认为,职业教育的课程设置、教学和管理也需要与社会接轨,与生产劳动和社会实践紧密结合。综上所述,黄炎培认为职业学校只有与社会相联系思考时,才能办好职业学校;职业教育要积极主动与外界联系,利用好有利因素,遵循教育的客观规律。

1930年,黄炎培在《职业教育机关唯一的生命是什么》中更是明确指出,职业教育"从其本质说来,就是社会性"[5];声称这是职业学校最紧要的一点,并将职业教育的社会性比作人的"灵魂"。今天许多研究者秉持这一观点,并将黄炎培的这一论证作为主要依据。这里的"社会性"有两方面含义:一方面,职业教育这种现象是属于人类社会范畴的东西,换言之,它是一种为人类社会所独有的社会现象;另一方面,从职业教育的社会功能来说,其实质是使社会成员社会化,具体说来,它的主体是社会成员,过程为职业知识、职业技能和职业道德的学习或传授。总而言之,职业教育是一种具有使社会成员获得职业能力和职业素质的社会活动。从哲学角度,社会化回答了"职业教育是什么"的问题,而社会性属于职业教育的本体论问题。

2. 职业性

黄炎培认同杜威的观点"凡是教育,皆含有养成职业的性质。"[6]这说明黄炎培对职

---

[1] 中华职业教育社.黄炎培教育文集(第二卷)[M].北京:中国文史出版社,1994.
[2] 同上。
[3] 同上。
[4] 同上。
[5] 同上。
[6] 同上。

业教育的"职业性"非常重视。首先,看黄炎培对"职业"的理解,黄炎培认为"职业"是"个人在社会中所从事的并以其为主要生活来源的工作的种类"[1]。至今,《教育大辞典》中关于职业的定义,即是黄炎培为职业进行的定义。由于受杜威观点的影响,杜威说:"职业就是指任何形式的继续不断的活动,这种活动既能为别人服务,又能利用个人能力达到种种结果。"[2]黄炎培于是将杜威演讲中的"为自己谋生,能为社会服务"概括理解为"职业"。[3]所以,他一直强调职业教育是"为谋生"。从经济学角度理解,职业意味着工作,意味着谋生的手段。通过职业,可以维持人的生计问题。那么,在这里职业就成为职业教育的基础。辩证地来看,职业决定职业教育的产生、发展、变化,以至于一种具体的职业教育的消亡,也可统统归由职业教育的基本问题决定。

其次,黄炎培对教育与职业的关系进行了深刻论述。在黄炎培眼中,教育与职业有着紧密而特殊的关系,职业教育与职业也具有紧密而特殊的关系。《新大陆之教育》(下编)中,黄炎培想表达的观点即"职业教育"是基于"职业"的,他首先从职业教育的广义定义入手,对"教育"与"职业"的关系进行论述,提出"凡教育皆含职业之意味"。[4]从词义角度看,"教育"本身就含有"职业"的因素,基于"职业"构成了"教育"的起点,那么基于"职业"更是"职业教育"的逻辑起点和基础,由此可见"职业"对"职业教育"的重要性。从词义基本内涵角度看,基于"职业"的"职业教育"可以包含两方面含义:一方面,"职业教育"蕴含着丰富的"职业"元素,在进行"职业教育"的过程中,受教育者会受到有关职业的各种训练。在这种教育训练中,受教育者适应能力不断提高,文化修养与社会服务能力也不断提高,从而为未来正式入职做好了准备。另一方面,职业教育的目的是培养"职业人",职业对每个人都至关重要,基于"职业"的教育,应当"为了职业"或"为职业服务"。黄炎培这里对于"职业"的反复论及,既是强调职业教育要以就业为导向,又是对职业教育"职业性"的充分重视。黄炎培对职业性的重视,并非排斥人文道德等文化修养,他后来强调的职业教育"谋个性之发展"可以算作将职业教育"职业性"与"人文性"进行统一。

3. 平民性

"生计"问题是黄炎培探索教育问题的出发点和落脚点,"生计"一词多次出现在黄炎培的演讲和论著中。黄炎培一开始就提倡职业教育是受"社会生计之恐慌"[5]的刺激,

---

[1] 顾明远.教育大辞典(3卷)[M].上海:上海教育出版社,1991.
[2] 杜威.民主主义与教育[M].王承绪,译.北京:人民教育出版社,2013.
[3] 中华职业教育社.黄炎培教育文集(第二卷)[M].北京:中国文史出版社,1994.
[4] 同上.
[5] 中华职业教育社.黄炎培教育文集(第一卷)[M].北京:中国文史出版社,1994.

认为平民性质的职业教育可以解决平民的谋生问题,最符合当时社会需要。他在《提倡平民职业教育之商榷》中阐明了自己的观点:"……近拟注重平民职业教育。以前所办教育,总限于中等以上人家子女。实则此等青年,其数不及中等以下之多,其需要职业教育,亦不及中等以下之切。"[1]这里的"平民职业教育""中等以下"已经表明了职业教育面向的群体,主要是平民。所以,在职业教育理论刊物《教育与职业》第1期封面上是一幅贫困幼儿画的饭碗、筷子、汤匙,寓意职业教育是为解决人民贫苦问题。黄炎培从一开始的职业分工上就论述了职业教育的平民性,"其下焉,仅为职业之预备者亦属之。"[2]并认为职业教育是要为农、工、商、家政服务的,所设"科目不外四大端,即工、农、商与家政是也"。[3]黄炎培这里对职业的界定没有超越传统中国社会士、农、工、商"四民"的职业分类,"学而优则仕",这里的"仕"同于"官",文化意义上不同于这里的职业教育。

到后来,黄炎培明确了办职业教育的立场,职业教育与劳动人民是分不开的,他将为大多数平民谋幸福摆在第一位。黄炎培说:"特殊阶级的人民,安坐以享优越的生活权利,或拥遗产,或发横财,或领干薪。此等人用不着职业,也想不到世上有所谓职业。"[4]这里黄炎培把"特殊阶级的人"排除在职业之外,也摆明了原因,特殊阶级的人衣食无忧,不会从事此类职业。而"最大多数的平民,就是做一天人,干一天事,他的生命是完全靠自己卖气力换得来的"[5]。所以,黄炎培认为职业教育应该以劳动为载体,面向广大劳动人民群众的子女,面向广大劳动人民群众的需要。而古代教育多是有闲阶层的教育,有闲阶层不需要劳动,古代则不存在职业教育。最后,黄炎培又强调"如果办职业教育而不知着眼在大多数平民身上,他的教育,无有是处,即办职业教育,亦无有是处"[6]。而这里"大多数平民"包含着大多数人的现实生存、个性养成即平民性,可作为职业教育的本质属性之一。

三、价值维度:围绕"社会改造"

黄炎培的职业教育思想,是由实用主义教育思想发展而来的,而实用主义是美国进

---

[1] 中华职业教育社.黄炎培教育文集(第二卷)[M].北京:中国文史出版社,1994.
[2] 中华职业教育社.黄炎培教育文集(第一卷)[M].北京:中国文史出版社,1994.
[3] 同上.
[4] 中华职业教育社.黄炎培教育文集(第二卷)[M].北京:中国文史出版社,1994.
[5] 同上.
[6] 同上.

步主义教育的哲学基础,其基本主张之一是"教育即经验的改造或改组"。[1]这种经验的改造符合辛亥革命后中国社会各界民众的所向所指,这也是黄炎培当时提倡职业教育的目的和他所想发挥的职业教育功能。

(一)职业教育目的

职业教育的目的即职业教育实践活动的出发点,是职业教育质量评价的主要依据,它是一个哲学范畴,也是确立职业教育理念的价值基础。职业教育目的度衡决定了职业教育的发展方向,功利主义目的可导致社会本位与个人本位的分离;反之,可以实现"人"的全面发展与社会发展的完美统一。黄炎培对职业教育目的的认识经历了一个变化发展的过程。1917年在《中华职业教育社宣言书》中,黄炎培指出:"夫职业教育之目的,一方为人计,曰以供青年谋生之所急也;一方为事计,曰以共社会分业之所需也。"[2]在1918年中华职业教育社第一届年会,黄炎培进一步点明了职业教育所确定的目的:"为个人谋生之预备,为个人服务社会之预备,为世界及国家增进生产能力之预备。"[3]1922年,中华职业教育社成立五年时,黄炎培郑重声明职业教育之宗旨,"将使受教育者各得一技之长,以从事于社会生产事业,藉获适当之生活;同时更注意于共同之大目标,即养成青年自求知识之能力、巩固之意志、优美之感情,不惟以之应用于职业,且能进而协助社会、国家,为其健全优良之分子也。"[4]至1925年,黄炎培在系统阐释职业教育理论时,进一步明确了"职业教育之目的:(一)为个人谋生之准备。(二)为个人服务社会之准备。(三)为国家及世界增进生产力之准备。其最终之目的曰:使无业者有业,有业者乐业"。[5]

通过黄炎培对职业教育目的认识的不断深化,可将黄炎培提倡职业教育的目的从个人、社会、国家和个性四个方面归纳理解。一是解决个人谋生问题是职业教育最主要目的。黄炎培反复强调"生计"的重要性,在1917年《中华职业教育社宣言书》的开篇、文中、篇末出现三次。开篇即"今吾中国至重要、至困难问题,尚有过于生计者乎?"[6]于反问中直接切入主题。文中经过展开论述后简而言之,"吾侪所深知、确信而敢断言者,曰

---

[1] 陆有铨.现代西方教育哲学[M].北京:北京大学出版社,2012.
[2] 中华职业教育社.黄炎培教育文集(第二卷)[M].北京:中国文史出版社,1994.
[3] 同上.
[4] 同上.
[5] 同上.
[6] 同上.

今吾中国至重要、至困难问题,厥惟生计;曰求根本上解决生计问题,厥惟教育。"[1]文末,黄炎培再次强调生计问题已经是迫在眉睫需要解决的问题,并给出了解决方案:"谓方今最重要、最困难之问题,莫生计若,而求根本上解决此问题,舍沟通教育与职业,无所为计。"[2]实际上,黄炎培这里提到的"教育"和"沟通教育与职业",更确切地说就是"职业教育"。这既顺应了当时的平民主义思潮,赢得了社会各界的广泛支持,又以此为口号,切实在职业教育实施活动中,吸引了一些中下等家庭将学生送入学校学习。二是服务社会是职业教育的重要目的。职业教育的宗旨就是为社会服务,要符合本国社会发展需要;职业教育要想有所发展,就要与社会生活多联系,与本国社会实际紧密结合。黄炎培认为:"教育为社会的事业,不得不根据社会现象以定趋向,自世界竞争日烈,万矢一的,群集于经济之一点,教育因而与之为种种关系。"[3]他从教育解决社会经济问题入手,从而提出了要发展职业教育。三是增进国家生产力是职业教育根本目的。黄炎培一直是"教育救国"论的倡导者,他主张"职教救国",即希望通过发展职业教育达到国家富强、社会改造的目的,这一主张与德国著名教育家凯兴斯泰纳(Georg Kerschensteiner)的职业教育主张相同,凯兴斯泰纳认为一切教育的目的都是培养有用的国家公民,即培养具有从事一定职业的能力,并且为了国家利益去工作的人。四是发展个性是职业教育的终极目的。随着对职业教育理解的深化,进入20世纪20年代后,黄炎培逐渐意识到职业教育不仅要解决个人生计问题,也要含有文化教育的意味,于是,黄炎培开始特别强调教育"培养人"的终极目的。职业教育这个终极目的,既包含了职业教育要"依其个性",培养全面发展的人的目标;还隐含着鼓励受教育者在解决谋生问题之外,要有更高的精神追求,"乐业"的境界就是一种从事职业、享受职业的生命体验。

(二)职业教育功能

职业教育功能主要指职业教育发挥的作用和效能,包括职业教育的社会功能和个人功能两方面,一般可从职业教育政治、经济、文化等方面入手论述。据此,这里主要看黄炎培提倡职业教育,在政治、经济和文化上发挥的功能和效用。首先,黄炎培倡导职业教育,具有重要的政治功能。在中国当时"救亡图存"的时代背景下,黄炎培是为了"教育救国"而在中国推广职业教育,出发点即"救国",所以,他在诠释职业教育"应该是什么"的

---

[1] 中华职业教育社.黄炎培教育文集(第二卷)[M].北京:中国文史出版社,1994.
[2] 同上。
[3] 同上。

问题时,认为职业教育应该增进国家及世界之生产力,已经带有了强烈的爱国爱民政治色彩。而"九一八"事变后,黄炎培将职业教育的发展与国难结合起来,发表《国难中之职业教育》,号召职业学校的学生,在国家民族生死存亡的问题上,"集中大家的力量,才能抵抗敌人压迫,取得生存。"[1]在《二十年来服务职业教育的回想》中,他总结了职业教育所发挥的作用,"于整个人生修养乃至于国家观念、民族意义之培养上,不但毫无抵触,而且有很大的贡献。"[2]全面抗战爆发后,黄炎培直接投身到政治运动、国难救亡之中。

其次,黄炎培倡导职业教育,具有重要的经济功能。黄炎培认为职业教育具有"谋生计"的功能,在《职业教育实施之希望》中已经意识到"今之教育,不能解决社会、国家最困难之生计问题。"在这里,黄炎培明确地提出职业教育的目的在于"解决社会国家员困难之生计问题"[3],他紧紧抓住了"生计"问题,然后又提出发展职业教育予以解决,很明显是认为职业教育具有谋生的经济功能。最后,黄炎培倡导职业教育,也没有忽略职业教育应具有的文化功能。教育本身就承载了文化的功能,为了回应社会上人们质疑职业教育是"啖饭教育",黄炎培后来又强调职业教育的"谋个性之发展"。他在系统阐释职业教育理论时,还专门介绍了喜尔氏(D. S. Hill)的职业教育狭隘定义:"专事训练具有社会价值的种种职业……进而协助社会,使成为健全优良的分子。"[4]"健全优良分子"则是黄炎培追求职业教育培养人的目标,即要培养全面发展的人。

第二节　职业教育管理思想

黄炎培具备出色的管理才能,他作为中国现代职业教育的奠基者,能将职业教育思想在中国广为传播,并推动中国近代职业教育思潮发展且影响深远,与他重视职业教育事务管理工作息息相关。自人类社会出现有组织的教育活动,便有教育管理活动和初步的教育管理思想。黄炎培在长期职业教育实践活动中,表现出了自己出色的管理能力,主要包括两个方面:职业教育行政管理思想和职业学校管理思想。

---

[1]　中华职业教育社.黄炎培教育文集(第三卷)[M].北京:中国文史出版社,1994.
[2]　同上。
[3]　中华职业教育社.黄炎培教育文集(第一卷)[M].北京:中国文史出版社,1994.
[4]　中华职业教育社.黄炎培教育文集(第二卷)[M].北京:中国文史出版社,1994.

一、行政管理：科学与民主并举

黄炎培重视职业教育行政机关管理工作，中华职业教育社成立之初，即设立专门组织事务管理委员会研究事务管理问题，黄炎培的职业教育管理思想产生于他丰富的教育实践活动和社会活动中。黄炎培所处的时代正是近代管理理论兴盛的年代，也是教育管理学作为一门学科诞生的时代。这时的教育管理呈现两种趋向：一种是科学管理学介入教育管理，注重教育管理的时效性、科学性；另一种是从教育学角度研究教育管理，注重教育管理的民主性。黄炎培的职业教育管理思想提出了"一切以科学化为骨干，民主化为精神"[1]，则是既吸收了现代科学管理思想，注意行政管理或者学校管理中应该节省开支，少花钱多办事，建立必要的规章制度等措施来提高管理效率，又注重"人"的因素，尤其强调教育中的"共同信仰"问题。因此，黄炎培职业教育管理思想可以说具有科学性和民主性，是科学与民主相统一的管理思想。

（一）科学管理思想

黄炎培重视行政机关管理工作的研究，在《事务管理之实施》导言中，指出"今所研究的管理方法，自然偏重于技术"[2]。这里的"技术"即指科学的管理方法；黄炎培也号召师生重视机关管理工作的方法，在中华职业学校成立三十周年时，黄炎培在演讲中与学生交流经验，给学生提出五点建议，其中之一就是"以科学化为骨干"，这些都是黄炎培科学管理思想的体现。

1. 系统管理

黄炎培在《事务管理之实施导言》中说："请看天体的运行，人身的组织，何等精细密致？吾人志虑要坚定的，但办事手腕却要活泼变化。请看人身新陈代谢，又何等活泼变化。远取诸天，近取诸身，这就是吾人研究科学的事务管理法上最好的榜样。"[3]黄炎培将事务管理工作与天体运行、人身组织作比照，可见他将事务管理工作看作有组织的活动，是一个工作体系的过程，一个有规律的过程，他的管理哲学中渗透着系统论思想。黄炎培在职业教育管理中，重视系统方法，就是把整个职业教育管理活动看作一个由若干

---

[1] 中华职业教育社.黄炎培教育文集(第四卷)[M].北京：中国文史出版社，1994.
[2] 中华职业教育社.黄炎培教育文集(第三卷)[M].北京：中国文史出版社，1994.
[3] 同上。

子系统构成的有机联系的系统而尽心管理。

首先,系统论管理思想的目标非常明确,黄炎培对职业教育的目标定位也非常明确。黄炎培在正式提倡职业教育时,就在《中华职业教育社宣言书》中明确提出,"夫职业教育之目的,一方为人计……一方为事计……"[1]在接下来的职业教育活动中,其管理工作都是围绕这一目标展开。随着黄炎培对职业教育研究认识的深入,黄炎培在职业教育实践的基础上又加上"谋个性之发展",完善了职业教育的著名口号"使无业者有业,有业者乐业",这便是黄炎培认为职业教育须为之终身奋斗的目标。

其次,系统管理思想认为凡系统都是一个整体,其内部是具有一定结构的,系统内部诸要素是相互联系的、相互作用的、相互制约的。黄炎培在《事务管理之实施》中认为事务管理的要义,"不外乎'人''地''时''物'四项的适应和支配。"[2]这里他阐释了人、地、时、物四要素之间的关系,并将这四要素的相互适应和支配作为事务管理的要点,这已经是一种典型的现代系统思维。黄炎培把事务管理看作一个系统,研究它的结构和发展规律,在草拟《河南职业教育进行计划》《改进安徽职业教育办法》《江苏职业教育计划案》《对云南职业教育进行之意见》等文本时,都包含着其系统管理思想的精髓。一是在职业学校作为社会这个开放系统中的一个子系统,在其课程设置、教学训练、实习设施配置上,都尽量因地制宜,必须考虑系统环境对系统的影响,适应整个社会系统需要。二是考虑机关内部诸要素相互联系,需要在机构建设上,尽量采用相互配合的科学管理方法进行有效管理。所以,黄炎培精心设计各地区、学校的职业教育计划,在转变人们职业教育观念的同时,又开拓发展了职业教育的广阔途径。

2. 分工合作

劳动专门化是先进社会的本质要素,随着劳动分工的实现,每个人在参加活动时,意识到人与人之间的相互依赖性,从而进行合作。只有实行正常分工,才能维持整体秩序运行。黄炎培也注意到了实行分工与合作的重要性。他在《中华教育改进社董事会的演说词》一文中指出"教育界所能尽分内责任之事,要亦不外'合作''分工'二者"。[3]黄炎培在职业教育管理活动中,具有科学的分工合作意识。不管是中华职教社的内部管理工作,还是中华职业学校的校内管理工作,都可以体现黄炎培的管理思想,这些组织结构的内部都进行了科学分解和任务分工,每个部门职责明确,每个人各司其职,在此前提下再

---

[1] 中华职业教育社.黄炎培教育文集(第二卷)[M].北京:中国文史出版社,1994.
[2] 中华职业教育社.黄炎培教育文集(第三卷)[M].北京:中国文史出版社,1994.
[3] 中华职业教育社.黄炎培教育文集(第二卷)[M].北京:中国文史出版社,1994.

共同为了职业教育事业这个整体进行合作与协调。特别是中华职业教育社从1917年发展至今,与其科学合理的分工合作有着重要关系。

涂尔干认为,分工是人类社会发展的必然产物,分工是为了共同承担、互相配合。"所谓分工,就是去分担以前的共同职能,但是这种分配并没有任何预定计划。一旦各种工作分离开来,我们事先也并不知道它们的界限究竟是什么。就其本性而言,任何事界限都不是自明的,都需要依照环境而定。由此看来,分工本身一定会发展起来的,而且是渐渐地发展起来的。如果按照这种分工性质的要求,把一种职能划分成两个相互补足的部分,那么这两个专门部分就必须在整个分离过程中不断保持某种交往关系。"[1]而且"分工"对社会学和经济学而言意义不同,经济学家看到的是分工带来的更多生产,而社会学认为分工是为了更好地生活,"生产增加只不过是必然的后果,是分工现象的后效。我们并不是为了增加生产而走向专业化,而是为了要获取有利于我们的新生活条件。"[2]不管从何意义上都认为分工可增加生产,提高效率,这也是现代社会所追求的。黄炎培在职业教育行政管理活动中,具有科学的分工合作能力。中华职教社可以充分体现其分工合作能力,他对中华职教社的整体规划和统筹,一般都是通过中华职教社指导职业学校、职业教育指导所诸项工作,将他的职业教育管理思想科学地、有计划地、大量地贯彻其中。中华职教社组织机构严密,内设社务委员会和理事会,对职业教育发展总体目标进行合理规划。然后又在社务委员会下设立14个分机构,通过这14个分机构将职业教育整体规划进行科学分解,对每个部门、每项工作进行分工、职责明确,使得每个部门及每个人都有明确的目标、责任。例如,调查部专人调查现行教育机制业界的状况、调查社会各业供求与学校毕业生的状况,以及各地已办职业教育的状况,在此基础上研究提出应对措施;演讲部专门负责有计划组织职业教育讲演活动、宣传职业教育各种新思想;出版部专门负责理论研究著作发行;职业介绍部专门负责咨询、解答等,形成了各部门分工协作的良好氛围,为推动职业教育发展打下了坚实基础。

(二)民主化管理思想

黄炎培在职业教育行政管理活动中能体现其民主化管理方式的倾向,他著有《民主化的机关管理》(原名《机关管理一得》),从篇名就能看出黄炎培对民主化管理方式的肯定。黄炎培本身受平民主义思潮影响,讲求为平民服务,他在1947年《中华职业学校成立三十周年告毕业和肄业诸同学》的演讲中,提出机关工作除"以科学化为骨干",还要以

---

[1] 埃米尔·涂尔干. 社会分工论[M]. 渠东,译. 北京:生活·读书·新知三联书店,2000.
[2] 同上。

"民主化为精神"[1]。

1. 人重于事

黄炎培在《民主化的机关管理》开卷语的第七条明确指出："对人重于对事。精神控制（对人）重于时间、空间一切控制（对事）。"[2]他在职业教育管理四要素的基础上，进一步强调了"人"这一要素的重要性。因为黄炎培认为在事务管理工作中，要想提高效能，就得从"人""地""时""物"下功夫，而"地"与"物"是固定的，"时"也是不能掌控的，只有"人"是有意识的、活动的，并将此归纳为"人的关系"，强调这是绝对不可忽略的。这说明黄炎培在事务管理工作中注重人的力量，人是发挥主观能动性的主体，也是提高效率的关键因素。

黄炎培还尤其强调了管理工作中的"共同信仰"，认为只有"人"才拥有"共同信仰"，他在《中华职业学校成立三十周年告毕业和肄业诸同学》中，将自己的机关管理研究的经验传授给学生，即"公私大小任何机关，凡依共同信仰来创立或参加同目的的工作集团……而先正确其人生观，本末备具，条理明晰"。[3]黄炎培将"人"的这种"共同信仰"作为事务管理的内在动力，并且将"人"的"共同信仰"作为职业教育管理的重点工作，体现统一的价值观。黄炎培强调在复杂的状态之下，人的作用非常重要，与技术、科学地位同等重要，所以，他又提出了"人"的"品格的感化，情意的联切，信义的孚洽"。[4]

2. 平等参与

黄炎培向来重视共同协作、平等参与的组织活动方式，在"为纪念中华职业教育社二十四周年作"中，他对中华职教社的机关管理工作进行"检讨"，实际就是总结职业教育管理工作中的经验和教训，其中对"作风"问题进行了思索，将"作风"视为一种做事态度、一种处理事情的规律。第一，作风就是"全副精力去干"，这实际上还是强调了"人"的"共同信仰"，人的主观能动性的重要性。第二，"作风"就是靠团结，而团结的动力就是大家能依照行政常规处理事务，能够共同参与，维持秩序。即"这不是说工作同仁间从没有过不同意见，而是说即有不同的意见，到头来都能以团体利益为准则。因意见不同而闹成派别，以前固未有过，以后也看不出这样的可能。所以能如此，主要的恐怕是靠着几个总

---

[1] 中华职业教育社.黄炎培教育文集（第四卷）[M].北京：中国文史出版社，1994.
[2] 黄炎培.民主化的机关管理[M].上海：商务印书馆，1943.
[3] 中华职业教育社.黄炎培教育文集（第四卷）[M].北京：中国文史出版社，1994.
[4] 中华职业教育社.黄炎培教育文集（第三卷）[M].北京：中国文史出版社，1994.

负责人之间经常地作消除隔阂的努力。有什么,他们间都可以畅谈,把任何问题都说穿了,然后综合意见,依照行政的常轨处理。尤其好在大家都以团体为重,事业为重,意见有出入的地方总是为公,一涉及私,谁都不愿冒不韪"。[1]在中华职教社管理工作中,大家可以"畅谈",这本身就是一种民主化的管理方式;再"综合意见",说明大家都能参与其中讨论,从而形成一致意见,这是"行政的常规处理"。黄炎培将这种团结归总成十二个字:"明辨是非,融洽感情,尊重秩序",也可以理解成中华职教社行政管理中大家平等参与形成的规范化管理制度。

二、学校管理:规范组织制度

学校管理是一种提高学校教育有效性的活动,黄炎培认为学校权责宜明定,职业学校也是如此。辛亥革命以后,学校管理思想进一步明确:人们从"人治"与"法治"管理关系的高度,认识到建立各类教育管理制度的必要性。黄炎培在这种思想影响下,根据职业教育特点,建立了职业学校的管理制度。

(一)学校组织管理的系统性

从系统论观点看,学校应该是一个组织系统,它涵盖的学校领导、学校管理内容、学校公共关系都发挥着各自作用。黄炎培在职业学校日常运行过程中形成了一套较为丰富完备的职业学校管理理论。

1. 组织结构完备

在《南洋华侨教育商榷书》一文中,黄炎培根据南洋学校的团体组织结构,详细谈了自己对学校权责的观点。他认为"各校宜组织一学董会,首领一人称总理可也……"[2],并明确规定了学董会各成员的责任义务,学校内部"苟有教员二人以上,即不可无校长,否则内部之管理教授事宜,何从取决"。[3]由校长专人负责权责明确。1918年9月8日,中国第一所职业学校——中华职业学校正式开学。学校创建之初并没设立董事会,职员会每月举行一次讨论职务分配和有关学生事项。1920年学校已有自治指导部、教务部、工厂实习部、事务部、营业部,后来学校组织结构逐渐完备。

---

[1] 中华职业教育社.黄炎培教育文集(第四卷)[M].北京:中国文史出版社,1994.
[2] 中华职业教育社.黄炎培教育文集(第二卷)[M].北京:中国文史出版社,1994.
[3] 同上。

1931年,中华职业学校的内部组织结构是校长之下设工科主任、商科主任、普通科主任、总务主任,学校还定期召开教职人员大会、教务会议、总务会议和各专科会议。到1933年时,学校行政组织更加完备,校长之下设总书记(办公室工作),下面再设教务处、训育处、事务处,各处设主任负责。学校还会根据各科学生数量、规模,再单设主任加强管理,定期召开会议。处下面设股,教务处下设有课务股、注册股、成绩股、图书仪器股,训育处下面设有级务股、设务股、健康指导股和课外活动指导股,事务处下面设会计股、庶务股、膳印股和布置股。此外还设有:职业指导委员会、编辑委员会和毕业考试委员会。教务处的职责是办理注册、课务、学生成绩、图书仪器诸事。课务方面,除教务会议讨论一切需改进事宜外,并有各学科会议,以及整理编订学校课程纲要,组织竞赛和测验等。训育处设主任一人,训育员一人,会务员两人,健康指导一人,每级设学级训导一人,每月举行训育会议一次,讨论训教方面事务……[1]可见学校行政组织结构之完备,这种学校组织结构的专门职能和基本职能,以及它们之间相互联系、相互配合,构成了学校管理的职能系统,这种组织机构职能把学校中的人、财、物和事(工作)都组织起来,去执行学校计划,使得学校计划付诸实施,极大提高了职业学校的管理效率。

2. 规章制度完备

在当时的职业学校办学中,黄炎培以现代科学管理思想为指导,学校规章制度等日趋完善。从中华职教社的《事务管理概要》中可以看出,社内各部门职责分工明确。中华职业学校最能代表职业学校规章制度的完备特点,这里继续以中华职业学校为典型案例分析。学校编印了《中华职业学校章程》,对办学宗旨、设科、学制、课程、入学资格、缴费都有明晰的条文规定。随着学校办学经验的日益丰富,学校在教学、体育、实习、考试、生活指导、课外活动、学生自治组织、毕业、就业等方面,在总结历年教学经验基础上,陆续制定了50多种规则,印成《学生须知》,并要求学生遵守。例如,制定了《学生操行成绩考查办法》20余条、《奖励规则》9条、《惩戒规则》11条、《工场实习规则》19条、《就业规则》7条、《毕业生给予证书规则》8条。可以说,学校规章制度规范化,可以帮助学校建立科学的统一规格和标准,保证了学校的质量管理,有助于提高管理效能、形成良好校风。

(二)学校人员管理的稳定性

1. 校长社会活动力之"重"

"一个好校长就是一所好学校""有什么样的校长,就有什么样的学校""校长是教师

---

[1] 唐威.中华职业学校校史(1918—2013)[M].上海:上海社会科学院出版社,2013.

的教师",可见,校长在学校中的地位极为重要,对一所学校影响重大。蔡元培先生成就了北大,也让黄炎培看到校长对一所学校的重要性。黄炎培在南洋考察时,看到南洋学校是由校长负责,"鄙见以为学校苟有教员二人以上,即不可无校长,否则内部之管理教授事宜,何从取决。"[1]可见黄炎培对学校校长重要性的认识。此外,通过黄炎培给校长定的高薪也可看出校长在学校地位之高。以黄炎培《上海职业学校计划书》为例分析,文中从校长、副校长到铁工匠、木工匠的薪酬进行了详细记载,校长薪水是160元,普通教员5人共160元,也就是校长的工资是普通教师的5倍。从学校支出这一列可以看出,黄炎培对校长非常重视,给予校长高薪就是对职业学校校长高度重视的最直接显现。黄炎培认为提高校长待遇,可以保证校长没有生活上的隐忧,可以让校长全身心投入到学校工作中去。

相应地,黄炎培对校长的选择聘任有较高要求,他认为职业学校的校长除了具备"热诚呀,学力呀,经验呀,凡别种学校所需要的,当然缺一不可"。[2]黄炎培又根据职业学校的特点提出了"还要加上一件,是社会活动力"。[3]他认为,职业学校的校长要有较强的社会活动力,如果缺少社会活动能力,则"恰如习琢玉的缺少耐久性,汽车驾驶的缺乏敏活的目力和腕力"。[4]可见,黄炎培对职业学校校长参与社会活动的重视,这源于黄炎培长期的办学实践经验。他认为,在职业学校创建过程中,首先要为学校的创办募捐筹集资金;其次,还要进行大量的社会调查,为学校专业的设置做好前期铺垫;此外,学校成立后的实习工厂建设等一系列活动,都离不开校长的参与,这是对职业学校校长素质提出的全方位要求。职业学校的校长除了要具备普通学校校长的基本素质,又因为职业教育的特殊性,黄炎培对其有更高的职业期待。

2. 教师队伍稳定性之"重"

黄炎培认为教师对学生的意义非常重大,从他自身来说,南洋公学堂师从蔡元培,对他一生影响不可估量,他甚至提出:"青年求学,与其择校,毋宁择师。"[5]所以,黄炎培非常重视学校教师的选用,认为"设学者当以聘教师为第一重要事务"。[6]实际上,教师作

---

[1] 中华职业教育社.黄炎培教育文集(第二卷)[M].北京:中国文史出版社,1994.
[2] 同上。
[3] 同上。
[4] 同上。
[5] 同上。
[6] 同上。

为成人社会的代表被委托到学校来,对受教育者施加影响,确实应该重视这一社会群体。涂尔干在其《教育与社会学》中认为,教师乃是社会的代言人,是他所处的时代和国家的重要道德观念的解释者;与此同时,教师必须是具有坚强意志和权威感的道德权威。[1] 杜威也认为教师非常重要,教师"要用服务的精神熏陶他(学生),并授予有效的自我指导的工具,我们将有一个有价值、可爱、和谐的大社会的最深切而最好的保证"。[2] 于是黄炎培在《提倡平民职业教育之商榷》中将教师对于学生的重要性比作一所学校对学生的重要性。

实际上,黄炎培在职业教育办学实践过程中,非常注重教师队伍的稳定性,在教师队伍管理方面,主要体现在他的"难进难黜""用养结合"等管理策略。在《从困勉中得来》中,黄炎培有详细论述:"吾们'用人',是取着'难进难黜'的'政策'。选用一个人才,吾们必是尽可能地广征博访,测验甄选,一经入社以后,非万不得已,决不轻易更动甚至黜退。"[3] 可以看出,黄炎培对教工的入职和离职管理方面都非常慎重,经过广泛了解考察,还要经过测试筛选,非常严格,可以说是"严进严出",这无形中保证了学校管理队伍和教师队伍的稳定性,符合有效学校特征中的员工稳定性,可以促进良好教学环境的形成。事实上,中华职业学校的教师确实经受住了时间的检验,与学生建校舍、建实习工厂,经历了抗战、国内战争等一直共荣辱共进退,对学校怀有深深的感情,并为学校持之以恒地工作。

黄炎培还注意教员再培训,为在职人员进一步培训设立了半日班和夜班,鼓励教师的继续学习。可见,他对教师职业能力的培养非常重视,这也是黄炎培对教师工作重视的体现。以中华职业学校为例,黄炎培在教员人事权问题上,将教员进退权交给校长;将教员的工作考评交给校长,包括教员的学习能力及教授、管理能力等方面,都进行有效管理,以此保障学校日常工作的顺利进行。

3. 学生的全面发展之"重"

在学生管理方面,黄炎培本着对学生负责的态度,对学生要求也比较严格,从学生入学环节到毕业环节都有明确规定和要求,做到有始有终,比较完善科学。首先,在学生入学方面有明确要求,规定职业学校的学生入学年龄一般满12岁,学历一般要求是小学毕业。在《设施职业教育新标准》中规定了招生标准:"职业教育机关招收学生,必审察其将

---

[1] 张人杰.国外教育社会学基本文选[M].上海:华东师范大学出版社,1989.
[2] 杜威.学校与社会[M].北京:人民教育出版社,2000.
[3] 中华职业教育社.黄炎培教育文集(第四卷)[M].北京:中国文史出版社,1994.

来生活需要,是否为是项职业所能供给。"[1]"职业教育机关学生毕业后,宜令就职若干时间,察其成绩,然后给予证书。"[2]其次,黄炎培将职业中学分为三个阶段,每个学生学习的各阶段采取"分节且每节宜短"制,以此保证学生的学习和实习交替进行。通过这些规定,一方面体现了对学生负责的态度,另一方面体现了学校在学生管理制度方面较为完善、科学。

黄炎培一直重视学生自治,认为各级各类学校都应建立学生自治,在《职业指导号的介绍语》中,他指出"我们在训练上绝对主张提倡自动自治"。[3]认为通过学生自治,不仅可以增强学生的职业尊严感,实现学生自我管理和教育,还可以提升学生的自信心,对学生的成长具有极高价值。继续以中华职业学校为例,在学校中设立的"自治职业市",就很好地践行了黄炎培这一管理思想,这种"自治职业市"是在教师监督下,由学生自觉建立起的,市内下设机构及市长、副市长等,通过这种实践操作,较好地激活了学生的学习动力,提高了学生的社会实践应变能力。此外,黄炎培重视学生的"训育",提倡学校有组织地进行目标管理,还提出"铁的纪律"等,期望通过学校品德教育和进行目标训练,来实施学生精神方面和道德方面的培养。

第三节　职业教育教学思想

"教学是教师引导学生按照明确的目的、循序渐进地以掌握教材为主的一种教育活动。"[4]它是学校教育中最主要的工作,也是培养人才、实现教育目的的基本途径。黄炎培的教学思想产生于教学实践,检验和发展于教学实践,同时又指导着教学实践,他没有写过直接论述教学问题的专门著作,只是在其教学实践活动、演讲和文章中体现了其有关职业教育教学思想。黄炎培从川沙小学堂的办学始,就担任学校的教学工作,他从传统私塾学堂、实业学堂教学的经验中吸取教训,认为职业教育的教学应重点培养学生的谋生能力、生活能力、个性能力。围绕职业教育的主要目的,黄炎培就职业教育教学目的、教学原则和教学方法等展开论述,形成了其职业教育教学思想。

---

[1] 中华职业教育社.黄炎培教育文集(第二卷)[M].北京:中国文史出版社,1994.
[2] 同上。
[3] 同上。
[4] 南京师范大学教育系.教育学[M].北京:人民教育出版社,2000.

一、教学目的：学以致用

（一）对非"学以致用"的批判

黄炎培的教学思想以其职业教育宗旨为前提，他要培养的是"健全优良之分子"，是社会有用之人。黄炎培在对不能"学以致用"传统社会人才培养目标批判的基础上，形成了与传统教学思想截然不同的职业教育教学思想体系。他认为，传统普通教学目的旨在升学、仕途、做官，造成教育对社会普通职业的歧视和教育与其他农、工、商职业的分离，影响了学校风气和社会风气。

首先，黄炎培从学校风气、社会风气两方面批判了传统普通学校培养的学生对职业的轻视。在中国古代社会，一直就有士、农、工、商"四民"的职业分类，"士"居四民之首，"商"居四民之末。在《春秋谷梁传·成公元年》中记载："古者有四民，有士民，有商民，有农民，有工民。"[1]在《国语·周语上》中记载："古者……大夫士日恪位著，以儆其官，庶人工商各守其业，以共其上。"[2]商鞅曾主张"重农抑商"。秦汉时，除限制工商业发展，还推行歧视商人的"贱商"政策。到了汉代，甚至"高祖乃令贾人不得衣丝乘车，重租税以困辱之。"中国古代社会将这种严重的职业等级歧视观念登峰造极。这种"四民"职业分类，影响了整个中国古代的身份界定和行业划分评判，这种制度性的歧视和严重社会等级限制，终于使"工商"屈居于四民社会之末，"农本商末"成为马克斯·舍勒所说的"价值序列"，并逐渐成为中国传统社会被广泛认同的价值取向，这深深影响了中国传统文化，导致了中国传统文化向来重"道"轻"器"。从《论语》中，孔子有云"君子不器""君子劳心，小人劳力"；子夏曰"学而优则仕""百工居肆以成其事；君子学以致其道。"开启了中国千百年以来的官本位文化。由于长期受中国传统文化影响，科举制度更是从隋唐时期盛行千余年，一直延续到清末。即使1905年科举制度被废除，社会上仍然是法政学堂居多，"十七八法政学校也"[3]，当时学校教育主要是贵族教育，而少职业学校。

所以，黄炎培从1904年初投身教育救国活动，首先从改造普通教育弊端入手，对传统社会普通教育弊病提出严厉批评。他在《考察本国教育笔记》一文中指出："余行内地，所见学校几乎无一不带几分官气。若其学校较大者，其模仿官厅式样更肖。譬如门前必

---

[1] 阮元.十三经注疏(下册)[M].北京：中华书局，1980.
[2] 左丘明，韦昭.国语[M].上海：上海古籍出版社，1978.
[3] 中华职业教育社.黄炎培教育文集(第一卷)[M].北京：中国文史出版社，1994.

悬牌二,书学校重地、闲人莫入字样,每字朱圈,或加悬木棍焉。"[1]学校这种对"官厅"模仿的环境氛围,对"官气"讲究的风气,还是摆脱不了"学而优则仕"的传统教育理念。"夫敬畏官厅,殆现今社会普通之心习,因此而办学者,以为非此不足耀一时耳目。"[2]敬畏官文化,是社会的普遍风气,学校不能脱俗。反之,如果学校教出的学生不能为官,就无法吸引学生就读。这种长久以来积淀的传统文化仍然深深影响着当时的学校和社会。所以,黄炎培也看到了学校风气现状:即"养成学生重视官吏轻视其他职业之心理"。[3]"骄贵奢堕,青年不胜作工之苦,以故入学后,惮于工作,而中途乞退者亦有之。"[4]正是因为黄炎培看到了传统社会风气,学生拈轻怕重、不愿吃苦,并且从内心抵触职业教育、瞧不起职业教育。黄炎培认为在学校受教育时间越长,与家庭、社会相脱节越严重。

其次,黄炎培又从两方面批判了普通教育与职业的相疏离。一方面,黄炎培基于"新教育"旨在"教育救国"理念,反驳了普通教育办学数量与社会需求不相符。虽然科举制在1904年已被废除,但是法政学生数量之多远远超过社会需求。传统的普通教育致使学生毕业无出路。学生鄙夷劳动、不愿意动手,出现大量失业现象。黄炎培在《教育前途危险之现象》中,以江宁、苏州、上海、镇江、清江五地为例,指出了学校开设与社会需求之间的严重脱节现象。黄炎培认为,社会法政学校之多,已超出了社会需要,传统教育弊端导致的问题已经超出了教育自身的范围,发展成为一种严重的社会问题,甚至是政治问题。黄炎培认为供需失衡的教育培养方式,"恐国家社会之蒙受祸害",他将社会专学政法之风气认为是教育与现行社会脱节的表现。

另一方面,黄炎培认为传统教育与职业的疏离,造成学校教育与生活的脱节。在《学校教育采用实用主义之商榷》一文中,黄炎培全面回顾与反思了十年以来新教育的现状,再次指出了学生在学校不能获得"道德身体技能知识",而是"惯作论说文字",黄炎培继续列举了种种教育与生活相脱节的现象:"能举拿破仑、华盛顿之名,而亲友间之互相称谓,弗能笔诸书也。习算术及诸等矣,权度在前弗能用也。习理科略知植物科名矣,而庭除之草不辨其为何草也,家具之材不辨其为何木也。"[5]他描述的这些社会现象,正是由于学校教育与社会应用相脱节造成的普通教育的弊端,这造成教育的绝大浪费。社会风气使然,学校也不能给学生提供日常生活应用的常识。因此,黄炎培强调:"今兹教育,非

---

[1] 中华职业教育社.黄炎培教育文集(第一卷)[M].北京:中国文史出版社,1994.
[2] 同上。
[3] 同上。
[4] 同上。
[5] 同上。

于实用的方面,施大革新不可"。必须对传统学校进行改革,使教育回归生活实用,教育要传授学生生活所必需的普通知识技能。

(二) 对"学以致用"的期待

黄炎培针对传统教育不能"学以致用"的弊端,对"学以致用"的期待就是培养"健全优良之分子",他提出要培养"以从事于社会生产事业,藉获适当之生活;同时更注意于共同之大目标,即养成青年自求知识之能力、巩固之意志、优美之感情,不惟以之应用于职业,且能进而协助社会、国家"的"健全优良之分子"[1]。这里的"健全优良分子"即培养学生的个性、谋生能力,对社会和国家有用,实际也是马克思所说的:人的全面发展。这是黄炎培根据职业教育目的而提出的人才培养目标,而"学以致用"成为黄炎培职业教育教学的主要目的。

黄炎培提倡"学以致用",更多是从社会需要角度而言,对社会有用。他受杜威实用主义教育思想影响,在《实用主义小学教育法》中,认为实用主义目的是"授以生活所必需之知识技能",实用主义精髓是"活用各种知识技能于实地"[2]。这种实用主义思想为后来黄炎培职业教育思想打下了基础。所以,黄炎培从社会发展需要出发,论述了职业教育的培养目标,"要使动手的读书,读书的动手,把读书和做工两下并起家来。要使人们明了,世界文明是人类手和脑两部分联合产生出来的。"[3]可以看出,黄炎培认为培养学生的动手能力和用脑能力,既是世界文明的需要,又是社会发展的需要。那么,在教学中应该为手脑并用的教育打好基础。另外,"学以致用"还是学生个人发展的需要,从个人成长角度,有利于个人谋生。黄炎培批评了传统学校教育重书本轻能力的教学方式,指出了教学与社会现实严重脱离的弊端,他倾向于在职业教育的教学过程中培养学生的劳作能力,这反映了黄炎培的教学目的是强调个性和社会性的统一,又反映了他重视职业教育教学改进社会环境和发展个人动手谋生能力的双重意义。

二、教学内容:"当世必需之学"

教学内容是实现教育目的的重要保证,黄炎培从"学以致用"的教学目的出发,主张"求学必求当世必需之学",[4]重视教学内容的现代化,重视社会发展需要与教学内容相

---

[1] 中华职业教育社.黄炎培教育文集(第二卷)[M].北京:中国文史出版社,1994.
[2] 中华职业教育社.黄炎培教育文集(第一卷)[M].北京:中国文史出版社,1994.
[3] 中华职业教育社.黄炎培教育文集(第三卷)[M].北京:中国文史出版社,1994.
[4] 中华职业教育社.黄炎培教育文集(第一卷)[M].北京:中国文史出版社,1994.

结合。而在学校教学内容中,课程设置是最根本的问题,是培养人的蓝图;教材选择与组织是学科的具体化。黄炎培非常重视教学内容,可从他对职业学校课程设置和教材选择两方面来剖析其职业教育教学内容主张。虽然黄炎培没有建构详备的职业教育课程论,没有就职业教育教学内容的完整体系和学科建设的内在规律进行专业化论述,但是从他的教育论著和教学实践记载中,可以发现他在职业学校课程设置和教材选择与组织方面,都进行了一定的理论思考,并做了明确规定。

(一) 课程设置符合社会需要

黄炎培根据职业教育的教学目的及对职业教育知识的分类思想,提出了他的职业学校课程设置主张,主要体现在黄炎培给学校制订的一系列计划书中。一般课程设置的依据有,学科知识因素、社会因素、学生因素。[1] 黄炎培根据职业教育主要目的是"学以致用"、为社会所用,认为职业学校的课程设置最重要的是课程设置的社会因素。黄炎培在《职业教育该怎么样办》中总结中华职业学校建校15周年的校史,在职业学校课程设置时有一条是"凡职业学校之设科,须十分注重当地社会状况。乡村与城市不同。即同是城市,其地方状况,亦不尽同。万一设科不合需要,必至影响于他日学生出路"。[2] 黄炎培认为当地的社会状况,大概是"城市以工商为宜,乡村以农工为宜"。[3] 他主张"因地制宜为是""宜适应家庭及乡土之情况"[4]。这种"因地制宜"是以大量实地调查为前提,这也是黄炎培从事教育工作的一贯经验。在职业学校设科之前,黄炎培主张深入当地进行科学严密的调查论证,在调查当地各方面情况下再决定开什么科目,给学生"教什么"。黄炎培曾多次引用美国瑟娄博士对调查重要性的认识,"苟予我六十万金,办中国职业教育,我必以二十万金用之调查"。[5] 可见,黄炎培将社会需要作为职业学校课程设置的逻辑起点。

所以,黄炎培制定了大量各省职业教育计划案、职业学校的教学计划案,如在《江苏职业教育计划案》中根据中华职教社所调查,在甲、乙种实业学校,以及初级中学设职业科,高级中学分设农、工、商、家事科等,并规定根据当地需要与适宜进行调整。在《改进安徽职业教育办法案》《当涂职业学校计划书》《上海职业学校计划书》中也都可以看出黄炎培对职业学校课程设置的重视,这些教学计划围绕着学校课程的内容,明确了学生的

---

[1] 施良方.课程理论——课程的基础、原理与问题[M].北京:教育科学出版社,1996.
[2] 中华职业教育社.黄炎培教育文集(第三卷)[M].北京:中国文史出版社,1994.
[3] 中华职业教育社.黄炎培教育文集(第二卷)[M].北京:中国文史出版社,1994.
[4] 中华职业教育社.黄炎培教育文集(第一卷)[M].北京:中国文史出版社,1994.
[5] 中华职业教育社.黄炎培教育文集(第二卷)[M].北京:中国文史出版社,1994.

学习任务。黄炎培认为职业学校设科非常重要,"办职业学校,下手第一个问题,就是设什么科。"职业学校设科要"完全须根据那时候当地的状况。"[1]课程学科设置后,黄炎培注意根据实际需要规定教学时数,他在职业学校教学计划的安排问题上,一般规定每周教学时数须 40~48 小时,其中,职业科占 30%,普通科占 20%,实习占 50%。此外,最主要一点是黄炎培在课程设置中非常注重实习这一重要环节,认为"应用知识技能于实地之唯一方法,莫如实习"。[2]他根据学生的特点,积极在职业学校中推行实习训练,他曾倡导用制度确保生徒半日学习,半日工作,后来又倡导"由做而学的原则"。黄炎培从职业学校实际特点出发,主张开设职业学校工场,在各科附设工场,用以加强学生实习。

此外,黄炎培还认为学科设置及教学计划要考虑学生因素,"宜适应儿童之能力"[3]。从黄炎培《实用主义小学教育法》可以看出黄炎培关于职业学校课程要求实用的内容,包括适应儿童的年龄、儿童的性情、儿童的境遇经验等,他认为"活用日常所授知识技能于实地时,宜慎选其教材,斟酌其施法,期与儿童之能力适应,庶乎可也"。[4]

(二) 教材内容注重生活实用

在教学计划中,黄炎培对学校课程设置进行科学规划之后,也注重对教材内容的选择。在《减少授课时间与精选教材问题》中提倡精选教材,且教材要适用于"活的教育",认为"倘墨守旧时代所授之教材,一无活的意味,便不适于现代职教与方法,此教材之所以更不能不精选也"。[5]黄炎培亲身经历了学校教学改革全过程,坚决反对私塾中教学内容的咬文嚼字、死啃书本,以及八股文的刻板风气,强调教学内容的确定,要从各方面满足学生适应社会生活的需要,反对普通教育弊端,"论内容则乏新知识与新思想,论形式则不注意于日常应用之文体,而字句间尤往往有不妥恰、不完全、不正确处。"[6]经过对职业教育研究方法的统计,黄炎培发现"今各地小学谋设职业科者多矣,所苦乃在教本、教材缺乏"。[7]所以,黄炎培提倡教材内容要与受教育者相联系,教法也要与社会状况、与现实生活相结合。

---

[1] 中华职业教育社.黄炎培教育文集(第二卷)[M].北京:中国文史出版社,1994.
[2] 中华职业教育社.黄炎培教育文集(第一卷)[M].北京:中国文史出版社,1994.
[3] 同上。
[4] 同上。
[5] 中华职业教育社.黄炎培教育文集(第二卷)[M].北京:中国文史出版社,1994.
[6] 中华职业教育社.黄炎培教育文集(第一卷)[M].北京:中国文史出版社,1994.
[7] 中华职业教育社.黄炎培教育文集(第二卷)[M].北京:中国文史出版社,1994.

同时,黄炎培根据职业教育培养目标,主张从社会生活有用的角度来确定课程知识。黄炎培曾直言精选教材问题,自己研究多年,认为教材既要符合时代趋势,又要满足学生需要。早在《实用主义小学教育法》中,黄炎培就有关教材内容的研究,指出"教材宜注重于实际",这意味着黄炎培力图克服传统普通教材与职业教材之间的隔阂,提倡教材内容要与实际应用相贯通。教材是构成有目的教学内容的最重要因素,直接影响着学生的知识构成。所以,黄炎培重视教材的选用,由于各职业学校课程设置的纷繁不同,当时各学校的教材多为各教授自成。黄炎培还在1918年中华职教社年会词上,提出"征集关于职业教育之教科用书"[1],可见他对教材内容选择的重视,对符合各地状况教材的期待。

三、教学原则:眼、手、脑并用

教学原则是教学中必须遵循的基本要求和指导原理,它贯穿于各项教学工作之中,对规定的教学计划、教学大纲、教材的选择与使用等教学组织形式具有指导作用。黄炎培在长期职业教育教学实践过程中,总结了传统私塾及实业学堂教学中的经验与教训,提出了"理论与实习并授""知识与技能并重""手脑并用""做学合一""直观性"等教学原则。实际就是全面发展的教学原则,具体而言,即手脑并用、做学合一和直观性教学原则。这最具代表性、最为基本、最体现职业教育创新精神,蕴含着丰富的服务社会生活、服务经济发展的新内容,将学生从"僵死"的读书中"激活",引导学生将理论与实践相结合,成为职业教育教学活动依据的准则,至今仍然鲜活生动。

(一)"手脑并用"

在实际教学过程中,首先,黄炎培以职业作为职业教育教学的目的,以教育作为获取职业的手段,明确提出"职业教育的目的乃在养成实际的、有效的生产能力,欲达此种境地,需要手脑并用。"[2]"手脑并用"不仅反映了黄炎培强调职业教育教学过程中的动手能力与动脑能力,而且从字面顺序看出,黄炎培认为动手能力要先于动脑能力。在职业教育思潮兴起之初,黄炎培已经看到当时的教育现状,即便是实业教育,他认为在三个方面存在严重问题:"一曰,其设置拘统系而忽供求也。……其所汲汲者,在乎统系分明,表

---

[1] 中华职业教育社.黄炎培教育文集(第二卷)[M].北京:中国文史出版社,1994.
[2] 黄炎培.断肠集[M].上海:上海生活书店,1936.

式完备,上以是督,下以是报。而所谓时也、地也,孰所需,孰非所需,均在所不暇计。"[1]这是从课程内容上反思其设置系重理论性有余,而实际需要不足。"二曰,其功课重理论而轻实习也。……顾农无农场也,商无商品也,不过加读农、商业教科书数册。其结果为农业国文、商业国文而已。所谓乙种农、工商学校,亦复如是。即若甲种,其性质既上近专门,其功课更易偏理论。今之学生,有读书之惯习,无服劳之惯习。故授以理论,莫不欢迎;则以实习,莫不感苦。"[2]这是从学校教学过程中,反映了知识传授过程中较重视科学等理论学习,而少实际动手的农商操作。"三曰,其学生贫于能力而富于欲望也。实习非所注重,则能力无自养成。……'今之学生,学力不足而欲望有余,不适于指挥,徒艰于待遇耳!'"[3]这是从教学养成上反映了学校所培养学生动手能力较差的现状。黄炎培认为,在传统教学过程中过于重视教材理论学习,而忽视学生动手能力的培养。对于中国读书人这种一贯以"读书做官"为荣,以"读书做事"为耻的心理,黄炎培称为是"职业教育之礁",并进行了痛心疾首的批判。

其次,黄炎培认为"手脑并用"的教学原则,具有重要的历史意义和社会价值。他说:"今科学之昌明,皆人类手与脑二者联络发达之成绩也。"[4]首先肯定了人类文明的历史是由人类双手和大脑共同缔造的。接着又以古希腊文明为例,分析其败落的原因,"希腊时代,号称文明,而但闻文学之发达,不闻科学之发达,则缺乏手之训练故也。"[5]进而提出手脑并用的重要社会价值,"故手、脑二者联合训练,一方增进世界之文明,一方发展个人的天赋能力,而生活之事寓其中焉。"[6]他以史为鉴,陈述了科学的重要性和手工训练的重要性,并指出当今世界文明强盛的国家,特别是美国对于器物发明、科学精神的重视,旨在号召人们以万能的"双手"和"大脑",承担创造人类新的物质文明。因此,在教学过程中,黄炎培认为必须把"读书和动手"结合起来。所以,在办学实践中,黄炎培给中华职业学校设计的校徽上设计了代表双手的符号,寓意"双手万能",旨在要求学生在学习的同时学会动手。实际上,"手脑并用"原则符合职业学校教学规律,职业学校教学主要培养学生的应用能力,不仅通过理论学习增进学习的间接经验,更应与生产劳动相结合,增进学习的直接经验。只有符合这种将直接经验和间接经验相结合的教学规律,才能更好地实现职业教育的培养目标。

---

[1] 中华职业教育社.黄炎培教育文集(第二卷)[M].北京:中国文史出版社,1994.
[2] 同上。
[3] 同上。
[4] 同上。
[5] 同上。
[6] 同上。

(二)"做学合一"

黄炎培早在《中华职业教育社宣言书》中分析职业教育病根时,就指出"其功课重理论而轻实习也",所以,黄炎培一直要求学生要身体力行,竭力提倡学生要"做"和"学",在做中求学,以求得知识技能的系统和完备。黄炎培将"做学合一"称为"做学主义",他在《怎样办职业教育》中提出:"办职业教育,万不可专靠想、专靠说、专靠写,必须切切实实去'做'。"[1]在职业教育设施标准中,黄炎培进一步阐释了他的"做学主义"纲要,"做,学。一面做,一面学。从做里求学。从随时随地的工作中间,求得系统的知识。"[2]职业教育的目的并非一成不变的,是在改革中不断变化发展的,职业教育的教学目的旨在给受教育者一技之长,利其为己治生、为群服务,更重要的是依靠这种一技之长能够"直接地"应用于实际的社会经济生产和生活,这都需要在教学过程中,学生要边实践边摸索。

此外,黄炎培认为,职业教育与其他教育最大的不同是,社会上希望职业学校的学生一出校门就能"当场出彩",最好能干好他的职业,这种干得好坏直接能反映职业教育教学质量。黄炎培说:"干得好,共见共闻;干得不好,也是共见共闻。"[3]所以,黄炎培认为职业教育的教学更要重在"做":边学边做、做学合一,这是职业教育自身教学规律使然。黄炎培号召青年学子,想要获得真实学问,不仅要从学习中获得,还要通过书本之外的"做"来实现。黄炎培倡导"做学合一"的教学原则,符合职业教育教学发展规律,再一次强化了学生动手能力的培养和基本技能的训练,比普通教育有更强烈的现实性。作为直接为农工商各界输送从业人员的职业教育,这种教学原则有效地使黄炎培按照既定目标对学生进行培养,重视学生实用知识的传授和动手技能的培养,有效保证学生的质量,取得较好的效果。

(三)直观性

黄炎培在长期教育实践探索中,总结出职业教育教学所遵循的基本原则,又学习西方先进教学理念,根据学生心理年龄特征、兴趣特点等提出实物教学的直观性原则。黄炎培认为在教学过程中,可运用直观教具,增强学生的直观或感性认识。他主张通过鲜明的实物形象帮助学生获得知识,培养学生较强的思维能力和判断能力。黄炎培也认为直观性原则是由学生认识特点决定的,可通过直观性教学进行感觉训练。只有将学生的

---

[1] 中华职业教育社.黄炎培教育文集(第三卷)[M].北京:中国文史出版社,1994.
[2] 同上。
[3] 中华职业教育社.黄炎培教育文集(第二卷)[M].北京:中国文史出版社,1994.

感觉与实物相联系,才能让学生充分感受,从而汲取可供加工的材料。

据此,黄炎培特别重视"工场实习"和"职业指导",其目的是使学生通过教师指导,多方面练习,帮助学生利用直接经验去认识事物。职业指导便于学生理论与实际相结合,更直观学习,加深对书本知识的理解,培养学生运用知识的能力和实际动手能力。这里的"工场实习"和"职业指导"中的直观学习,不仅有视觉感官的感受,也会有感觉器官的进一步感受,还包括内在意识的体验、情操和情感,自发地体察学生的行为,这也是黄炎培贯彻直观性教学原则的目的。此外,黄炎培为学生的职业指导创造了条件,职业指导主要是针对白天做工、晚上学习的学生群体,通过对他们进行职业指导,将他们平时的工作和自学结合起来,将教学和社会生产融合起来。通过在生活中进行教育来实现教学价值,让从工者不仅学到理论知识,且掌握必要的操作技能。社会上很多职业学校根据学校自身情况和劳动者受教育需要,开办了附设工场,形成了工学结合的教学模式,为学生提供了实习场所,这一思想在今天仍然适用。

第四节 职业教育德育思想

在黄炎培的职业教育思想体系中,他的职业教育德育思想是其职业教育思想的重要组成部分和最有特色的部分。黄炎培非常重视职业教育中的德育培养,这源于他对"道德教育""人格教育"的重视;也源于他对每个职业的尊重与感情。实际上,恩格斯已经较早肯定了道德存在的阶级性和职业性,他说:"每一个阶级,甚至每一个行业,都各有各的道德。"[1]这说明,自社会分工发挥效用以来,职业就具有了道德属性,这种道德属性又随着社会分工的不断变化而变化。后来,涂尔干也提出了"道德是在历史过程中发展并受到历史动因的制约的,它切时地在我们的生活里发挥了充分作用。如果说道德在特定时期里具有特定形式,那是因为我们在特定时期里的生存条件不允许另外一种道德存在。只有条件改变了,道德才能随之改变,并且只能在特定的可能范围内改变,这是确切无疑的"[2]由此,可以结合黄炎培生活的时代背景,进一步分析黄炎培职业教育德育思想的产生、形成及内在意义。

---

[1] 中共中央马克思恩格斯列宁斯大林著作编译局. 马克思恩格斯选集(第四卷)[M]. 北京:人民教育出版社,2012.

[2] 埃米尔·涂尔干. 社会分工论[M]. 渠东,译. 北京:生活·读书·新知三联书店,2000.

一、产生基础：现实与理论需要

（一）"职业"本身的现实需要

黄炎培非常重视职业道德教育。一方面，这与当时社会鄙夷"职业"的风气有很大关系。中国根深蒂固的职业观念是"万般皆下品，唯有读书高"，"士"居"四民"之首位，"农、工、商"皆服务于"士"，造成社会上官气盛行现象，众人普遍轻视生产劳动。读书人习惯了传统观念，这种传统观念禁锢人的思想，鄙视职业劳动，由此鄙视职业教育，甚至称职业教育为"啖饭教育""要饭教育"。黄炎培在国内教育考察时，清醒刻画了社会上一般青年学生看待职业教育的心理："一、欲求职业，须从读书中得来，故吾宁注重读书。二、既入学校受教育，总须就高等的职业，否则辱没身份。三、亦尝入职业界实习，事忙则太劳，事简则无聊。总觉实习万不及读书之有味，职业界万不及学校之受用。"[1]所以，黄炎培认为学生这种对职业和对教育的心态直接影响着职业道德教育，职业教育要想发展，就要打破这种"非以职业为贱，即以职业为苦"的社会心理结构。

另一方面，黄炎培看到了办职业教育遇到的现实困境，职业教育自身系统对职业教育的轻视。首先，"学生误解了'自尊'的一个名词，于是不知不觉看轻一切作业。随你学什么工艺，都成为贵族的工艺。除掉规定工作课程以外，不愿动手。"其次，"仅仅教学生职业，而于精神的陶冶全不注意，把一种很好的教育变成器械的教育，一些儿没有自动的习惯和共同生活的修养。这种教育，顶好的结果，不过造成一种改良的艺徒，决不能造成良善的公民。"[2]正是因为黄炎培非常清楚社会职业观对学生的负面影响，以及学生在接受职业教育过程中存在的问题。所以，黄炎培为了职业教育的健康发展，从正确的职教观、职业道德教育观等方面加强学生品德的培养，以此帮助学生树立正确的职业道德观。黄炎培也希望职业教育自身要对职业抱有信仰，通过职业道德教育来建立平等的职业道德观。

（二）从人性出发的实用德育观

黄炎培注重职业道德教育，围绕"敬业乐群""劳工神圣""金的人格"等道德规范，提出了要培养"良善的公民"。这些都是建立在"社会化"基础上的道德教育，旨在培养学生适应社会的能力，具有实用主义的倾向。职业道德教育思想是一种实用道德观，这种实

---

[1] 中华职业教育社.黄炎培教育文集（第二卷）[M].北京：中国文史出版社，1994.
[2] 同上。

用道德观以尊重人性为前提,帮助人们获得生存的基本技能和从事活动的基本方法,从而满足人的基本生存本能。但是,这个个体又不是独立的个体,而是群体中的个体。因此,黄炎培提出"乐群"就是社会生活中的个体要正确处理好自我与他人之间的关系,这种实用德育观将道德作为一个动态的解决社会问题的过程,实现个人与社会的统一。

黄炎培认为职业教育德育应该建立在尊重人性的基础之上,人的个性可以通过不间断的教育加以丰富,这对于职业教育本身就具有重要意义。特别是20世纪30年代后,黄炎培认为人的基本修养与职业教育发展的联系越来越紧密。他意识到,个人对职业的强烈兴趣和热爱,是激发个人从事职业的内在驱动力;人与人之间的和谐关系,既是人生存发展的需要,也是消除社会"惨变"的重要条件。所以,黄炎培提出要以尊重人的个体为前提,并且认为人性具有不断满足的需要,如"金的人格"中对爱国精神的极力渲染,就能消除社会"惨变"。黄炎培认为职业教育的意义不仅在于使人获得谋生的能力,还在于谋求人的个性发展,人的个性发展为教育提供了可能性和可行性。黄炎培认为,通过学校培养与训练提高职业道德素养,就能消除社会"惨变",这具有一定创新精神,但难免带有黄炎培个人的一厢情愿和幻想色彩。

(三)师承蔡元培"完全人格"

黄炎培在《中国教育史要》中给予"健全人格"的完整定义:"一、私德为立身之本,公德为服役社会国家之本。二、人生所必需之知识技能。三、强健活泼之体格。四、优美和乐之感情。"[1]从中可以看出具有浓厚的蔡元培"完全人格"教育思想的影子。这里的"私德"与"公德"关系与蔡元培"私德不修,祸及社会"的意义相同,蔡元培在处理公德与私德的关系上说"朋友之交,私德也;国家之务,公德也。二者不能并存,则不能不屈私德以从公德"。[2] 蔡元培认为教育根本是培养"五育并举、和谐发展"的人,其中"五育"中最重要的就是"公民道德"。蔡元培注重个体道德教育和人格培养,将公民道德教育作为核心,以培养国民健全人格作为道德教育的目标,提出了"育国家之良民"。蔡元培的"完全人格"教育思想,首先强调了"德",是个人个性与群性的统一。这都是黄炎培极力赞同的,蔡元培是黄炎培的新学启蒙导师,对黄炎培从事教育事业影响终身。

黄炎培对其倡言的"人格必须完整"进行分析,什么样的人格才是完整的人格?"行动必须非常谨严,操守必须非常竣洁。"[3]这是一个怎样做人,成为什么样的人的问题,

---

[1] 中华职业教育社.黄炎培教育文集(第三卷)[M].北京:中国文史出版社,1994.
[2] 蔡元培.蔡元培全集(第2卷)[M].北京:中华书局,1984.
[3] 中华职业教育社.黄炎培教育文集(第四卷)[M].北京:中国文史出版社,1994.

既有知识技能,又有品德情感;还是人的身心协调发展的问题,脱离不出蔡元培"五育并举"的教育方针。黄炎培在文中痛斥汉奸,"不知牺牲多少人才,伤害多少生命;一受嫌疑便将影响人格。""人格一经毁损,其人见弃于群众"[1],这也继承了蔡元培的"完全人格"的思想,他们都将道德教育作为爱国、救国的一种手段去重视,他们都认为人格完善,关系到社会、国家的文明进步。此外,黄炎培在蔡元培"发展人格"思想中,除了重视知识与道德的关系,还更加强调了知识技能的重要性,这为其职业道德教育中提倡"金的人格"提供了职业教育德育思想的雏形。

二、基本内容：做人与做事之"良善"

黄炎培认为职业教育培养目标不仅是"改良的艺徒",还要造成"良善的公民"。[2]这种"良善"既包括做事时掌握一定知识技能、道德规范,还包括人的社会化过程中具备的基本德行。从最初提倡职业教育,黄炎培在《职业教育谈》中强调道德的重要性,"有群而后有道德,服务社会,德莫大焉,职业教育为之准备,非正德,而何？"[3]黄炎培将"为群服务"作为职业道德的基本出发点,认为离开职业道德,职业教育就会迷失方向,其职业道德教育思想主要包括三方面内容。

（一）"敬业乐群"之教育

"敬业乐群"是黄炎培职业道德教育思想的核心内容,黄炎培将其当作学生建立职业信仰的根本,旨在让学生树立正确的职业观和服务观。黄炎培在中华职业学校成立之时,将"敬业乐群"作为学校的校训,并制作牌匾悬挂于学校,足可以看出黄炎培对"敬业乐群"理念的践行。可以说,"敬业乐群"是黄炎培职业道德教育思想的核心内容。"敬业乐群"最早出自《礼记·学记》,"三年视敬业乐群",指新生在入学三年后,考察是否尊重专注于学业,乐于与人群相处。黄炎培将此四字借用,作为职业道德教育的基本规范和主要内容,体现了他对职业教育的高度敬畏。后来上海职业指导所副主任潘文安在《最近之中华职业学校》中有专门论述黄炎培这一"敬业乐群"的含义：所谓的"敬业",即"对所习之职业具嗜好心,所任之事业具责任心";而"乐群"则是指对职业"具优美和乐之情操及共同协作之精神"。[4]简单地说,前者"敬业"是对学生内在信仰的要求,即学生对

---

[1] 中华职业教育社.黄炎培教育文集(第四卷)[M].北京：中国文史出版社,1994.
[2] 中华职业教育社.黄炎培教育文集(第二卷)[M].北京：中国文史出版社,1994.
[3] 同上.
[4] 转引自王炳照,阎国华.中国教育思想通史(第六卷)[M].长沙：湖南教育出版社,1994.

事业具有敬畏之心,侧重于学生热爱自己所从事的职业,具备积极向上的劳动态度,要求从业者具有干一行、爱一行、专一行的精神,以高度负责态度忠于所从事职业;后面的"乐群"是强调学生树立正确的社会服务意识,在社会上要学会与他人共事、具备分工协作的能力和习惯,即"利居众后,贵在人先"的高尚情操。根据黄炎培提出的"敬业乐群"这一主要主张,当时各类职业学校曾先后制订和完善职业道德教育标准,有的也称训育标准。

1923年,黄炎培谈职业教育问题时说"职工补习教育之推行、乡村职业教育之猛进,则并在民国十一年见其端倪者也"。[1] 可以看出,黄炎培开始冷静反思职业教育出路问题,将职业教育向农村转移。同年,黄炎培在《民国十一年之职业教育》一文中陈述了当时学生普遍存在的"非以职业为贱,即以职业为苦"的心理特征,他认为学生应摆脱这种旧的社会陈腐观念,将其定义为"职业教育之礁"。所以,黄炎培反复劝诫青年,"人生必须服务,求学非以自娱",他认为只要有益于社会,求学与求事就能相互贯通,"其乐无穷"。后来,中华职教社在黄炎培的倡议下,邀集专家拟订《复兴民族目标下之青年职业训练》方案,提出职业教育两大实施方针:"训练学生生产能力与发扬学生民族精神",将其作为对职业学校学生进行道德教育的新要求,在要求中集中体现了深厚的爱国主义情感,并且要求学生树立崇高职业理想和社会责任感。1946年,黄炎培在《一封公开的信》中,告诫中华职业教育社诸同志同事同学:"任何事物,总须看他贡献于民众方面的有和无、大和小,而定它的价值。""最合理的人生,就是将身投入群众中间,和他们共同生活,凡人能和群众凝,有力量提挈群众,文章能使群众了解,事业能给群众福利,这才是有价值的贡献。"[2] 黄炎培将"敬业乐群"的职业道德教育思想不断赋予时代责任,体现了"与时俱进"的思想特点。

(二)"劳工神圣"之教育

恩格斯说,劳动"是整体人类生活的第一个基本条件,……在某种意义上不得不说,劳动创造了人本身"。[3] 这说明劳动是人类社会赖以生存和发展的基础,但是中国传统社会长期"劳心者治人,劳力者治于人"思想对劳动观造成了职业高低贵贱之分。黄炎培提倡的"劳工神圣"正是对传统劳动观的纠偏,是对职业教育道德思想中"自尊人格"的正视,也可以作为黄炎培对劳动的尊重和号召学生"自尊"品质的要求。社会上长期存在轻视生产劳动,对职业教育蔑视的传统观念,一直禁锢着人们的思想,致使社会风气"以读

---

[1] 中华职业教育社.黄炎培教育文集(第二卷)[M].北京:中国文史出版社,1994.
[2] 中华职业教育社.黄炎培教育文集(第三卷)[M].北京:中国文史出版社,1994.
[3] 中共中央马克思恩格斯列宁斯大林著作编译局.马克思恩格斯选集(第三卷)[M].北京:人民出版社,1995.

书谋事为耻""以读书做官为荣"。

黄炎培一贯主张"职业平等,无高下,无贵贱。苟有易于人群,皆是无上上品"。[1]即他认为只要是劳动,无论劳心还是劳力都应被尊重。再加上他受当时平民主义思潮影响,强调"世上最多数的平民;就是做一天人,干一天事。"[2]他认为职业教育需要将教育与生产劳动相结合。所以,他非常赞同"职业平等",也认可"职业神圣"。黄炎培在中华职教社的社歌中写道"先劳而后食是吾人群之天职",[3]极力讴歌劳动和劳动人民的光荣。在他看来,好高骛远、游手好闲的人是社会寄生虫;能够自食其力、依靠自己双手劳动的人是光荣的。黄炎培在对职业教育的态度上,坚持"尊重劳动"的原则,指出"作工自养,是人们最高尚最光明的生活"。在职业教育实践活动中,黄炎培贯彻"劳工神圣"的思想,当中华职业学校新生入学时,黄炎培规定让学生一律写誓约,内容是:"一、尊重劳动;二、遵守纪律;三、服务社会。"[4]此外,还规定了学生的校内值日、校外服务等工作。这都是为了培养学生推崇职业平等、尊重劳动的精神与品质,在改革传统教育基础上,开创了中国现代职业教育新模式。

(三)"金的人格"之教育

"金的人格"主要强调做人的修养,黄炎培借用"金"的光泽,来比喻职业人的人格精神,来表现对职业人的尊重,可见他对职业人的肯定。基于他对"人格必须完整"的认识,黄炎培发表了《青年修养的标准》计11条,重点强调了人的基本修养的四个方面:高尚纯洁的人格,博爱互助的精神,侠义勇敢的气概和刻苦耐劳的习惯。这实际涵盖了现代人社会化的全过程,在人的社会化过程中,职业教育促进了人的社会化,职业人完成了现代化。所以,黄炎培认为这是青年人应有的修养,这种"金的人格"是现代职业人、现代公民必须具备的品质。

黄炎培对职业学校学生的人格培养,还体现了浓厚的爱国主义精神。当他在四川演讲时,他号召在座的青年学生要"大家把人格建立起来",这种人格就是黄炎培认为的"做人最小限度",即"做一世清清白白、堂堂正正的人。"[5]进而,他引用孟子的话"富贵不能淫,贫贱不能移,威武不能屈"来解释做人要有一定原则底线,有些品质随着环境的变化也不能转变。特别是在"九一八"事变之后,黄炎培在演讲中多次强调"金的人格",号召

---

[1] 中华职业教育社.黄炎培教育文集(第二卷)[M].北京:中国文史出版社,1994.
[2] 同上。
[3] 同上。
[4] 同上。
[5] 中华职业教育社.黄炎培教育文集(第三卷)[M].北京:中国文史出版社,1994.

师生具有金子般的品位。这种金子般的品格即人人都为复兴国家而努力,人人都承担起"匹夫之则",成为有专长、体格好、人格好的国家有用之人。黄炎培在作"国难之中职业教育"演讲时,饱含着他对职业学校学生的殷切希望,特别是他提到了"商业为群"的服务宗旨,要有为工商业服务的人品,不要发战争横财,号召职校生发扬"责在人先、利居众后"的风尚。在这些演讲中,黄炎培强调了不管什么环境和条件,都要看重自己人格的养成,这都充满强烈的爱国主义情愫和高尚的人格力量。

三、实施途径：职业陶冶与学生自治

（一）学校的训练与陶冶

黄炎培强调职业训练,认为这是"职业学校所有事也"。[1]并且提出职业教育训练的方向,"除普通的道德训练外,须切合于是项职业社会所需要。"[2]黄炎培非常重视学校职业道德的培养与训练,主张学生在学校的实践活动中应加强实习训练,进行反复练习,逐渐形成良好的职业习惯,在各行业职业观的指导下,让自己的言行符合行业道德规范。他还主张,这种职业训练方法应在正确职业指导下,结合学生个人专业情况和学生的性格特长,再结合学生所习专业,到工厂、商店、银行、公司等进行实地训练。通过这些实习训练,提高了学生的职业认识,强化了学生的职业情感,形成了学生的职业规范,在职业道德行为中,无形中形成了职业道德理念。以中华职业学校为例,学校理念培养指通过学生上课、讲座形式,向学生传授职业道德方面的理论和做法,让学生明晰"什么是职业道德",在学生头脑中形成职业道德的概念。黄炎培本人也经常去中华职业学校做讲座,特别是抗日战争期间,黄炎培多次号召学生："人人从内心发出热烈的情绪,担当救国大任……"[3]他将职业教育作为调整人们相互关系的一种方法,认为要将职业学校的培养训练与社会需要结合起来。

此外,黄炎培还重视职业学校环境的陶冶。在中华职业学校中,黄炎培将"敬业乐群"的校训制作成校匾悬挂于学校,时刻提醒学生要热爱自己所从事的职业,要尽力做好自己的本职工作,在学生心目中培养一种信念,让学生对职业有信仰追求,并且具备为全社会做贡献的基本信仰。围绕"敬业乐群",号召学生具有高尚道德情操和群体合作互助的精神,具有"利居人后,责任人前"的服务精神和献身精神。这些都践行着黄炎培职业

---

[1] 中华职业教育社.黄炎培教育文集(第二卷)[M].北京：中国文史出版社,1994.
[2] 同上.
[3] 许汉三.黄炎培年谱[M].北京：文史资料出版社,1985.

道德思想,目的是让学生耳濡目染,不敢忘却。

(二) 教师言传身教的感化

黄炎培非常重视教师的感化教育和榜样示范作用。他认为教师应该以自身的人格力量感化学生,学生自然会受到潜移默化的影响,教师的身教重于言传,即教师的师德感化作用大于教师的说教作用。在从事教育工作之初,黄炎培就认识到教师的重要作用,专门作文《告教育界用人者》,指出"教育者,所以养成未来之人物,恃感化以为作用者也"。[1] 同时,他认为"一教员之影响足以及数百青年,一教官之影响足以及一方教育"。[2] 所以,黄炎培在办学过程中非常重视自己的榜样示范作用,他在任川沙小学堂校长时,兼以亲自授课,与学生一起晨练、徒步。

黄炎培在长期的教育实践中,总结出了经验:口头告诫,其效甚微;以身正人,事半功倍。学校要想培养学生"金的人格",教师应首先具备"金的人格",那么,职教师资重要性问题就凸显出来。1924年,黄炎培在《养成职业师资之一问题》中呼吁了职业教育师资培养问题。而且从中华职业学校发展史看,教师在学校发展中发挥了重要作用,绝大多数教师都很爱学生,与学生一起共同建校、共同值日,对工作也非常认真负责,成为当时中华职业学校的一大办学特色。在《河车记》中,黄炎培再次强调了以身作则,"凡事须从个人做起,……要人家不做,自己须不做,要人家做,自己先做。"[3] 这说明黄炎培重视教师的以身作则,不仅要求教师以身作则,他自己也很自律,率先垂范。

(三) 学生的自治与自省

黄炎培认为学生自治可以让学生学会自我管理、自我教育,通过提倡学生自治、学生在自我反省过程中,实现了自我道德修养的提高。1918年,黄炎培在《〈职业指导号〉的介绍语》中指出"我们在训练上绝对主张提倡自动自治"。[4] 明确表示支持学生实行自治,他提倡学生自动自治,认为实行"学生自治"是提升学生职业道德的有效教育方法之一,只有自治才能实现自立,自立是职业道德的起点,也是"敬业乐群"的第一步。所以,中华职业教育社设立了专门的自治部,还发行《学生自治号》专门用以指导学生自治工作。当时自治部的口号是:无论何事皆当做;无论何事皆当自己解决;无论何事何时须能为公众尽力;无论何时须遵守纪律,服从公理。黄炎培不仅提倡学生自治,还在中华职业学校

---

[1] 中华职业教育社.黄炎培教育文集(第一卷)[M].北京:中国文史出版社,1994.
[2] 同上.
[3] 中华职业教育社.黄炎培教育文集(第三卷)[M].北京:中国文史出版社,1994.
[4] 中华职业教育社.黄炎培教育文集(第二卷)[M].北京:中国文史出版社,1994.

践行学生自治,仿照美国都市制,假设了一个名称,叫"职业市",职业市各种组织皆由学生参加,实行自治管理,职业市的官员采用民选制,根据学生票选。黄炎培还经常勉励学生,定期评选模范村。所以,黄炎培在总结中华职业学校职业道德训练的经验时说:"自动自治的习惯养成以后,人人觉得我的职业里头有很大的世界,可以发挥我的思想,使用自动自治在职业教育上确有很大的价值。"[1]这不仅在学校教育中发挥了学生的主观能动性、激发了学生从业兴趣,还让学生有了切实的职业体验。

黄炎培提倡学生自治,不仅体现了他对学生的充分尊重、信任,还能看出他的现代民主教育思想的闪光点,反映了黄炎培对学生个体道德境界的更高追求。同时,黄炎培经常告诫青年学生学会自省,根据不同职业特点提出不同职业自省标准。例如,在《学商业的青年自省七条》中,对商科学生的职业道德规范有全面思考,认为商科学生首先要了解"商"的意义,还要做事"诚""勤",会合作、善决断等,可见他对学生职业道德修养的重视。通过提倡学生自治和职业自省,黄炎培旨在培养学生的"良善",而非仅满足于"艺徒教育";同时,这也激发了学生的主观能动性,让学生感受到自己不仅是自我的主人,还是职业的主人,具有职业的信仰,有利于学生树立正确的职业价值观和职业理想。

---

[1] 中华职业教育社.黄炎培教育文集(第二卷)[M].北京:中国文史出版社,1994.

黄炎培职业教育思想与实践的反思

全面深化职业教育改革,必须对职业教育有全面认识,反思黄炎培职业教育思想是一个很好的知往鉴来的切入点。黄炎培职业教育思想产生于20世纪初,在中国教育改革的第一次浪潮中,他较全面地研究了国内外职业教育理论,又开展过长期、大量的职业教育实践活动,形成了较为完善的职业教育理论体系。所以,研究黄炎培的职业教育思想与实践活动,可以温故而知新,借鉴过去,展望未来。那么,在分析评价黄炎培职业教育思想与实践时要"知变""明因",既要看到他的职业教育活动在当时社会产生的实际效用,又要阐释其职业教育思想所受时代、环境的种种影响。以史为鉴,才能在分析黄炎培职业教育思想与实践的同时,求得职业教育发展的规律性认识,将其认识作为应付现时及未来教育的指南针,从而为现代职业教育发展提供理论支撑与实践参考。

第一节 历史贡献

职业教育思想是黄炎培教育思想的主体部分,从某种意义上说,黄炎培职业教育思想就是他的教育思想,其主要贡献在于开启了全国对职业教育领域的关注,并引起当时政府重视,推动了人们教育理念的变革,并最终确立职业教育在中国学制上的地位。评判一个人的历史贡献,不能以现时的眼光审视,他给现代人提供了什么新价值,而在于他在当时提出了比同辈人更有意义的智慧。综观黄炎培的职业教育思想与实践活动,有着丰富的内涵和意义,他的职业教育思想蕴含着"教育"与"社会"、"教育"与"人的全面发展"、"教育"与"国家"、"教育"与"职业"等关系的理解,要清楚地看到黄炎培职业教育思想与实践活动的历史贡献,他推动了中国近代职业教育思想的启蒙,指导了中国近现代职业教育思潮,推进了职业教育在中国学制上的确立,也奠定了中国职业教育的发展方向。

一、推动近代职业教育思想启蒙

黄炎培职业教育思想与实践的意义,首先在于他推动了中国近代职业教育思想的启蒙。虽然"职业教育"一词不是他最早提出来的,但是将"职业教育"一词在社会上产生广泛影响、在学制上得以确立,黄炎培无疑是中国近代职业教育史上贡献最大的。"无论是把他誉为中国近代职业教育的倡导者,还是职业教育的奠基者,都是毫不过分的。"[1]所以,在20世纪上半叶,在中国教育改革第一次浪潮中,黄炎培职业教育思想对教育理念的变革,关于职业教育思想的启蒙显得尤为突出。

(一)推动"道器并重"教育观

在中国古代教育史上,儒家教育思想占有突出的地位。儒家教育思想是以道德教育为轴心,重点教人如何"做人",而对于如何"做事"教得不多;儒家教育思想重在"治国平天下"的大道,而少提"劳动价值论"的教育。所以,中国古代教育形成了"君子喻于义,小人喻于利""劳心者治人,劳力者治于人"这样一种重"道"轻"器"的人生价值传统。同样,在中国古代能接受教育的都是士大夫阶层,属于有闲阶层,他们不从事体力劳动,很难体会到劳动人民的疾苦,所以这种劳动教育一直处于边缘地位。虽然自1860年鸦片战争以后经历了洋务运动、维新变法,再到清末新政,都在教育改革方面下了很大功夫,都主张兴办实业学堂,进行实业教育。但是到了辛亥革命以后,社会上仍然法政教育盛行,黄炎培称此现象为"教育前途危险之现象",并在1913年专门撰文批判,指出"今之论中国者,莫不以民多分利、少生利为致贫弱之一大患。习法政者所为事业,分利事业也,其趋之也如彼;农工,生利事业也,其弃之也若此。"[2]于是,黄炎培及时从传统教育的"重道轻器"转变过来,开启了强调生利教育,强调农、工、商等职业的劳动教育,即"道器并重"的教育观念变革。

从社会思潮角度看,这与当时中国社会贫困的现状有很大关系。中国社会学家张东荪曾在《由内地旅行而得之又一教训》中写道:"却觉得救中国只有一条路,一言以蔽之,就是增加富力。而增加富力就是开发实业。因为中国的唯一病症就是贫乏,中国真穷到极点了。"[3]而英国哲学家罗素在来中国目睹了当时残破落后的现状后,也提出"中国除

---

[1] 田正平,周志毅.黄炎培教育思想研究[M].长春:辽宁教育出版社,1997.
[2] 田正平,李笑贤.黄炎培教育论著选[M].北京:人民教育出版社,1993.
[3] 蔡尚思.中国现代思想史资料简编[M].杭州:浙江人民出版社,1982.

了开发实业以外无以自立。"[1]在张东荪另一篇文章《现在与将来》中,他比较客观描述了中国当时的现状,也是当时知识界的共识:"先从现状来讲,有普遍的要素几点:(一)大多数人民无知识,和原始人类的状态所差未必甚大,我名这个为'无知病';(二)大多数人民困于生计,因本来物产不丰,加以连年天灾人祸,以致愈贫,我名这个为'贫乏病';(三)自民国以来,连年内乱,以致兵匪愈增多,我名这个为'兵匪病';(四)自前清以来,关税、外交完全失败,外国的国家主义与资本主义合而为一,以压倒中国,我名这个为'外力病'。"[2]可以看出,针对当时的社会现状,在社会改造方面,改造的对象变成大多数平民,开始了自下而上的社会改造;而在教育改造方面,也逐渐转向普及劳工大众的生产劳动教育。黄炎培在此时顺应时代趋势,在中国推行职业教育,将职业教育当作增加生产、繁荣经济的重要措施,把职业教育和社会经济建设、发展生产力紧密结合,是中国教育思想的重大进步。黄炎培受裴斯泰洛齐教育与生产劳动相结合思想的影响,而裴斯泰洛齐主要提出的就是"学习与手工劳动合一",提倡教育与职业训练相关联。黄炎培积极倡导将教育与生产劳动密切联系起来,高举职业教育大旗,批判传统教育与生产、生活相脱离,提倡以谋生为主要目的的生产劳动,提倡手脑结合的生产劳动教育。这一方面使学生获得谋生的本领,发展了学生的生存能力;另一方面促使学生成为"发展了的人"。

从黄炎培个人角度讲,他虽然出身书香门第,从小接受私塾教育,也参加过科举制中过举人,但是据黄炎培的回忆录记载:"我的父亲是知识分子。自己没有土地,并且没有房屋,终他的一生租住人家房屋的。"[3]另外,黄炎培的母亲虽然是地主家女儿,但是父亲不善理财,"个性是得钱即便,挥金如土",且好打抱不平,自己家境并不富足。而且,黄炎培少年时期遭遇比较坎坷,14岁母亲病故,17岁又丧父,一直寄宿在外祖父家,较早接触社会生活。他曾在回忆录中提到利用寒暑假时间,在叔叔的百货零售店里帮忙,能得一些临时工资。可见,黄炎培没有旧式文人身上的"酸秀才"气质,也不是鲁迅笔下的"孔乙己",宁愿穷困潦倒,也要长袍马褂,瞧不起短衫做工的劳力和农民。在短暂的南洋公学堂学习之后,黄炎培并没有选择继续追随恩师蔡元培去上海的爱国社读书,而是选择回到川沙县办学堂。虽然黄炎培称在当时国事危机、百姓沉睡,立志选择教育救国,"都是受着了'教育救国'新学说的影响。"但是,这或多或少与黄炎培的家境贫困,性格比较务实的特点有关。所以,黄炎培不仅没有旧时代文人鄙视生产劳动教育的陋习,反而对

---

[1] 蔡尚思.中国现代思想史资料简编[M].杭州:浙江人民出版社,1982.
[2] 同上.
[3] 黄炎培.八十年来[M].北京:文史资料出版社,1982.

劳动人民怀有深深的同情。他能在社会改造的大潮中，顺应时代要求，选择"教育与生产劳动"结合较紧密的职业教育，并且信念坚定，"吾敢断言，欧战终了以后，正职业教育大发展之时期也。"[1]可以说，黄炎培准确判断时代形势，适时提倡职业教育，将职业教育思潮推向高潮。这说明黄炎培的价值取向一直就是尊重劳动，主张教育要与生产劳动相结合的。

（二）推动"全面发展"教育观

职业教育从诞生之时即源于生产劳动，现代职业教育更是产生于工业革命带来生产方式和社会结构的变化之际，可以说，职业教育自始至今都与人们的生产劳动息息相关。黄炎培非常尊重劳动，重视"教育同生产劳动相结合"，但又并非将"教育同生产劳动相结合"理解为雅克·马里坦（Jacques Maritain，1882—1973）所说的"做一切"。黄炎培在提倡劳动教育时，还强调"健全的人格"，即人的全面发展。首先，表现在黄炎培对"劳工神圣"的态度。黄炎培对劳动精神极为尊重，真切赞同"劳工神圣"，他信奉"劳工神圣"，这是他对职业教育道德思想中"自尊人格"的正视，也是黄炎培对学生"自尊"品质的要求。"劳工神圣"的口号并非黄炎培所发明，最早在蔡元培的《劳工神圣》中专门谈过："我说的劳工，不但是金工、木工等，凡用自己的劳力做成有益他人的事业，不管他用的是体力还是脑力，都是劳工。所以农民是种植的工，商是转运的工，学校职员、著述家、发明家，是教育的工，我们都是劳工。我们要自己认识劳工的价值。劳工神圣！"[2]到了五四新文化运动以后，已经逐渐转化成"劳工神圣"的时代。黄炎培是将"劳工神圣"在教育实践活动中发扬得比较深入人心的一位，他没有将"劳工神圣"作为口号或是停留在纸面字义，而是将"劳工神圣"制作成匾悬挂于中华职业学校。在职业道德训练过程中，他坚持把职业平等、尊重劳动等作为道德规范，力图为新时代的"人的发展"扫清障碍，树立新的职业观、价值观和道德观。黄炎培认为职业道德教育应该树立正确的道德观、职业观，这在一定程度上又回答了"为什么教育"的问题。

其次，表现在黄炎培规定的学生职业道德培养内容。一是黄炎培精辟回答了职业教育要培养什么样的职业道德，将"敬业爱群"作为普遍的道德内容培养。涂尔干将"道德化"培养分为依靠权威和依靠培养普遍的道德意识，使人们尊重与自愿接受社会确定的界限。黄炎培在职业教育"道德化"过程中则主要是培养学生的普遍道德意识，使学生尊重与自愿接受这种道德。他细化了职业道德教育内容，规范完善了不同专业的职业道

---

[1] 田正平，李笑贤.黄炎培教育论著选[M].北京：人民教育出版社，1993.
[2] 蔡尚思.中国现代思想史资料简编[M].杭州：浙江人民出版社，1982.

德。二是将道德教育方法多样化,将理论联系实际。在教育实践活动中,他将"尊重劳动"当作一种信仰,随时随地融入学校教育生活中。同时,他将职业精神陶冶作为职业道德启蒙的教育方法之一。黄炎培认为"施之教育,使儿童于不知不觉中,养成为己治生、为群服务之兴趣与习惯,所谓职业陶冶是也"[1]。他将不注重养成学生自动的习惯和共同生活的修养的教育称为"器械的教育",号召职业学校的学生"应有极端的信仰"[2]。由此也可以看出黄炎培希望职业教育更应该是"人"的教育。

(三) 推动"平民主义"教育观

黄炎培说:"自平民主义兴,为普及教育于社会计,颇盛倡义务教育,此为最近之趋势。虽然义务教育而诚欲福利平民也,但是不可不藉职业教育以完成其目的矣。平民之所急者生计,苟输入文化而于彼所急曾无裨益,将奚以劝?"[3]前文已经提到并简单分析了五四前后出现"自下而上"社会改造方式的原因,这里将重点分析其对黄炎培职业教育思想的影响。黄炎培有丰富的教育实践活动经验,从1914年就开始通过大范围国内实地考察寻找教育改革的出路,对社会现状自然是非常了解,一方面是人民的生活贫困、受教育面的贫瘠,另一方面是学校教育与生活相脱节。有学者在评价康纳尔教授《20世纪世界教育史》时,曾指出19世纪以前,"全世界3/4的人根本没有受过教育!"在1900年,"全世界15岁以上的人,70%竟然是文盲,在不发达国家,这个数字竟达到95%!"[4]这一数据反映人民大众受教育程度亟待提高,教育的最大问题是"为最大多数人之最大教育"。而在中国确实文盲占90%以上,实际上,中国到了20世纪80年代初,文盲率还在80%以上,可见大众受教育程度亟待普及。辛亥革命的胜利,民初政治建设的失败,五四民主思潮的冲击,都使为中国寻找出路的知识分子的思想发生转变。这时候,杜威、罗素等人的社会改造理论也被引入,马克思主义思潮也在中国得到宣传,这些都为平民主义教育的大张旗鼓做好了铺垫。这一时期各个期刊竞相宣传,《新潮》《新教育》《平民主义》《国民》《大公报》等刊物不断涌现……所以,黄炎培在《提倡平民职业教育之商榷》中,论及职业教育时发展了对"平民主义"的认识。可见,五四运动以后,"平民"一词日益流行,几乎所有不想被认同为"保守派"的人都以使用这个词为时髦。[5]

实际上,黄炎培在对待"个人与社会"和"个人与集体"的关系时,均没有选择站在"个

---

[1] 田正平,李笑贤.黄炎培教育论著选[M].北京:人民教育出版社,1993.
[2] 同上.
[3] 中华职业教育社.黄炎培教育文集(第二卷)[M].北京:中国文史出版社,1994.
[4] 龙育群.20世纪世界教育史编读后记[J].教育评论,1993(5):79-80.
[5] 白冶钢."五四"时期民主思想中的民粹主义倾向[J].求实,2006(2):34.

人"立场,均选择将"个人"湮没在时代洪流中,这说明他认可群体心理学说,在群体心理学中,群体更准确地说应该就是民众,而中国的民众太需要进行教育改造了。再加上1919年杜威来华,将实用主义教育在中国推向高潮。杜威来华既是适应当时社会改造的需要,又是为人民大众的新民主主义教育指明了方向。杜威在论述平民主义教育时就开篇点出了平民主义与社会趋向的关系:"平民主义和教育很有密切的关系。因为教育事业须得和社会相联络,社会的趋向怎样,教育的趋向也要怎样。"[1]黄炎培善于接受新思想,也认可杜威"实用主义"教育的平民主义教育思想。所以黄炎培提出"一个国族的复兴,须有人从最高层用力,还须无数人从中层、下层用力。而彼此所用之力,须相应的。我呢?很愿意在中下层用力。因为愿站在高层者多,而高层需要人数反少,中下层需要反多。"[2]

在黄炎培的文章和演讲中经常会提到"生计",在《职业教育析疑》一文中,黄炎培说:"实业教育与职业教育,二者皆以解决生计问题为目的。"在《职业教育》中,阐述"实业益发达,而生计问题亦日以急迫,于是复有所谓职业教育。"这些都将职业教育与生计问题密切结合起来,从他举办的众多职业教育活动和职业学校来看,从学校的选址、科目的设置,到课程的增删、生源的选择,都力求使中下层人民及失业青年有机会获得一技之长。所以,他提出职业教育就是"为谋生"的教育,是为解决人们生计问题的教育。而这种对生计问题的重视最重要的推动力就是黄炎培早期自立、自强的生活经验,培养了黄炎培注重实际的性格特点。田正平教授在评价黄炎培职业教育思想特点时,曾概括为三点:自尊自立,择善而存;"离社会无教育",施何教育必察何社会;与时俱进,奋斗不息。这里的一、三点都与黄炎培的性格特点有关,说明黄炎培的个人性格就注定了黄炎培会选择这种"自下而上"的教育改造方式。到了20世纪20年代后,虽然黄炎培从理论上强调职业教育"为社会服务"功能,不再把解决就业与"饭碗"问题放在突出地位,但在实际工作中仍是以"平民"为中心。黄炎培在论及提倡职业教育并创立中华职业教育社时,曾经反复强调,顺应时代趋势,这都是黄炎培注重实际的性格使然。

二、扩大爱国主义教育思想影响

"我用一寸精神都为国,我过一寸光阴全为民",[3]黄炎培将此作为自己一生所从事职业教育事业的精神追求。同时,他还将"为国"与"为民"的两大理想作为对职业学校学

---

[1] 杜威讲述.平民主义与教育[M].邹恩润,译.福州:福建教育出版社,2016.
[2] 中华职业教育社.黄炎培教育文集(第三卷)[M].北京:中国文史出版社,1994.
[3] 田正平,李笑贤.黄炎培教育论著选[M].北京:人民教育出版社,1993.

生的精神鼓舞。在黄炎培的职业教育思想中,他将职业教育与救国强国紧密联系在一起,可以看出他思想中具有鲜明的爱国主义特色。黄炎培选择"职业教育救国",其思想核心是"救国",提倡职业教育根本还是想通过职业教育促进国家的独立富强。

(一)呼吁"家国情怀"

在中国,国家具有的精神共同体作用体现在"家国情怀",家庭和国家(政治)从未被明确分成两个互不相干的领域。中国将"家"与"国"二字经常连用为"家国"或"国家",意味着在中国人的潜意识中,国家是整合家族的政治实体。在中国传统社会"天下"和"国家"常常通用,而传统中国的"天下"在用于表达世界不同地区和国家时,具有鲜明的道德尊卑含义。自鸦片战争以后,一系列外国资本主义入侵,妄图将中国变成他们的殖民地,导致中华民族危机严重,"国家生死存亡"就成了悬在有识之士头上的"达摩克利斯之剑"。中国知识分子对待国家的态度发生转变,由"天下"到"民族"的转变,人们开始意识到,在这种社会组织结构中,政治文化和家庭生计的相互联系。甲午战争失败后,这种以天下为中心的优越感发生转变,但是传统社会将国家看作家庭放大的思想并未改变。实际上,在黄炎培"为国为民"精神内涵里也未改变。

黄炎培是具有家国情怀的知识分子,他的爱国主义情感体现在他处处舍小我,为大我。在黄炎培的"国家"观念里,可以直截了当地理解为国家是比个人重要的,即国家生活所构成的整个领域是个人生活的依据,只有先认清国家,才能做好个人;只有以国家活动为重,才容许个人生活本来的样子。黄炎培将这个"个人与国家"的关系通过"爱"来联系。黄炎培说道:"天赋我以知,更赋我以爱。有生而爱其身,爱其群,因生生相倚,而爱其家,爱其族,爱其国。"他已经将个人完全泯灭在国家中,这种爱又具有了道德上的意义。正如黑格尔在《历史哲学》里所言:"国家是现实存在的实现了的道德生活",人具有全部精神的现实性,都是通过国家才具有的。黄炎培在对待个人与国家关系时,始终选择为国家富强而自强不息。所以,黄炎培在其职业教育思想中,特别重视爱国主义教育。同时,黄炎培这种对"个人与国家"的关系认识,主要反映了他对"个人与集体"关系的认识,在黄炎培思想意识里,国家与社会并没有明确界限。所以,我们也可借用社会学视角来透析黄炎培关于为"国家"的教育思想。一般的社会学理论视角,将个人看作社会整体的一分子。涂尔干在《社会分工论》中,讨论了"个人与集体的关系",集中分析了个人如何构成社会、人与人如何达成社会共识等问题。这种"个人与集体的关系"构成了社会学中一对重要关系范畴。按照涂尔干关于社会团体的分析,有一种是机械团结,指在不发达的社会中,人与人之间差异较小,集体成员会有类似特质、情感、价值观等。那么,人与人之间的社会关系可以湮没人的个性,由于人与人之间没有分化,这样的社会呈现出高度一致性。可以看出,涂尔干集体意识、国家意识涵盖了个人意识的大部分,个人几乎完全在共同的救国支配下。

(二) 强调爱国之根本

黄炎培一直坚信"提倡爱国之根本在于职业教育",职业教育是"有利于中华的"。他一直致力于"教育救国",选择"职业教育救国",这实际反映了他对"教育与国家"的态度,即通过在社会上提倡普及职业教育,便是实现爱国之根本。梁启超认为学习西方文化经历了三个阶段,即器物学习、制度学习、文化学习,当时的人们将文化学习当作救国的主要方法。文化的学习则主要通过教育来完成,自推翻清政府、辛亥革命之后,国家和全社会对教育的认识也发生了转变。1912年,蔡元培在南京临时政府成立时,发表《对于教育方针之意见》,指出"教育有二大别:曰隶属于政治者;曰超轶乎政治者。专制时代(兼立宪而含专制性质言之),教育家循政府之方针,以标准教育,常为纯粹之隶属政治者。共和时代,教育家得立于人民之地位,以定标准,乃得有超轶政治之教育。"[1]这表明国家的教育方针已经发生转向,由科举制为政治服务到教育要为人民服务,这也是世界教育发展的方向,重视教育已达成共识。国内对教育的普及也越来越被人们接受,孙中山说:"民国人民受教育,是大家都要有平等机会的。"[2]他主张"多设学校,使天下无不学之人,无不学之地。"孙中山曾反复强调教育在国家建设中的地位和作用。指出"教育为立国要素"[3],"学者,国之本也,若不从速设法修旧起废,鼓舞而振兴之,何以育人才而培国脉。"[4]在民国初,从法律和制度上,保证了对贫苦儿童和劳苦大众教育的普及与实施,可见爱国主义的平民教育思想已经形成风气。

黄炎培敬告年轻人"'爱国不废求学,求学不忘爱国',真是至理名言。宜切记,宜实行。"[5]刚开始,黄炎培认为职业教育的出发点是"谋生",将解决就业问题放在首位。黄炎培著名的"使无业者有业,有业者乐业",充分体现了黄炎培对就业问题的重视。黄炎培多次讲过"办职业教育,须下决心为大多数平民谋幸福。""如果办职业教育而不知着眼在大多数平民身上……即办职业教育,亦无有是处。"[6]从他举办的众多职业教育活动

---

[1] 陈元晖.中国近代教育史资料汇编·教育思想[M].上海:上海教育出版社,2007.
[2] 胡汉民.总理全集[M].上海:上海书店,1990.
[3] 中山大学历史系孙中山研究室,等.孙中山全集(第一卷)[M].北京:中华书局,1981.
[4] 中山大学历史系孙中山研究室,等.孙中山全集(第二卷)[M].北京:中华书局,1981.
[5] 中华职业教育社.黄炎培教育文集(第二卷)[M].北京:中国文史出版社,1994.
[6] 同上。

和职业学校来看,从学校的选址、科目的设置,到课程的增删、生源的选择,都力求使中下层人民及失业青年有机会获得一技之长。他曾经把人的生活与需求看成是人类社会一切问题的中心,认为"求生"和"求群"是人类生活的根本需要。求生里的"生"是要适合人的生存发展的知能,而"群"是要爱群、爱家、爱国,教育的首要宗旨即使人学会生存。

黄炎培大职业教育主义观的提出,可以说其职业教育思想已经发生转向,他也逐渐转向社会政治活动,去寻找新的社会改造道路。1941年的《国讯》中,黄炎培将中华职业教育社的工作分为两个时期,前期是使教育努力配合社会为中心,后期是以努力使职业教育配合国家民族为中心。1949年,黄炎培发表《中华职业教育社奋斗三十二年发现的新生命》,在总结职业教育时再次强调这一使命。可见,强烈的爱国主义情感一直贯穿于他思想的始终,爱国主义是他思想的重要基础。

三、发展中国实用主义教育思想

(一)实用主义的发展

黄炎培的职业教育思想是由他的实用主义思想演变而来的,从中国近代教育史角度看,黄炎培提出学校采用实用主义本身就是对教育理论的一大贡献。自1906年教育宗旨中强调了"尚实",指出了尚实最可贵的是"能见诸实用",这标志着实用主义教育在中国发端。1912年蔡元培在《新教育意见》中又将实利教育作为教育的方针,针对新教育的不切实用问题,教育中开始广泛重视实用。黄炎培在这种情况下于1913年发表《学校采用实用主义之商榷》,在社会上引起广泛影响。首先,黄炎培针砭时弊,指出了近十年的实利实用教育没有摆脱传统教育的普遍原则,社会上私塾普遍存在,新学校与课程八股化,也就是新教育的"新瓶装旧酒"现象,黄炎培对此教育普遍问题进行了直面分析,酣畅淋漓。其次,黄炎培在其实用主义教育思想中,强调了学校教育与社会及实际生活的联系,有力推动了当时普通教育的改革。由于黄炎培实用主义思想的基本内涵是强调培养学生个人的生活能力、适应社会生产力发展的能力,这在此后相当长时间吸引了众多进步教育家关注,符合社会发展、社会变革对教育的诉求,推动了中国教育从传统教育向现代教育的过渡。最后,黄炎培提倡实用主义教育思想,还引介了西方新的教育与教学方法,如以实证主义为核心的科学方法,这指明了教育中教学规律的新研究方向,其指导思想深深根植于教育的社会功能,重新反思与认识教育的根本目的,一定程度改善和提高了普通教育的质量,既关注社会现实问题,又具有较强理论色彩。

黄炎培自1904年南洋公学堂回川沙县从事教育实践活动开始,其提倡的实用主义教育,所谓的"实用"就是于社会而言是实用、有用的,"人不能舍此家庭绝此社会"。黄炎培在《学校教育采用实用主义之商榷》中篇头是"教育界诸君子鉴之",虽说是商榷的口吻,可是无不反映了当时教育界及社会各界对教育的态度:教育脱离社会久矣。当时新教育与旧教育之争的焦点就是教育与社会的关系问题。蔡元培在1918年《新教育与旧教育之歧点》中提到了新教育三种主要类型:自然主义、实用主义和蒙台梭利儿童教育法。他在讲杜威实用主义时说:"杜威尝著《学校与普通生活》一书,力言学校教科与社会隔绝之害。"[1]黄炎培在此时提倡职业教育,正是实现了"教育"与"社会"的沟通问题,在以后从事职业教育活动中,更进一步提出了"职业教育机关唯一的生命是社会化"等命题。黄炎培认为职业教育是从社会角度培养人才,可以将正式教育与非正式教育结合起来,这也是后期黄炎培"大职业教育思想"思想的精髓。

后来,黄炎培发展了实用主义教育思想,进而提出了他的"大职业教育主义"思想。"大职业教育主义"的提出,是黄炎培对"教育与社会"关系认识的进一步思索。教育与社会的关系,是现代教育理论的原生命题,二者的关系本身就域界不明,那是因为人的存在、人的行为、人的改造都可归为"社会的"。亚里士多德认为,社会、国家都可以作为"政体"的理解,而在现代国家没有建立之前,社会切实没有界限,与文化等都是没有区别的。在20世纪上半叶的中国,人们对于社会的概念认识也是模糊的,含义较之前的"村民集会"或者"志同道合人组成的团体"宽泛,泛化为"人类生活在其中的各种组织的总称"。在这里,黄炎培对"教育与社会"关系的审视即黄炎培对学校教育与这个泛化的社会关系的认识。

(二)职业教育社会改造功能

职业教育的社会改造功能反映了"教育与社会"的关系,可以将职业教育与社会之间的互动,从宏观和微观层面理解黄炎培职业教育思想。一是在宏观层面,职业教育属于社会大系统的构成要素之一,在这个大系统内需要各个要素协调发展,才能发挥最大效能,实现社会系统的整体功能,发挥职业教育的社会功能。那么,职业教育真正生长的土壤是社会,黄炎培深刻洞悉了职业教育与社会关系的重要性。于是,黄炎培注重职业教育与社会整体之间的关系,并对职业教育与经济、职业教育与政治的关系都予以重视。黄炎培说:"就吾最近几年间的经验,用吾最近几个月的思考,觉得职业学校有最要紧的一点,譬如人身中的灵魂,'得之则生,弗得则死'。这是什么东西呢?从其本质说来,就

---

[1] 陈元晖.中国近代教育史资料汇编·教育思想[M].上海:上海教育出版社,2007.

是社会性;从作用来说,就是社会化。"[1]从宏观上研究教育与社会、教育与经济的整体关系,这是黄炎培始终关心的一个问题。黄炎培在很长时期内是一位"教育救国论"的信奉者;但他与当时许多教育家不同,他更多将教育与社会联系起来,把教育问题作为一个社会问题思考,希望教育实现改造社会的功能。

二是在微观层面,黄炎培认为"学校本宜为社会之中心,诸君子力求与社会接近,使学校为本区职业教育之中心机关"[2],并且在研究职业教育时,注意职业教育与区域社会之间的功能性及学校内部的宏观关系。他主张在沿海一带职业学校设置商科,在农业发达地区学校设置农科;他注意到了地区、农村、行业和特殊职业教育的关系。虽然职业教育具有自身特色,但是职业教育又离不开社会和特定区域经济、政治、文化等因素的制约。黄炎培注意到职业教育与普通教育和高等教育相比,与社会经济、科技、生活联系更为紧密。无论是从宏观层面还是微观层面,都可以看出黄炎培重视"教育与社会"之间的相辅相成,黄炎培从没有将二者的关系对立起来,而是通过职业教育将教育与宏观社会与微观层面区域社会紧密联系起来。

四、引领中国近代职业教育思潮

教育家的社会影响,归根皆底是由教育家的思想主张是否适应和满足社会要求而决定的。黄炎培职业教育思想的实践意义大于理论价值,可以说,他的职业教育思想贯穿了整个 20 世纪 20 年代的中国职业教育思潮,指导了中华职教社和中华职业学校的职业教育实践活动。

(一)促成中华职教社成立,发挥教育学术团体作用

中华职业教育社可以说是近代职业教育思潮总的指导机关,它由黄炎培联合全国教育界、实业界等知名人士发起成立,其发展壮大集中体现了黄炎培职业教育思想的发轫、发展。自始至终,黄炎培职业教育思想的孕育成熟与中华职教社的成立发展密不可分,可以说"没有黄炎培,就没有职教社;没有职教社,就没有黄炎培。"[3]中国 20 世纪二三十年代社团活动兴盛,黄炎培创设的中华职业教育社也展现出惊人的能量。黄炎培最初创办中华职教社的目的就是以开放的视野研究国外职业教育发展的相关理念、制度

---

[1] 中华职业教育社.黄炎培教育文集(第二卷)[M].北京:中国文史出版社,1994.
[2] 中华职业教育社.黄炎培教育文集(第二卷)[M].北京:中国文史出版社,1994.
[3] 陈科美.上海近代教育史[M].上海:上海教育出版社,2003.

等。于是,黄炎培还积极筹办《教育与职业》杂志,介绍世界各国职业教育发展情况。

在以中华职教社为首的社团活动的推动下,当时国内的职业教育机构数从1918年的531个增加到1925年的1666个。[1]中华职教社的社员规模也有相当数量增长大发展,在1917年初,中华职教社初期,社员人数为786人,到1925年,已增至6758人。[2]与此同时,中华职教社的组织机构与工作内容也日益完备,为社团组织结构的完备积攒了经验。全国各地纷纷建立职教社团,黄炎培职业教育社团活动的主要范围在上海,在1917—1927年的十年间,上海新组织的教育团体有20多个,与黄炎培有关的职业教育团体就有1917年5月6日"中华职业教育社"、1918年中华新教育共进社"新教育共进社"、1919年"国民教育促进社"、1920年"江苏、浙江两省中等以上学校联合会"、1926年"上海市各学校职业指导联合会"。[3]窥其一斑,黄炎培通过社团推动职业教育发展起到了积极作用。中华职业教育社从成立到不断发展壮大的过程,也是不断实践、检验黄炎培职业教育思想的过程。在黄炎培的不懈努力和大力倡导下,中国职业教育在1917—1925年,可谓进入了职业教育发展的黄金时期。

(二)指导中华职业学校,推动职业学校建设

中华职业学校践行黄炎培职业教育思想的第一个实验基地,黄炎培根据中国当时现状,又将旅美期间对职业学校学习年限、学科设置、教学方法等考察内容付诸实践。学校开办后,中华职业学校的校训是"敬业乐群",集中反映了黄炎培职业道德思想;学科设置根据因地制宜原则,黄炎培专门组织人对学校附近居民从业情况进行调查,起初主要设置了铁工和木工,后来又根据社会需求增加纽扣、珐琅;学校的筹建渠道及办学方针是"社会化"和"科学化",也都符合黄炎培办学思路;学校十分重视实习和实地参观等教学形式,一直秉承黄炎培的"手脑并用""做学合一"的教学理念,等等。在黄炎培的不懈努力下,中华职业学校从1918年到1927年得到长足发展,入学人数由84人到400余人,毕业生涉及木工科、铁工科、机械科、商科、染织科等,[4]并且形成了职业学校的办学特色。

中华职教社每年都在《教育与职业》统计职业教育发展情况,对社会公布职业教育学校、学生的数量,以此引起社会各界对职业教育的关注和重视。1917年全国职业学校为406所,到了1925年激增为1006所(表7-1)。

---

[1] 孙祖基.十年来之中国职业教育[J].教育与职业,1927(85).
[2] 江恒源.十六年来之中华职业教育社[J].教育与职业,1933(146).
[3] 陈科美.上海近代教育史[M].上海:上海教育出版社,2003.
[4] 谢长法.教育家黄炎培研究 总序[M].济南:山东人民出版社,2016.

表 7-1　1917—1925 年全国职业学校概况[1]

年份	职业学校数量/所
1917	406
1918	528
1921	701
1922	603
1925	1006

可以看出,职业学校数量在这一时期有长足发展,实际上,职业学校种类也都有所丰富。1921 年,在全国 842 所职业学校中,涉及农工商等各职业学科,还包括慈善性质的职业学校和职业补习学校,"如上海通问学塾、武汉补习学校,桂林中华补习学校、昆明职业补习学校、西昌补习学校等 49 所。"[2]到了 1925 年,全国职业教育机关种类增多,以 1926 年职业教育机关种类的调查为例,职业分类已经比较全面(表 7-2)。

表 7-2　至 1926 年 5 月,全国职业学校种类表[3]

校别	专教农工商家事	职业传习所及讲习所	中学附设职业科	小学附设职业预备科	大学及专门设职业专修科	职业补习学校及补习科	职业教育养成机关	实业机关附设职业学校	慈善或感化性质之职业教育机关	军队附设之职业教育机关	总计
数量	846	196	57	37	113	99	8	24	132	6	1518

此外,在职业学校办学方面,也取得了一些经验,使职业教育在当时的社会影响达到前所未有的高潮。一是办学筹资渠道拓宽,中华职业学校由社会募捐资金建成,社员缴费、缴费公布会费情况;发展社会各界社员,包括南洋华侨募捐形式等,打破了清末实业学堂单一的公办性质,发展起了一批私立性质职业院校。二是黄炎培通过全国各地调查走访,特别是 20 世纪 20 年代中后期,将职业教育发展方向转到农村职业教育,初步改变了职业教育机构集中在沿海工商业的结构布局。黄炎培受平民主义思潮影响,将职业教育当作平民大众的教育,不仅在工商城市发展工科、染织类、金融类职业教育学科,也在

---

[1] 璩鑫圭,童富勇,张守智.中国近代教育史资料汇编·实业教育·师范教育[M].上海:上海教育出版社,1994.
[2] 中国现代教育家传编委会.中国现代教育家传[M].长沙:湖南人民出版社,1986.
[3] 舒新城.舒新城近代中国教育思想史[M].长春:吉林人民出版社,2012.

中国较偏远的内地,发展农科、职业补习教育等。所以,职业教育范围得以扩大,不仅山西、湖南、四川等内地,职业学校数量有相当发展;他还远至黑龙江、云南、广西等宣传发展职业教育,确实促进了职业教育机构规模的发展。

总之,在教育实践方面,黄炎培着力于推进职业教育为中心的社会改造方案,建立起职业训练、职业指导等一体的教育体系。黄炎培的职业教育思想是中华职教社宗旨的体现:"推广职业教育、改良职业教育、改良普通教育,为适于职业之准备"。黄炎培创办中华职业学校作为试验基地,后又创办中华工商专科学校、中华职业补习学校、比乐中学等学校,都是立足于教育改革的前沿,他陆续设立了职业指导委员会、职业指导所,开展职业指导活动。此外,黄炎培领导中华职教社还举办多种类型的职业补习学校、自制职业心理测试仪器等,其中有些活动在国外也是刚刚起步、带有试验性质,但是黄炎培就紧跟时代步伐、积极尝试。黄炎培不守旧,易于接受新事物,主张学习欧美日本各国新的想法,组织编译出版国外有关职业教育的专著,采取与国外专家学者和我国留学生保持经常联系等,始终瞄准国外职业教育发展的新方向。同时,黄炎培在从事职业教育各种活动中,还结合中国具体实际情况,因而使中华职业教育社所开展的职业教育活动逐步形成了自己的特色。

第二节 时代特性

马克思指出,要防止情绪支配自己,要全面地评价历史人物的功与过。一个时代有一个时代的思想,任何思想的产生都受其时代影响,教育思想也是时代的意识形态。黄炎培职业教育思想由于所处时代外界环境,加之当时的理论发展阶段所限,也会有时代性和其相对局限性。

一、"职教救国"理想化

黄炎培职业教育思想主要形成发展期是在20世纪上半叶,但在这半个世纪,中国经历了清朝末期、民国北洋军阀统治时期、南京国民政府时期,这一时期发生了两次世界大战、中国国内经历了军阀混战、抗日民族战争和国内战争,可谓战火纷争。所有这些都集中在尖锐的民族矛盾问题上,"救亡图存"成为这一时代的主题。正如李泽厚总结的:"每个时代都有它自己中心的一环,都有这种为时代所规定的特色所在。……在近代中国,这一环就是关于社会政治问题的讨论:燃眉之急的中国近代紧张的民族矛盾和阶级斗争……把注意和力量都集中投放在当前急迫的社会政治问题的研究讨论和实践活动中。"[1]这个时期,黄炎培寄希望于发展职业教育,引导中国走上富强民主的道路,认为"职业教育是救国的上策。发达职业教育是我们唯一的目的"[2],这本身就是理想化的。黄炎培认为职业教育可以"消弭工潮,调和劳资",只是看到了职业教育可以一定程度满足社会的用工需求,解决社会上急需人才和无人可用的突出矛盾问题;但是黄炎培没有明确指明职业教育发展的内在规律与深层逻辑,世界上任何一个国家职业教育的兴盛发达,都离不开经济社会发展的内在需要。

一般来讲,以需求为动力的职业教育能满足市场需要,经济社会发展将人才需求反映到劳动力市场,劳动力市场再将这种需求信号反映到教育要尽快培养社会所用之人,然后职业学校通过供应劳动力市场所需要的人才来促进经济社会的发展。而黄炎培在中国发展职业教育的动力是"救国",他试图用职业教育来解决中国的社会问题,在中华职教社章程中开宗明义:"鉴于方今吾国最重要最苦难的问题,无过于生计,根本解决唯有教育与职业"[3],提出"有教育而无职业,则生产减少,反之则生产增加。"[4]将生产与生产力关系归结为教育与职业的关系,这颠倒了教育与经济的关系,甚至连社会失业现象也归之于教育问题。这些企图通过教育来根本改变中国面貌的幻想,也只能当作一种口号。实践证明,这过分夸大了职业教育的社会功能,在当时社会条件下寸步难行。

实际上,"教育救国"是科学功利主义的产物,对于当时中国社会内忧外患而言,无法解决中国现实问题。同样,职业教育发展是社会外部环境与内在因素共同作用的结果,职业教育发展与经济社会密切相关。职业教育产生于"工业革命"的机器化大生产时代,是资本主义社会发展到一定阶段的产物。黄炎培只看到了美国职业教育发达的繁荣景象,果断在中国大力发展职业教育,但是没有看到两国的国情和文化传统观念不同;虽然研究者多认为日本与中国国情相同,可是在20世纪初,日本已经过渡到垄断资本主义阶段,产业急速发展促使了职业教育的改革发展。而在中国这样一个地广人多、历史悠久、文化积淀深厚的国家,现代教育的发生发展必然包含着现代教育中国化与传统教育现代化两个方面,两个方面既不可或缺,又是相互扭结交织在一起的,一显一隐,前者显而得到重视,后者隐而易被忽视。那么,在当时中国社会,教育的现代化过程注定漫长,而职

---

[1] 李泽厚.中国近代思想史论·后记[M].北京:生活·读书·新知三联书店,2009.
[2] 中华职业教育社.黄炎培教育文集(第二卷)[M].北京:中国文史出版社,1994.
[3] 璩鑫圭,童富勇,张守智.中国近代教育史资料汇编·实业教育·师范教育[M].上海:上海教育出版社,1994.
[4] 中华职业教育社.黄炎培教育文集(第二卷)[M].北京:中国文史出版社,1994.

业教育的发展和职业观念的认知方式,也注定发展缓慢。

二、思想产生的哲学基础

黄炎培职业教育思想形成的主要来源是他的教育考察经历与职业教育实践活动,他的职业教育思想主要集中在职业教育认识论和教学论方面,主要是关于国外职业教育理论的介绍和职业教育实践活动的试验、探索,较多停留在感性认识,缺乏理性思辨,没有达到感性认识和理性认识的统一。在黄炎培的演讲著说中,如《考察本国教育笔记》《游美随笔》《美国教育状况纪要》《新大陆之教育》……可以发现其思想观点多停留于"就事论事"层面,以介绍国外职业教育见闻、职业教育办学方式为主;再或是职业教育计划、职业学校方案设计,如《江苏职业教育计划案》《上海职业学校计划书》;或是职业教育现状的简单描述,或是对职业教育的感受、心得、感想、建议。虽然黄炎培职业教育思想中闪烁着很多职业教育博大精深的智慧,至今对职业教育发展仍有重要的启示,但还是缺乏教育体系理论深度,缺乏科学有力的逻辑,表现出哲学深度不足。若能够围绕职业教育本体论、认识论、价值观等根本哲学层面问题进行阐明与澄清,将会明显改观,如裴斯泰洛齐的"劳动学校"理论、杜威的"实用主义教育"哲学具有很强的"思想性"。

涂尔干说过,"如果一套中等教育体系的设计宗旨只是要为一些具体的工作,比方说商业或工业,提供一种专门化的培训,那么这种教育体系的整个理念根本上就是相互脱节的。"[1]首先,职业教育的出发点是什么？这关系着职业教育发展的根本之所在。黄炎培在研究职业教育根本出发点时,是基于对传统教育弊端的批判,通过揭示"教育者"与"受教育者"关系来揭示职业教育发展的内在规律,这在一定程度上能揭示职业教育的本质特征,但职业教育本质并不等同于职业教育本体,并不能为职业教育存在提供普遍性基础。其次,黄炎培又将二者的关系与当时"救亡图存"的时代要求联系起来,没有真正阐释清楚职业教育本体到底是什么。职业教育本体应该具有终极性、永恒性和超越性,它应该代表职业教育存在的"本真状态",指向某个终极目的。黄炎培这里讨论了职业教育的现实目的,对职业教育的目的认识经历了一个发展阶段,从刚开始旨在"为谋生",后来发展为"为社会""为国家",又加入了"为个性",他在提倡职业教育之初,并没有明确阐释到职业教育的终极目的是"人",而是主要将"谋生"当作实现现实功利性的"手段"或者"工具"。同时,职业教育本体还应该蕴含自身内部一些稳定的历史特征,这种历史特征是超越一定时代局限的。此外,黄炎培研究的视野主要投向美国、日本当时职业

---

[1] 爱弥尔·涂尔干.教育思想的演进[M].李康,译.渠东,校.上海:上海人民出版社,2006.

教育的现状考察,仅限于职业教育现实框架的搭建和现实状况的学习。从当今职业教育发展历程来分析,需要后人进一步将研究视角投向广阔的职业教育史,在历史纵向上缺乏对不同社会职业教育发展、不同社会职业文化的把握,这也是发展其现实需要的职业教育思想。

三、"工匠精神"的追问

从技术哲学视角看,"工匠"是黑格尔哲学"绝对精神"自我发展、自我认识的重要一环。黑格尔认为在工匠的行为中,有"绝对精神"的体现,因为这个"精神就表现为工匠"[1],通过工匠的行为使自己的劳动得以客观化、具象化。但是工匠在精神的支配下从事制造人工制品时,其"行为乃是一种本能式的劳动,就像蜜蜂构筑它们的蜂房那样"[2],还没有自我意识,并不能真正知道作品表现形式本身真正的意义是什么,这正如蜜蜂的"劳动"一样,它不清楚"劳动"对于它本身和世界的价值。黄炎培职业教育思想中,更多的是对职业教育"为谋生"社会功能的推崇,对技术学问的研究深度不足,而技术在机器体系的社会中,将成为社会变化发展的重要动因。所以,"要理解现代职业教育的本质,必须理解现代技术。"[3]作为与人共存的方式,关于技术哲学的追问将成为职业教育哲学思考的现实背景,但黄炎培职业教育思想中对技术哲学思考并未体现,这也导致黄炎培职业教育思想技术文化的片面性,缺乏对现代职业教育本质的深刻认识。

黄炎培职业教育思想旨在达到学生"谋生"的技能需要,正如黑格尔所指出,由于这种单纯的理智形式,它并不能表现形式本身很正的意义,它不是精神的主体或自我,仅是机械地完成的一些模式,这样就可能产生技术和人的意愿的分离。培养出的学生只知道按照抽象的规范活动,创造出那些没有生命的死的作品,他们其实并不知道人工制品的真正意义是什么,如果不把精神的意义投射给作品,作品就不会领会形式的意义,只有靠外在意义的附加阐释,才有可能获得接受。所以,黑格尔说:"作为工匠的精神是从自在存在(这是工匠所加工的材料)与自为存在(这属于工匠的自我意识方面)的分离出发,而这种分离在它的作品里得到客观化。"[4]可以看出,在黄炎培职业教育思想中,强调职业教育现实劳动的社会价值多于现实生活中劳动对个人自我发展的意义。即使后来黄炎培也强调职业教育"谋个性之发展",可在动荡不安、民不聊生的国内环境中,基本的生存

---

[1] 黑格尔.精神现象学[M].贺麟,等译.北京:商务印书馆,1997.
[2] 同上.
[3] 徐国庆.职业教育原理[M].上海:上海教育出版社,2007.
[4] 黑格尔.精神现象学[M].贺麟,等译.北京:商务印书馆,1997.

需要显得更为迫切。

四、职业教育范式研究局限性

课程是一个动态的社会现象，社会重大变革、地方经济特色都会带来课程的变化。在清末民初或者国难之时，黄炎培将职业教育提到了一个"教育救国""救亡图存"的关乎国计民生的高度，在课程中是如何体现的呢？课程直接关系到"教什么"的问题，黄炎培却并没深入研究，只是征集，没有对职业教育课程的深入研究。对待职业教育应避免两种偏颇：一是为建立正规化、制度化的教育体制，培养专业人才，克服非正规化教育的游击习气，矫枉过正，看不到其富含的灵活性、劳动技术教育及密切联系社会实践的传统；二是不懂得、不重视课程的价值，以传统的农业经济为基础和浓重的战争色彩为背景，将劳动、技术教育视为学生未来的谋生手段或者群众运动、政治运动的形式和手段之一。

黄炎培职业教育思想中关于职业教育课程建设动力不足，主要原因是 1922 年 11 月，"学校系统改革令"公布实施后，虽然会议讨论起草修订，但始终未能正式提出。1924 年，由于当时国民革命军已起兵两广，国内政局正酝酿着激烈的变化，职业科课程也被搁置下来，在经济、社会不发达及城乡二元结构下，中小学往往有技术教育，而少职业教育，更少职业指导，仅有的技术教育重在传授简单的农业生产技术、缺乏范式。但以中华职业学校为代表的各地职业学校，各科在课程设置方面进行了试验与摸索，无论课程设置还是教材建设都取得了一定经验。

黄炎培职业教育思想与实践的当代启示

黄炎培毕生主要致力于在中国推行、发展职业教育,领导了中国近现代职业教育思潮,并努力为职业教育在学制上的发展争取一席之位,以唤醒社会大众对职业教育的重视。限于当时抗日救亡和国内战乱的时代背景,黄炎培曾将工作重心投向社会政治运动,但是他对职业教育事业一直充满感情。今天,中国社会制度发生了根本变化,工业经济等也发展到一定程度。在此形势下,通过回顾黄炎培职业教育实践活动的经验与教训,反思黄炎培职业教育思想的合理性与局限性,从中获得以下启示。

第一节　继续突出职业教育是强国之根基

当前,习近平总书记强调"建设教育强国,是全面建成社会主义现代化强国的战略先导","培养什么人"和"为谁培养人"成为教育的根本问题。黄炎培一直坚信"提倡爱国之根本在于职业教育",职业教育是"有利于中华的",一直致力于"教育救国",选择"职业教育救国",这实际反映了他对"教育与国家"的态度,即通过在社会上提倡普及职业教育,服务劳苦大众,便是实现爱国之根本。

一、深化职业教育社会属性和普及性

职业教育既是社会发展需要,也是个人发展需要,还是面向人人的教育。黄炎培既强调了职业教育促进"国家生产力之需要"的社会本位观,又看到了职业教育为"谋个性之发展"的个人本位观,由此,黄炎培提出了职业教育是"爱国之根本",实际是为了表达职业教育对于国家发展的重要意义。但是,长久以来,职业教育一直处于国民教育边缘

的地位，被认为是"次等教育"。可以说，传统观念对职业教育的鄙夷是一种全球性的普遍现象，即便欧美职业教育发达国家，也大都经历过职业教育与传统观念的艰难博弈。在英国，由于历史上形成的对公学和古典大学人文教育传统的尊崇，在相当长历史时期，人们对职业教育总是持怀疑的态度，把职业教育视作专为社会底层子弟提供劣质教育的"次等教育"；德、法、美等国的职业教育也是迫于工业革命兴起之后，为满足面向群众普及知识及技术教育的需要，日益觉醒的工人阶级组织了工人运动，发端于"劳动学校""技工讲习所""徒工训练学校"等教育机构。但是在当时，这些职业教育机构在很长时间内无法与传统的正统学校相提并论。在中国，职业教育始于19世纪60年代的洋务运动，但是传统"重学轻术"的观念导致了科举制被取消后，人们仍热衷于"学而优则仕"的官文化，直到1922年，在黄炎培等人不断努力下，才确立职业教育在中国学制上的地位。一方面，黄炎培在当时中国社会第一次明确提出大力发展职业教育的口号，将教育和工作结合起来，并始终坚定推行职业教育在中国的发展，颠覆了传统教育思想；另一方面，黄炎培也认识到教育为国家富强服务的必经之路是要发展职业教育，国家富强是中国人民的迫切愿望。

现阶段，国家强调职业教育与普通教育具有同等重要地位。在《国家职业教育改革实施方案》和新修订的《中华人民共和国职业教育法》中都多次强调职业教育与普通教育具有同等重要的地位。但是，现阶段职业教育求发展的现实困境不容乐观，中国古代社会士农工商"四民"职业分类价值取向的深入人心，职业教育本身就处在教育边缘地位；现有"先本后专"的招生录取制度，造成大多职业院校从生源上就被分为高低两个层次，高等教育扩招后更是对职业教育招生造成巨大冲击等。可以说，现在职业教育的"应然"和"实然"冲突依旧存在，需要进一步认识到职业教育在社会发展过程中的重要性。

那么，从"社会本位"角度看，黄炎培职业教育思想中认为职业教育是"爱国之根本"。在今天，可以发展为继续转变传统观念，以高度的热忱和努力去重视职业教育、发展职业教育、宣传职业教育。首先，尊重劳动教育、积极倡导职业教育。这种"尊重"建立在引导人们积极生活的意义和价值基础之上，将其作为人们心中"拥有完满生活"的一个重要尺度；呼吁国家将职业教育等同于普通教育，提高职业教育地位。其次，要正视升学文化，尊重中国升学考试文化现状，化压力为动力，对待职业教育认识不能厚此薄彼，既要加强职业教育中的基础教育，又要强化教育实践实习活动。这样，在社会经济结构的转型期，提高职业教育自身的质量，才能赢得社会民众普遍认可和尊重。从"个人本位"角度看，职业教育在通过技能素养提高，满足个人基本生存需要之外，才能在个性上促进学生有更好的发展,提升生命的质量。

二、增强职业教育发展的适度超前性

职业教育与社会经济发展联系最直接、最紧密。马克思主义学说中认为"不是人们的意识决定人们的存在,相反,是人们的社会存在决定人们的意识"。[1]这说明马克思将物质生产力作为人类社会向前发展的决定性因素。同样,人的素质是社会经济发展的重要因素,可以提高劳动生产率,从而促进社会经济的发展,这就决定了职业教育与经济发展的相互促进、相互制约。并且,优先发展教育、优先发展职业教育,通过职业教育促进社会经济发展的功能,来支撑经济的快速发展,这也是20世纪世界经济发展的主要经验。联合国教科文组织指出:"教育在全世界的发展正倾向先于经济的发展"[2],即经济要发展,教育要先行。那么,中国作为人口大国、制造业大国,职业教育的发展又显得更为重要。

但是,教育的先行发展要适度,不能完全超前。联合国教科文组织也认为"教育的发展一般是在经济增长之后发生的。"[3]这同样适用于职业教育的发展,黄炎培在中国20世纪20年代,提倡大力发展职业教育,与第一次世界大战后中国民族资本主义的短暂发展有直接关系,民族资本主义经济发展迫切需要职业教育为其提供工厂劳动的技术工人。实践证明,到了20世纪30年代,中国职业教育思潮逐渐消退,这也与当时中国社会战乱、经济颓败有关,战争导致经济发展基本的社会环境遭到破坏,工厂倒闭、工人流离失所,人们的基本生存问题不能保证,经济也无从发展。相反,职业教育过度超前,也不一定能促进社会经济的发展,如20世纪90年代,青岛平度职教中心率先走出国门,开展中德"双元制"职业教育项目合作,经过了二十多年的探索,才得以长足发展,这实际上与21世纪后,中国经济的迅速发展有直接关系。此外,黄炎培在中国发展职业教育,是由城市职业教育向农村职业教育转变,而国外职业教育发展主要是工业革命之后的工业职业教育的发展。这又可以说明,职业教育发展不能脱离现实经济发展的需要,如果职业教育脱离一定生产力发展条件,也不能促进经济的发展。

---

[1] 苏联教育科学院.马克思恩格斯论教育[M].北京:人民教育出版社,1986.

[2] 联合国教科文组织国际教育发展委员会.学会生存:教育世界的今天和明天[M].北京:教育科学出版社,1996.

[3] 同上。

三、强化职业教育服务国家的功能性

　　黄炎培是"教育救国"论的信奉者,认为发展职业教育能够富国强民,达到救亡图存的目标。实际上,这种"职业教育强国"思想既强调了职业教育承载的经济功能,又强调了职业教育承载的政治功能,对于当今中国社会发展仍具有指导意义。20世纪初,黄炎培将发展职业教育看作是"时势之要求""盖自欧洲18世纪工业革命以来,乃有所谓实业教育,至挽近实业益发达,而生计问题亦日益急迫,于是复有所谓职业教育"。[1]他看到了现代职业教育发展与工业革命之间的关系,认为职业教育发展是发达国家国力强盛的原因。美国考察时期,黄炎培将职业教育作为救国、富国的重要途径,认为职业教育可以解决个人生存问题。在黄炎培眼里,职业教育是为了个人谋生活和社会谋发展,对个人生存、促进社会发展具有重要意义。黄炎培不仅在各地会议演讲、在著文立说中积极宣传职业教育的重要性,启发人们转变职业教育是"啖饭"教育的观念、重视职业教育在现代国家发展中所发挥的作用。

　　中国近代职业教育发展一直贯穿着救国、振兴民族和强国的价值取向,经济功能是基础,政治功能是特色。改革开放以来,特别是进入新世纪,中国作为人口大国、制造业大国在经济发展方面取得了斐然成绩,也面临着经济转型的严峻挑战,建立世界最大的职业教育体系框架,成为现代职业教育发展的重要标志。自2005年,国务院《关于大力发展职业教育的决定》始,政府对于职业教育的重视程度进入一个新的历史阶段,从职教大国迈向职教强国,成为新时期职业教育的发展方向。此后,不仅国务院发布了一系列大力发展职业教育的政策决定,各地各级政府也承担起推动职业教育发展的重任,从中可以看出,国家对职业教育从战略意义上的重视,已经落实到在战术上对职业教育具体目标进行一系列的配套上,为全社会尊重职业教育创造了有利条件,从而也实现了中国职业教育的全面深化改革、促进职业教育健康、快速、可持续发展。2014年,习近平总书记更是关于职业教育做出了重要批示:"把加快发展现代职业教育摆在更加突出的位置",认为职业教育可以为中华民族的伟大复兴提供坚实的人才基础。党的十八大以来,中共中央、国务院接连颁布了一系列大力发展职业教育的政策文件,各地各级政府承担起推动省域职业教育发展重任。可以看出,国家从战略上重视职业教育发展和战术上落实职业教育具体目标,为全社会尊重职业教育创造了有利条件。习近平总书记指出"职业教育前途广阔、大有可为",真正把加快发展现代职业教育摆在更加突出的位置。可以

---

[1] 中华职业教育社.黄炎培教育文集(第一卷)[M].北京:中国文史出版社,1994.

说,黄炎培这种"职业教育强国"思想,对于现阶段中国社会的发展依然具有指导意义。

第二节 "大职业教育主义"的现实指导意义

黄炎培的"大职业教育主义"理论,表面上将中国现代职业教育思潮推向高潮,实际是开始对前期职业教育进行反思。新时期结合新形势,可更理性思考。

一、"大职业教育主义"概念再定义

1925年,黄炎培提出"大职业教育主义"主张。同时,他还看到了"社会是整个的。不和别部分联络,这部分休想办得好;别部分没有办好,这部分很难办的"。[1] 因为到了20世纪20年代中后期,职业教育发展陷入停滞期,职业学校办学经费困难,职业学校毕业生就业难,中华职业学校的校办工厂也难以维系……在特定历史背景下,这是黄炎培对职业教育内涵、职业学校办学方针的特定认识。黄炎培希望职业学校能够打破学校与社会的界限,继续发挥教育界与实业界、与社会各界的联系,为职业教育谋求新的发展之路。从此,职业指导教育、职业培训教育、职业补习教育等办学形式相继发展,可以说,"大职业教育主义"几乎涵盖了所有现代职业教育思想的萌芽,以至于"大职业教育主义"被认为是一种概念泛化的结果。

在现代教育体系中来,职业教育是区别于普通教育和高等教育的一种教育类型,是让受教育者选择职业,或者让受教育者为自己理想职业做准备的教育类型;职业教育在整个现代教育体系中具有相对独立性,但又渗透在各级各类教育之中,从这个意义上说,职业教育是一种"大职业教育"。这种"大职业教育主义"可以是一种"终身教育",正符合世界教科文组织提出的"终身教育"理念。现代社会,科学技术更迭日新月异,固守一种职业技能,止步学习,将会被时代淘汰,所以,要不断加强职业学习;这种"大职业教育主义"又是一种"协同教育",需要在理顺职业教育管理体制的同时,建立企业参与教育的保障机制,加强教育界与职业界的联系,促进企业参与职业教育,形成职业学校跨部门办学模式及职业教育功能的多元化。

---

[1] 成思危.黄炎培职业教育思想文萃[M].北京:红旗出版社,2006.

二、发展职业教育体系的系统化和科学化

如果只从狭义学校职业教育层面理解,职业教育是教育系统内部,涉及职业学校人才培养和学校办学模式的改革,但是要从国家技能形成体系角度上,将职业教育在国家中的主体地位凸显出来,这将会涉及教育部门、产业部门的协同能力,成为一个系统的整体。在20世纪20年代,黄炎培就已经突破了职业教育仅限于学校这一场域,他认为:"只从职业学校做工夫,不能发达职业教育;只从教育界做工夫,不能发达职业教育;只从农、工、商职业界做工夫,不能发达职业教育。"[1]事实上,黄炎培是一个出色的教育家,更是一个出色的社会活动家。对于办职业教育,他是这么说的,也是这么做的。不管是创办中华职业教育社,还是创办中华职业学校,黄炎培都是联合实业界、教育界及社会各界知名人士参与其中,将职业教育与社会各行各业相联系。例如,在《调查安徽当涂县地方状况报告》中可以看出,当涂县的徐静仁斥巨金筹办职业学校,邀请中华职教社为其学校制订计划。而徐静仁作为上海溥益纺织公司的创始人,是实业界著名人士,非常热衷职业教育,与张謇兄弟创办南通纺织专科学校,可以看出当时中国实业家重视职业教育,积极致力于职业学校的人才培养。

黄炎培真正做到了"办职业学校的,须同时和一切教育界、职业界努力的沟通和联络;提倡职业教育的,同时须分一部分精神,参加全社会的运动。"[2]实际上,中华职业教育社的社员社会活动能力极强,不仅自身投入职业教育实践活动中,还能拉拢很多实业家参与职业教育活动;并且社员在《教育与职业》刊物上会定期缴纳会费,公布缴费人员名单,以此扩大职业教育的社会关注度和吸引力。这些社员还都致力于职业教育的理论研究,为当时职业教育理论的发展贡献了力量。

三、建设职业教育学制体系的完整性

黄炎培非常重视职业教育制度建设问题,在《与李石曾君谈职业教育》中,首次对"专科一贯主义"表示出强烈兴趣,认为这是职业教育制度上一种必要的方法,可以"始在小学习工,继在中学习工,最后在大学习工,前后习工十余年"[3],实际是想解决职业教育

---

[1] 中华职业教育社.黄炎培教育文集(第二卷)[M].北京:中国文史出版社,1994.
[2] 同上。
[3] 同上。

制度内在衔接问题。通过这种比较灵活的学制,满足不同类型学生的多样化需要,增强职业教育的吸引力。后来,黄炎培进一步明确了这种教育制度内在衔接思路,将其称之为"学习一贯互进法",即"学生毕业初级中级,欲升高级中学,便应就其天才、天性所近,认修高中某种分科。三年毕业后,实习一年,例如学工则习工,学农则习农。升入专科大学,习工者仍学工,习农者仍学农。毕业后,依其所学,就职一二年,入研究院或就学国外,学成正式就职。"[1]这种学制实施主张,可以使学生满足升学和就业的需要。从纵向学制体系上,可以实现各级各类教育机构的联系,在学习和学历上实现上下贯通;同时又在职业教育与普通教育的办学目标和课程设置上实现可持续发展,改变社会上对职业教育是"就业教育"的认识。

现阶段,职业学校与普通学校之间的衔接关系一直在不断探索中。20世纪80年代,中国开始尝试学习美国的综合高中改革,主要是"对所在地区的所有学生开放,同时提供大学预科课程、职业课程和普通课程供学生选择"[2],但是学校发展定位不清。在20世纪90年代末,随着中国高等教育扩招,"到2010年时,全国自称综合高中的学校几乎寥寥无几。[3]"这一时期,职业教育发展方针是"以就业为导向",但是在实际职业院校操作中,就将职业教育等同于就业教育,要求学生毕业即就业。随着经济社会发展、职业教育层次和水平的提高,职业教育"就业"与"升学"之间的矛盾就慢慢凸显出来。那么,如何将职业教育与普通教育贯通培养,协调发展成为职业教育全面深化改革的重点。黄炎培在当时提倡的"学习一贯互进法",可以实现职业教育与普通教育之间的有效衔接和"双向互动",在职业教育按一定比例发展的基础上,努力实现职业教育和普通教育的沟通、融合,给今天职业教育发展提供借鉴。

实际上,从职业教育发展趋势来看,"职业教育与普通教育的融合成为现代教育发展的重要特征。"[4]这也是一个职业教育与终身教育相融合的发展趋势。那么,黄炎培所倡导的职业教育"学习一贯互进法",避免了职业教育与普通教育成为两个互不沟通的教育类型。首先,打破了普通学校与职业学校的壁垒,将教育机构横向之间进行有机整合,发挥两个教育类型各自优势,能取长补短;其次,使职业学校的学生可以不断提高专业技能,实现终身学习理念,适应社会不断发展的需要。

[1] 中华职业教育社.黄炎培教育文选[M].上海:上海教育出版社,1985.
[2] Harlow G. Unger. Encyclopedia of American Education(Volume 3)[M]. New York:Facts on File,2007.
[3] 袁桂林.关注高中横向定位问题——对促进高中学校类型多样的思考[N].中国教育报,2012(5).
[4] 贺国庆,朱文富.外国职业教育通史(下卷)[M].北京:人民教育出版社,2014.

四、促进各行业企业发展的共融机制

职业教育与经济社会协调发展,才能最大强度增加国家能力,那么,职业教育加强与行会、工业部门的合作显得非常重要。黄炎培一再强调"职业教育是绝对不许关了门干的,也绝对不许在书本里讨生活的。"[1]所以,在职业学校办学过程中,黄炎培从学校选址、课程设置、教学内容、教学方式等都与社会相沟通。例如,在《当涂职业学校计划书》中,黄炎培在建校前,并非仅仅涉及当地的教育状况,还考察了当涂县的区域及界址、面积及户口、交通状况、居民生活状况、地方政治状况、物产状况等。这一报告书能较完整呈现黄炎培在职业学校办学过程中对当地区域整体资源的统筹。事实上,黄炎培在考察设立职业学校时,都会对当地区域进行全面调查。

同时,黄炎培鼓励学生走出学校,走向社会进行实地实习。比如家政专业,他建议"躬往家庭实地练习家政也"[2];在教学方法上,提出"一面学、一面做",所谓"一面学"的方法,即要求从做里学,可以随时在工作中学习新的技能;而"一面做"则避免了传统教育的只学不做,非常契合社会需要。这也是当今很多职业学校一直提倡的"工学结合"模式,还体现了职业教育迎合社会需求的特点。在当时,这种学校与企业合作办学的方式成为一种社会普遍存在的办学方式,实业界也普遍认为职业教育是其所应该承担的社会责任。但是中华人民共和国成立后,职业教育将企业参与抽离,变成了"一条腿走路",这迫切需要重新将各行各业纳入职业教育办学体制机制中,实现教育与企业的深度合作,在学校层面实现自身发展的多元化,争取校外力量的强强联合。从这一角度看,黄炎培提倡的这种"工学结合"模式,实际是为了让各行业企业能够参与到职业学校办学中去,这对当代职业教育的办学模式仍具有借鉴,要建立保证行业企业利益的措施,促进行业企业的积极参与,形成多方共同促进的产教融合形成的机制。

第三节 多维建构"无业"到"乐业"的职业目标

准确定位才能精准发展,黄炎培职业教育思想中的"无业"到"乐业"实际是为了解决人在不同时期职业发展的主要矛盾,反映了人们对美好生活的需要和向往。

---

[1] 中华职业教育社.黄炎培教育文集(第二卷)[M].北京:中国文史出版社,1994.
[2] 同上。

一、目标建构要体现阶段性

一方面,职业教育目标主要是回答职业教育"培养什么样的人",其逻辑出发点应该是职业,培养人未来从事职业的能力,所以,黄炎培从个人"为谋生"的角度,提出了"使无业者有业";在满足人的生存基本问题之后,黄炎培又提出了更高的目标追求,即"使有业者乐业",这体现了黄炎培对个人不同职业阶段的目标要求是不一样的。同样,自现代学校职业教育在中国发端,特别是中国改革开放以来,职业教育为中国的制造业培养了大量技术工人,中国逐渐建立起世界最大的现代职业教育体系,"在学校体系方面,培养规模持续扩大,2015年,全国有中职学校1万多所,在校生1800多万人;高职院校1200多所,在校生1000多万人。"[1]可以说,中国已成为制造业大国、职业教育大国,但并不是制造业强国、职业教育强国。相应的,国家职业教育在目标定位上也要有所转变。

另一方面,职业目标定位是个复杂的过程,职业教育的不同学段,职业目标定位也不同。黄炎培在当时针对不同学段的职业目标的制定也不同,他认为小学阶段"施之教育,使儿童于不知不觉中,养成为己治生、为群服务之兴趣与习惯,所谓职业陶冶是也。"[2]那么,现在国内小学生对职业认识模糊、自我认识不充分、职业意识滞后,也需要给学生提供这种职业认知的培养。小学阶段是学生职业生涯思想的初始阶段,被称为"职业幻想期",良好的职业陶冶,可以培养学生积极的劳动关系、生活态度和职业观。同样,现阶段中学职业目标定位虚化,需要进一步明确中学职业目标定位,这也符合舒伯的职业生涯发展理论,个体不同生命周期特点和不同职业阶段的任务、目标不同,对不同职业生涯周期的培养目标也不同。

二、技能训练要保证职业性

职业教育首先要对受教育者进行职业技能的训练,只有掌握基本的生存技能,才能实现"无业者有业"。黄炎培正是认为当时社会"无知识,无职业的游民太多"[3],所以才提出要发展职业教育,他在中国提倡职业教育皆因所受的三大刺激。可以看出,黄炎培将职业教育与"职业"直接联系起来,认为职业教育可以帮助人们获得从事某种职业的本

---

[1] 中国职业技术教育学会课题组.从职教大国迈向职教强国——中国职业教育2030研究报告[J].职业技术教育,2016(6):10-30.
[2] 中华职业教育社.黄炎培教育文集(第二卷)[M].北京:中国文史出版社,1994.
[3] 同上.

领,从而帮助人们融入社会职业群体中去。同样,德国有句谚语:不教会青年人手艺就等于让他们去偷,同样表达了教会人们掌握一项手艺是多么重要,个人职业发展是人的发展的一个重要方面,也是人的发展的重要物质保障,而这种个人职业的发展可以通过职业教育来实现。所以,德国将"职业性"作为职业教育的本质特征,在职业教育内涵渐变过程中,不断增强"职业性"的教育价值,从而促进了德国职业教育的良性发展。

现阶段,联合国教科文组织为职业教育的定义"主要是为引导学生掌握在某一特定的职业或行业或某类职业中从业所需的实用技能、专门知识和认识而设计的。"[1]虽然不能武断地认为,职业教育就是就业教育,但是,职业学校的学生就业率仍然是衡量职业教育质量的一个重要指标。伴随着中国经济结构升级和产业结构调整,一方面传统岗位逐渐消失,产生新的工作岗位;另一方面用人单位对人才层次的要求也不断提高,会导致所需之人与学校所培养之人供求关系的矛盾,影响毕业生的就业率。这还是需要职业教育顺应社会发展新形势,应以就业为导向。具体可以从政策层面为无业者有业提供制度保障,如严格实施就业准入制度,构建完善的就业服务体系,多渠道筹集资金投入促进人才合理流动;从企业层面确立职业学校办学体制方面的主体地位;从学校层面围绕就业采取有效措施,如科学定位、错位发展,沟通学校专业设置与社会需求,构建以能力为本位的课程模式,加强校企合作的人才培养模式,加强职业指导和就业服务,等等,所有都是围绕"使无业者有业"这一目标定位展开。

三、个人主体要强化发展性

黄炎培认为职业教育最终目标是"使有业者乐业",这实际是职业教育的一种理想状态,每个人都能在他所从事的岗位上热爱本职工作、享受自己的工作。黄炎培认为"发展人类生活知能与服务精神"[2],可以获得这个完美的结果,他从人们"求群"心理特征出发,宣扬了这种服务精神:"仁厚,公平,合作,正义感,责任心,与生活整饬"[3]。这实际是职业教育由工具理性到精神理性的一个升华,教育是为了实现人类的美好生活,职业教育也是如此。杜威曾言"技术的习得只是成长的手段"[4],那么,这种成长手段最终指向的是对美好生活的向往。

实际上,黄炎培将职业教育的培养目标定义为"有业者乐业",还可以多方面给现代

---

[1] 刘春生,张宇,马振华.从社会学视角看高等职业教育的就业导向[J].职教通讯,2005(1):4.
[2] 中华职业教育社.黄炎培教育文集(第四卷)[M].北京:中国文史出版社,1994.
[3] 中华职业教育社.黄炎培教育文集(第二卷)[M].北京:中国文史出版社,1994.
[4] 杜威.哲学的改造[M].张颖,译.西安:陕西人民出版社,2004.

职业人以启迪。"有业者乐业"不仅是职业教育的理想状态和终极目标,还应该是一切社会、所有人的一种理想生活状态。那么,需要全社会共同努力去实现。从社会角度看,要继续改变传统职业等级观念,树立正确的职业观;从企业角度来说,要尊重"人"的劳动,坚持以人为本,创造良好工作环境;最重要的是于个人角度,根据马斯洛需求层次理论,个人满足基本生存需要、安全需要、社交需要、尊重需要之后,还会有自我实现价值的需要,自己努力工作时,对生活和工作感到有意义,对服务社会、服务他人感到有意义。

第四节 多元获取现代职业人格的养成途径

一、人格教育应居于首位

黄炎培无论是办中小学还是办职业学校,都强调道德教育,强调健全人的教育。他认为职业教育如果离开了人格教育,就失去了职业教育的意义,那么培养的学生最多只能算是良善的艺徒。所以,黄炎培提倡"良善公民"的教育,实际就涵盖着人格教育的意味。黄炎培在《留告四川青年同学书》中,反复强调"大家把人格建立起来"[1],并认为做人最小限度是"一世清明白白、堂堂正正",要做到孟子的三个"不"字。[2] 这是他对道德教育的基本要求。后来,黄炎培还进一步分析了道德作为行为规范的两个层面,一是消极来说,不伤害他人;二是积极来说,互助互利和奉献。实际上,这也是今天学校德育工作的重点,"德育"主要是"育德",培养学生做人的基本道德。从概念上分析"道德",道德是调节人与人之间关系的行为准则,是人类社会生活的前提。

那么道德教育对于今天的职业教育而言,也非常重要。首先,职业教育面向的对象多是初中毕业生,正处于青春叛逆期,也是人生价值观形成的关键期。其次,普职分流后,进入职业学校的学生多数文化课成绩较差,之前在学校多处于班级边缘,不被学校重视,长期边缘化,也包括对学生道德要求的疏忽,甚至让孩子有逆反心理。所以,在职业学校中加强道德教育具有重要意义,不仅能引导职业学校的学生树立正确价值观,还能对今后的社会稳定起到安抚作用。

---

[1] 中华职业教育社.黄炎培教育文集(第二卷)[M].北京:中国文史出版社,1994.
[2] 同上。

二、职业道德是改革动力

职业道德是职业精神的集中体现,马克斯·韦伯认为职业道德"是一种对职业活动内容的义务,每个人都应感到、确实也感到了这种义务。"[1]这里表达了两层意义:职业道德既是社会对职业人提出的综合性要求,也是职业人应该明确认知的与职业相关的道德。同样,职业道德不仅对提高劳动者自身道德素质有重要意义,对社会风气的形成也有重要意义。从业者只有真正提高了职业道德觉悟,才能以主人翁精神从事职业活动,才能把职业道德变成自己自觉的行动,产生巨大精神力量和竞争力量,可以说,职业道德是促进改革创新的动力。黄炎培非常重视职业道德教育,对现阶段发展职业教育具有重要启示。

一是黄炎培尊重劳动教育,培养学生对社会各行各业的职业平等意识。黄炎培强调"劳工神圣",这是对劳动人民尊重的一种态度,在"劳心者治人,劳力者治于人"的传统文化观念中,非常可贵。于是,黄炎培主张从德育角度开展劳动教育、职业教育;在职业教育办学过程中,认为职业道德教育与传授知识技能同等重要,他从人的全面发展的角度对职业学校学生进行职业熏陶、职业指导。

二是黄炎培提倡"敬业乐群",根据不同职业特征,强调不同职业应具备的道德素质。最能体现他这种思想的是其著名的《学商业的青年自省七条》,专门发文针对商科学生的职业特点进行职业道德培养。随着社会的发展和科技的进步,现代职业分工越来越细化,对每个职业的道德要求会相应提高,那么,职业学校的职业道德教育任务也会相应越来越重。所以,黄炎培在学校教育工作中,主张以学生自治教育的方式,将职业道德理论与不同的职业训练结合起来,将职业道德渗透到学生日常学习和生活中去,让学生在做中体会职业特点,养成良好的职业行为习惯。职业道德是要学生具备"敬业""诚信""公道"等基本规范,从宏观角度而言,敬业、诚信、公道等是社会共同的职业道德规范,表现和规定的是全社会共同的职业行为要求,职业人都应遵守;从微观而言,敬业、诚信、公道等,既可以保障职业人获得生存和发展空间,也可以帮助职业人健康的人格健康发展。

---

[1] 马克思·韦伯.新教伦理与资本主义精神[M].于晓,等译.北京:生活·读书·新知三联书店,1992.

三、工匠精神是引领方向

黄炎培虽然没有明确涉及"工匠精神"的追问,但是他提出职业教育目的之一是"谋个性之发展",这种"个性"实际是"工匠精神"养成的前提条件。亚里士多德早在2000多年前曾指出:"技术中有德性,技术是一种以善为目的的理智德行",实际阐释了技术与道德的关系。技术可能会影响人的道德决策,产生一定道德影响,这些主要通过技术设计者和应用者实现。马克思在《政治经济学批判大纲》中,也强调自我和社会关系在制造物品的过程中得到发展,制造物品能够让"个人全面发展"。[1]而"工匠精神"作为匠人专注于产品的一种精神理念,在技艺层面的精益求精和精神层面的爱岗敬业都有持之以恒的追求,对职业技能和职业道德都要高度重视,而职业技能和职业道德又是相辅相成的。

亚力克·福奇曾言"在新时期所弘扬的工匠精神不再是手工业者的职业道德追求,而是所有人的行为追求。"[2]可见,精神对社会风气影响之大。改革开放以来,中国经济得到了迅速发展,到2010年,中国已经赶超美国,成为世界上最大的制造业国家,中国迫切需要实现从制造业大国到制造业强国的转变,这离不开职业教育的推动,离不开"工匠精神"的引领作用。2016年,"工匠精神"首次出现在《政府工作报告》,"培育精益求精能干的工匠精神";至2019年,"工匠精神"连续4年被写入年度政府工作报告,这充分显示了工匠精神对我国现阶段社会经济发展和文化建设的重要性。可以说,"工匠精神"有助于劳动主体实现自我价值,人只有实现自我价值,才能摆脱"劳动之兽"的境遇,成为"创造之人",从而自觉自发生产高质量的产品。所以,要重建"工匠精神"的有效路径。在文化建设方面,将重塑"工匠精神"纳入国家的战略发展中,创造良好的社会文化氛围,积极引导青年人树立正确的职业价值观,提高职业人的社会威望;在企业建设方面,做好人力资源的规划和估算工匠绩效评估的薪酬系统,形成良好的企业文化;在个人建设方面,鼓励传承技艺的责任心和使命感,提升工匠的技术能力。

---

[1] 理查德·桑内特.匠人[M].李继宏,译.上海:上海译文出版社,2015.
[2] 亚力克·福奇.工匠精神:缔造伟大神奇的重要力量[M].陈劲,译.杭州:浙江人民出版社,2014.

附录

黄炎培职业教育大事记（1878—1949年）

1878年（清光绪四年）1岁

10月1日（农历九月初六日），出生于江苏省川沙县（今属上海市浦东区）城关镇。本命炎培，号楚南，后改号韧之、任之。别号抱一。父亲黄叔才，初在乡间私塾谋生，后到广东、河南等谋事；母亲孟樾清，系"南汇孟荫余之女"（今属上海市浦东区），识礼知书，教子有方。

1884年（光绪十年）7岁

母亲居家教识文字，以为启蒙。母训甚严，使其终身不忘且受用。

1885年（光绪十一年）8岁

随两位叔父教读《大学》《中庸》《论语》《孟子》。

1887年（光绪十三年）10岁

就读东野草堂，是外祖孟家私塾，在此念书近十年。

1899年（光绪二十五年）22岁

应松江府试，考中秀才。

1901年（光绪二十七年）24岁

考入上海南洋公学特班，选读外交科。

1902 年（光绪二十八年） 25 岁

考中举人。南洋公学"墨水瓶事件"后退学回乡。

1905 年（光绪三十一年） 28 岁

加入同盟会，筹建江苏学务总会。

1907 年（光绪三十三年） 30 岁

浦东中学开学，任监督。

1908 年（光绪三十四年） 31 岁

《申报》发表《杨斯盛先生言行记》。

1912 年（民国元年） 35 岁

被任命为江苏省教育（会副会长）司司长

1913 年（民国二年） 36 岁

《学校教育采用实用主义之商榷》单行本出版，随后在《教育杂志》5 卷 7 号刊发。

1915 年（民国四年） 38 岁

政府辞职后，以申报旅行记者身份赴国内外考察，观摩巴拿马太平洋万国博览会。目睹教育与生活、劳动严重脱节的社会现实，提出沟通教育与职业的主张。

1916 年（民国五年） 39 岁

在《教育杂志》第 8 卷第 1 号发表《东西两大陆教育不同之根本谈》。组织职业教育研究会，任主任。

1917 年（民国六年） 40 岁

赴日本、菲律宾考察。
在《环球》第 2 卷第 1 期发表《中华职业教育社宣言书》，创中华职业教育社，开启全力从事职业教育活动。

1918 年（民国七年） 41 岁

上海创办中华职业学校。

在《申报》和蒋梦麟、顾树森发布《创设中华职业学校募金启》。

1920 年（民国九年） 43 岁

中华职业教育社职业指导不成立。

1921 年（民国十年） 44 岁

赴南洋考察。中华教育改进社在北京召开，被北洋政府任命为教育总长，未就。

1924 年（民国十三年） 47 岁

在申报上发表与杨卫玉合写的《江苏职业教育推行计划书》。

1925 年（民国十四年） 48 岁

在《生活》杂志第 1 卷第 1 期首页刊发《创刊词》。

1926 年（民国十五年） 49 岁

在《教育与职业》71 期，发表《提出大职业教育主义征求同志意见》。
任联合改进农村生活董事会会长。

1928 年（民国十七年） 51 岁

出版《南满洲朝鲜职业教育之一斑》。辞去中华职业教育社办事部主任。

1929 年（民国十八年） 52 岁

在《教育与职业》100 期，发表《我来整理整理职业教育的理论和方法》。

1930 年（民国十九年） 53 岁

在《教育与职业》113 期，发表《职业教育机关惟一的生命是怎么？》。
在上海商务印书馆出版《中国教育史要》。

1931 年（民国二十年）54 岁

写成《三十五年来中国之职业教育》。

1932 年（民国二十一年）55 岁

在《救国通讯》第 3 号发表《为什么救国要有高尚纯洁的人格》《为什么救国要有博爱互助的精神》，并成立上海地方维持会。

1933 年（民国二十二年）56 岁

出席上海之夜补习教育研究会。

1934 年（民国二十三年）57 岁

发表《我们救国该什么样的修养？》。

1936 年（民国二十五年）59 岁

在重庆商会私立通惠中学讲演《国难中之职业教育》。

1939 年（民国二十八年）62 岁

在《国讯》发表《我之人生观与吾人从事职业教育之基本理论》。
中华职业教育社总社迁至重庆。

1940 年（民国二十九年）63 岁

在《教育与职业》复刊 192 期，发表《复刊词》。文中将职业教育喻为"婴儿"，《教育与职业》喻为"忠诚而慈爱的保姆"。
在重庆中华职业补习学校的"职业青年星期讲座"讲《我对于抗战的透视》。

1941 年（民国三十年）64 岁

中国民主政团同盟成立，在《国讯》268 期发表《从困勉中得来——为纪念中华职业教育社二十四周年作》。

1942 年（民国三十一年）65 岁

被推定为《国讯》社长，发表讲演《自述四十年来服务社会所得的甘苦》。

出席十六届全国职业教育讨论会,主要讨论《职业教育设施纲领》。

1943 年(民国三十二年) 66 岁

讲演《四十年前在校求学之所得》,作《职业教育基本理论刚要》。

1944 年(民国三十三年) 67 岁

创刊《宪政》,著《中华复兴十讲》,出席都江实用职业学校立校典礼。

1945 年(民国三十四年) 68 岁

在《教育与职业》发表《中华职业教育社今后五年间建设大计》。

1946 年(民国三十五年) 69 岁

与江恒源、杨卫玉、何清儒等共同拟定《中华职业教育社创设比乐中学意旨书》,并出席开始仪式致辞《大家诚诚实实快快活活靠自己的力量来学做人》。

1947 年(民国三十六年) 70 岁

与江恒源、杨卫玉、何清儒等合写《对于中国今后教育设施的意见》在《社讯》刊出。
合著《中国职业教育三十年来大事记(1917—1947 年)》出版。

1948 年(民国三十七年) 71 岁

在《教育与职业》204 期发表《战后职业教育冲估价》。

1949 年(民国三十八年) 72 岁

被任命为政务院副总理兼轻工业部部长。
被任命为华北人民政府华北高等教育委员会委员。
被推为中华工商专科学校和中华职业学校董事长。
出版单行本《中华职业教育社奋斗三十二年发现的新生命》。

参 考 文 献

一、中文译著

[1] 卡尔·西奥多·雅斯贝尔斯.什么是教育[M].邹进,译.北京:生活·读书·新知三联书店,1991.

[2] 卡尔·西奥多·雅斯贝尔斯.时代的精神状况[M].王德峰,译.上海:上海译文出版社,1997.

[3] 马克斯·韦伯.新教伦理与资本主义精神[M].康乐,简惠美,译.桂林:广西师范大学出版社,2010.

[4] 中共中央马克思恩格斯列宁斯大林著作编译局.马克思恩格斯选集(1—4卷)[M].北京:人民出版社,1995.

[5] E.迪尔凯姆.社会学方法的准则[M].狄玉明,译.北京:商务印书馆,2016.

[6] 埃米尔·涂尔干.社会分工论[M].渠敬东,译.北京:生活·读书·新知三联书店,2017.

[7] 爱弥尔·涂尔干.职业伦理与公民道德[M].渠敬东,付德根,译.上海:上海人民出版社,2001.

[8] 爱弥尔·涂尔干.教育思想的演进[M].李康,译.渠东,校.上海:上海人民出版社,2006.

[9] 达尼洛·马尔图切利.现代型社会学二十世纪的历程[M].姜志辉,译.南京:译林出版社,2007.

[10] 塞奇·莫斯科维奇.群氓的时代[M].许列民,薛丹云,李继红,译.南京:江苏人民出版社,2003.

[11] 爱德华·W.萨义德.知识分子论[M].单德兴,译.陆建德,校.北京:生活·读书·新知三联书店,2013.

[12] 查尔斯·霍顿·库利.人类本性与社会秩序[M].包凡一,王源,译.北京:生活·读书·新知三联书店,2000.

[13] 杜威.杜威教育论著选[M].赵祥麟,王承绪,译.上海:华东师范大学出版社,1981.

[14] 杜威.民本主义与教育[M].邹恩润,译.上海:商务印书馆,1948.

[15] 杜威.平民主义与教育[M].常道直,编译.杨来恩,校订.福州:福建教育出版社,2016.

[16] 杜威.哲学的改造[M].张颖,译.西安:陕西人民出版社,2004.

[17] 费正清.剑桥中国晚清史(1800—1911上下卷)[M].北京:中国社会科学出版社,1985.

[18] 格里德.知识分子与现代中国[M].单正平,译.桂林:广西师范大学出版社,2010.

[19] 汉娜·阿伦特.人的境况[M].王寅丽,译.上海:上海人民出版社,2009.

[20] 赖特·米尔斯.社会学的想象力[M].陈强,张永强,译.北京:生活·读书·新知三联书店,2016.

[21] 理查德·桑内特.匠人[M].李继宏,译.上海:上海译文出版社,2015.

[22] 乔尔·查农.社会学与十个大问题[M].汪丽华,译.北京:北京大学出版社,2009.

[23] 乔纳森·H.特纳.社会学理论的结构[M].邱泽奇,等译.北京:华夏出版社,2006.

[24] 詹明信.晚清资本主义的文化逻辑[M].陈清侨,等译.北京:生活·读书·新知三联书店,2013.

[25] 宫地诚哉,仓内史郎.职业教育[M].河北大学日本书所,教育研究室,译.许淑英,校.天津:天津人民出版社,1981.

[26] 久下荣志郎.现代教育行政学[M].李兆田,等译.北京:教育科学出版社,1981.
[27] 永田圭介.严复——中国近代探寻富国强兵的启蒙思想家[M].王众一,译.苏州:苏州大学出版社,2014.
[28] 佐藤正夫.教学原理[M].钟启泉,译.北京:教育科学出版社,2001.
[29] 安迪·格林.教育与国家的形成:英、法、美教育体系起源之比较[M].王春华,等译.北京:教育科学出版社,2004.
[30] 鲍桑葵.关于国家的哲学理论[M].汪淑钧,译.北京:商务印书馆,1996.
[31] 博特兰·罗素.社会改造原理[M].张师竹,译.上海:上海人民出版社,1987.
[32] 怀特海.过程与实在[M].李埠楼,译.北京:商务印书馆,2001.
[33] 怀特海.教育的目的[M].庄莲平,王立中,译.上海:文汇出版社,2012.
[34] 罗素.西方哲学史[M].何兆武,李约瑟,马元德,译.北京:商务印书馆,1981.

二、中文著作

[1] 北京教育行政学院.学校管理学[M].北京:海军出版社,1998.
[2] 蔡尚思.中国现代思想史资料简编[M].杭州:浙江人民出版社,1982.
[3] 蔡元培.蔡元培全集[M].北京:中华书局,1984.
[4] 陈国庆.中国近代社会转型研究[M].北京:社会科学文献出版社,2005.
[5] 陈景磐.中国近代教育史[M].北京:人民教育出版社,2003.
[6] 陈科美.上海近代教育史[M].上海:上海教育出版社,2003.
[7] 陈南生.中国教育精神[M].广州:广东人民出版社,2007.
[8] 陈万雄.五四新文化的源流[M].北京:生活·读书·新知三联书店,1997.
[9] 陈孝彬,高洪源.教育管理学导论[M].北京:北京师范大学出版社,2008.
[10] 陈学恂,等.中国教育史研究·近代分卷[M].上海:华东师范大学出版社,2009.
[11] 陈学恂,等.中国教育史研究·现代分卷[M].上海:华东师范大学出版社,2009.
[12] 陈学恂.中国近代教育文选[M].北京:人民教育出版社,2001.
[13] 陈元晖.中国近代教育史资料汇编·学制演变[M].上海:上海教育出版社,1991.
[14] 陈元晖.中国近代教育史资料汇编·教育思想[M].上海:上海教育出版社,2007.
[15] 成思危.黄炎培职业教育思想文萃[M].北京:红旗出版社,2006.
[16] 单中惠,王凤玉.杜威在华教育讲演[M].北京:教育科学出版社,2014.
[17] 德育原理编写组.德育原理[M].北京:北京师范大学出版社,1985.
[18] 邸鸿勋,等.现代职业教育管理学[M].北京:高等教育出版社,1996.
[19] 董宝良,周洪宇.中国近现代教育思潮与流派[M].北京:人民教育出版社,1997.
[20] 费孝通.乡土中国[M].北京:人民出版社,2008.
[21] 高平叔.蔡元培教育论集[M].长沙:湖南教育出版社,1987.
[22] 高平叔.蔡元培教育论著选[M].北京:人民教育出版社,1991.
[23] 高平叔.蔡元培哲学论著[M].石家庄:河北人民出版社,1985.
[24] 郭家齐.中国教育史(下卷)[M].北京:人民教育出版社,2015.
[25] 郭家齐.中国教育思想史[M].北京:教育科学出版社,1987.
[26] 国家教委职业技术教育中心研究所.职业技术教育原理[M].北京:经济科学出版社,1998.

[27] 贺国庆,朱文富.外国职业教育通史[M].北京:人民教育出版社,2014.
[28] 贺祖斌.职业教育管理[M].北京:北京师范大学出版社,2010.
[29] 胡斌武.职业教育学[M].北京:高等教育出版社,2015.
[30] 黄安年.美国的崛起[M].北京:中国社会科学出版社,1992.
[31] 黄兴涛,等.清末民国社会调查与现代社会科学兴起[M].福州:福建教育出版社,2008.
[32] 黄炎培.八十年来[M].北京:文史资料出版社,1982.
[33] 黄炎培.红桑[M].上海:展望周刊社,1954.
[34] 黄炎培.黄炎培日记[M].北京:华文出版社,2008.
[35] 黄炎培.黄炎培诗集[M].北京:中国文史出版社,1987.
[36] 黄炎培.抗战以来[M].重庆:国讯书店,1946.
[37] 黄炎培.中华复兴十讲[M].北京:生活·读书·新知三联书店,2012.
[38] 黄尧.职业教育学——原理与应用[M].北京:高等教育出版社,2009.
[39] 黄逸平,等.北洋政府时期经济[M].上海社会科学院出版社,1995.
[40] 黄兆龙.现代教育管理哲学[M].南宁:广西教育出版社,1992.
[41] 姜朝晖.民国时期教育独立思潮研究[M].北京:中国社会科学出版社,2008.
[42] 姜恒雄.中国企业发展简史[M].北京:西苑出版社,2001.
[43] 教育部职业技术教育中心研究所.中国特色职业教育发展之路:中国职业教育发展报告(2002—2012)[M].北京:高等教育出版社,2012.
[44] 金观涛,刘青峰.观念史研究[M].北京:法律出版社,2010.
[45] 金耀基.从传统到现代[M].北京:法律出版社,2010.
[46] 课程·教材·教法编辑部.课程和教学案方法[M].北京:人民教育出版社,1987.
[47] 李定仁.教学思想发展史略——历史、现状与发展趋势[M].西宁:青海人民出版社,1993.
[48] 李华兴,吴嘉勋.梁启超选集[M].上海:上海人民出版社,1984.
[49] 李剑萍.中国现代教育问题史论[M].北京:人民出版社,2005.
[50] 李文海.民国时期社会调查丛编(文教事业卷)[M].福建:福建教育出版社,2004.
[51] 李文海.民国时期社会调查丛编·近代工业卷(上中下)[M].福州:福建教育出版社,2010.
[52] 李泽厚.中国近代思想史论[M].北京:生活·读书·新知三联书店,2009.
[53] 李泽厚.中国现代思想史论[M].北京:生活·读书·新知三联书店,2008.
[54] 栗洪武.西学东渐与中国近代教育思潮[M].北京:高等教育出版社,2002.
[55] 联合国教科文组织国际教育发展委员会.学会生存:教育世界的今天和明天[M].北京:教育科学出版社,1996.
[56] 廖大伟.辛亥革命与民初政治转型[M].北京:中国社会科学出版社,2008.
[57] 刘桂林.中国近代职业教育思想研究[M].北京:高等教育出版社,1997.
[58] 刘景泉,等.政党与近现代中国社会研究[M].天津:天津人民出版社,2008.
[59] 刘长海.杜威德育思想与中国德育变革[M].武汉:华中科技大学出版社,2008.
[60] 鲁洁.德育社会学[M].福建:福建教育出版社,1998.
[61] 马建富.职业教育学[M].上海:华东师范大学出版社,2008.
[62] 马列著作选读·哲学编辑组.马列著作选读·哲学[M].北京:人民出版社,1988.
[63] 毛礼锐,沈灌群.中国教育通史(第五卷)[M].济南:山东教育出版社,1988.

[64] 梅贻琦.中国人的教育[M].北京：中国工人出版社,2012.

[65] 米靖.二十世纪中国职业教育学名著选编[M].北京：教育科学出版社,2011.

[66] 米靖.现代职业教育论[M].天津：天津大学出版社,2010.

[67] 米靖.中国职业教育史研究[M].上海：上海教育出版社,2009.

[68] 南京师范大学教育系.教育学[M].北京：人民教育出版社,2000.

[69] 南开大学中国社会史研究中心资料业刊.民国职业教育史料汇编[M].南京：凤凰出版社,2014.

[70] 戚万学.冲突与整合：20世纪西方道德教育理论[M].济南：山东教育出版社,1995.

[71] 邱永渠,余培雄.职业教育改革新视野[M].厦门：厦门大学出版社,2013.

[72] 璩鑫圭,童富勇,张守智.中国近代教育史资料汇编·实业教育 师范教育[M].上海：上海教育出版社,1994.

[73] 璩鑫圭,童富勇,张守智.中国近现代教育史资料汇编.学制演变[M].上海：上海教育出版社,1991.

[74] 饶怀民.辛亥革命与清末民初社会[M].北京：中华书局,2006.

[75] 人民教育出版社外国教育丛书编辑组.教育行政与学校管理[M].北京：人民教育出版社,1981.

[76] 阮湘.中国年鉴(第一回)[M].上海：商务印书馆,1924.

[77] 上海市档案馆.上海档案史料研究[M].上海：上海三联书店,2006.

[78] 沈灌群,毛礼锐.中国教育家评传(第三卷)[M].上海：上海教育出版社,1988.

[79] 施克灿.中国教育思想史[M].北京：中高等教育出版社,2008.

[80] 石伟平.比较职业技术教育[M].上海：华东师范大学出版社,2001.

[81] 史全生.近代中国转型与社会思潮[M].北京：生活·读书·新知三联书店,2014.

[82] 舒新城.近代中国教育史料[M].北京：中国人民大学出版社,2012.

[83] 舒新城.近代中国教育思想史[M].福州：福建教育出版社,2007.

[84] 舒新城.舒新城近代中国教育思想史[M].长春：吉林人民出版社,2012.

[85] 司马云杰.文化社会学[M].济南：山东人民出版社,1987.

[86] 宋林飞.西方社会学理论[M].南京：南京大学出版社,1997.

[87] 孙培青,李国钧.中国教育思想史(第三卷)[M].上海：华东师范大学出版社,1995

[88] 孙培青.中国教育史[M].上海：华东师范大学出版社,2008.

[89] 孙启林.职业教育[M].长春：吉林教育出版社,2000.

[90] 孙钱民辉.职业教育与社会发展研究[M].哈尔滨：黑龙江教育出版社,1999.

[91] 檀传宝.德育原理[M].北京：北京师范大学出版社,2006.

[92] 唐威.中华职业学校校史(1918—2013)[M].上海：上海社会科学院出版社,2013.

[93] 唐振常.蔡元培传[M].上海：上海人民出版社,2016.

[94] 滕大春.美国教育史[M].北京：人民教育出版社,2001.

[95] 田本娜.外国教学思想史[M].北京：人民教育出版社,2001.

[96] 田正平,李笑贤.黄炎培教育论著选[M].北京：人民教育出版社,1993.

[97] 田正平,周志毅.黄炎培教育思想研究[M].长春：辽宁教育出版社,1997.

[98] 田正平.中国教育通史·中华民国卷(上)[M].北京：北京师范大学出版社,2013.

[99] 王炳照,阎国华.中国教育思想通史[M].长沙：湖南教育出版社,1994.

[100] 王凤喈.中国教育史(上)[M].福建：福建教育出版社,2006.

[101] 王杰恩,王友强.现代职业技术教育[M].济南:山东大学出版社,2007.

[102] 王强.民国职业教育史料汇编(二十四册至五十册)[M].南京:凤凰出版社,2014.

[103] 邬宪伟.选择的教育[M].上海:上海教育出版社,2009.

[104] 吴洪成.中国近代教育思潮新论[M].北京:知识产权出版社,2016.

[105] 吴洪成.中国近代教育思潮研究[M].重庆:西南师范大学出版社,1993.

[106] 吴康宁.教育社会学[M].北京:人民教育出版社,1998.

[107] 吴擎华.陶行知与民国社会改造[M].合肥:安徽教育出版社,2011.

[108] 吴式颖,等.外国教育思想通史[M].长沙:湖南教育出版社,2000.

[109] 吴玉琦.中国职业教育史[M].长春:吉林教育出版社,1991.

[110] 吴志宏.教育管理学[M].北京:人民教育出版社,2006.

[111] 夏金星,彭干梓.中国职业教育(民国卷)[M].长沙:湖南人民出版社,2013.

[112] 萧宗六.学校管理学[M].4版.北京:人民教育出版社,2008.

[113] 谢长法.教育家黄炎培研究[M].济南:山东人民出版社,2016.

[114] 谢长法.中国职业教育史[M].太原:山西教育出版社,2011.

[115] 徐国庆.职业教育原理[M].上海:上海教育出版社,2007.

[116] 徐涵.现代职业教育发展与反思[M].北京:高等教育出版社,2014.

[117] 徐平利.职业教育的历史逻辑和哲学基础[M].桂林:广西师范大学出版社,2010.

[118] 许汉三.黄炎培年谱[M].北京:文史资料出版社,1985.

[119] 杨国枢.中国人的蜕变[M].北京:中国人民大学出版社,2012.

[120] 杨红林.经典影像背后的民国社会(1911—1928)[M].北京:中国青年出版社,2011.

[121] 杨际贤,李政心.二十世纪中华百位教育家思想精髓[M].北京:中国盲文出版社,2001.

[122] 余英时.中国知识分子论[M].郑州:河南人民出版社,1997.

[123] 余子侠.黄炎培卷[M].北京:中国人民大学出版社,2015.

[124] 俞启定,和震.中国职业教育发展史[M].北京:高等教育出版社,2012.

[125] 俞启定.中国教育史专题[M].北京:中央广播电视大学出版社,2010.

[126] 张斌贤.外国教育思想史[M].北京:高等教育出版社,2007.

[127] 张楚廷.教学论纲[M].北京:高等教育出版社,1999.

[128] 张传燧.解读中国近现代教育思想[M].广州:广东教育出版社,2009.

[129] 张灏.思想与时代[M].上海:上海文艺出版社,2014.

[130] 张继良.近代中国政治社会变革研究[M].北京:北京大学出版社,2013.

[131] 张静如,等.北洋军阀统治时期中国社会之变迁[M].北京:中国人民大学出版社,1992.

[132] 张静如,等.中国现代社会史(上)[M].长沙:湖南人民出版社,2004.

[133] 张念宏.教育百科辞典[M].北京:中国农业科技出版社,1988.

[134] 张新平.教育管理学导论[M].上海:上海教育出版社,2006.

[135] 张元济.教育救国论[M].北京:高等教育出版社,2010.

[136] 中国现代教育家传编委会.中国现代教育家传[M].长沙:湖南人民出版社,1986.

[137] 中华职业教育社.黄炎培教育文集(1—4卷)[M].北京:中国文史出版社,1994.

[138] 中华职业教育社.黄炎培教育文选[M].上海:上海教育出版社,1985.

[139] 中华职业教育社社史编写小组.社史资料选辑(第3辑)[M]北京:文史资料出版社,1982.

[140] 中华职业教育社社史编写小组.社史资料选辑(第1辑)[M]北京:文史资料出版社,1980.

[141] 中华职业教育社社史编写小组.社史资料选辑(第2辑)[M]北京:文史资料出版社,1981.

[142] 周汉民.敬业乐群·黄炎培职业教育思想读本:教师篇[M].上海:上海科学技术文献出版社,2014.

[143] 周汉民.双手万能·黄炎培职业教育思想读本:学生篇[M].上海:上海科学技术文献出版社,2014.

[144] 周明星.职业教育管理学[M].北京:高等教育出版社,2014.

[145] 周天度.蔡元培传[M].北京:人民出版社,1984.

[146] 朱汉国.中国社会通史(民国卷)[M].太原:山西教育出版社,1996.

[147] 朱永新.沟通与融合——中国近现代教育思想史[M].北京:人民教育出版社,2004.

[148] 朱永新.中国近现代教育思想史[M].北京:中国人民大学出版社,2011.

[149] 庄西真.区域职业教育发展模式创新的案例研究[M].苏州:苏州大学出版社,2013.

[150] 庄锡昌,顾晓鸣,顾云深,等.多维视野中的文化理论[M].杭州:浙江人民出版社,1987.

三、中文期刊与论文

[1] 陈鹏,庞学光.大职教观视野下现代职业教育体系的构建[J].教育研究,2015(6).

[2] 高奇.职业教育功能[J].职业技术教育,2005(2).

[3] 关晶.现代职业教育体系的"现代性"辨析[J].中国高教研究,2014(11).

[4] 胡贵勇.教育功能:诠释,梳理[J].教育理论与实践,2003(9).

[5] 扈中平."人的全面发展"内涵新析[J].教育研究,2005(5).

[6] 黄晶晶.中华职业教育社早期发展历程研究[J].中国职业技术教育,2016(12).

[7] 李润洲.教育本质研究的反思与重构[J].教育研究,2010(5).

[8] 李松.黄炎培对职业教育本质认识研究[J].南京工业职业技术学院学报,2016(6).

[9] 栗洪武,粟艳.论大国工匠精神[J].陕西师范大学学报(哲学社会科学版),2017(1).

[10] 刘晓.职业教育的本质、属性及其发展的界域[J].中国职业技术教育,2013(9).

[11] 刘晓.职业教育本质:历史、事实与价值[J].职教通讯,2011(9).

[12] 刘颖.我国职业教育政策的决策与实施研究[J].中国职业技术教育,2013(8).

[13] 刘春生,张宇,马振华.从社会学视角看高等职业教育的就业导向[J].职教通讯,2005(1).

[14] 龙育群.20世纪世界教育史编读后记[J].教育评论,1993(5).

[15] 鲁洁.实然与应然两重性:教育学的一种人性假设[J].华东师范大学学报(教育科学版),1998(4).

[16] 罗银科,铁华.教育与职业杂志与国外职业教育介绍[J].四川师范大学学报(社会科学版),2012(1).

[17] 米靖,刘春生.论社会需求视野中的职业教育[J].教育与职业,2007(3).

[18] 南海.职业教育价值的本质问题初论[J].中国职业技术教育,2008(7).

[19] 潘懋元.黄炎培职业教育思想对当前高等职业教育的启示[J].教育研究,2007(1).

[20] 钱景舫,刘桂林.论中华职业教育社在近代教育中的地位和作用[J].华东师范大学学报(教育科学版),1998(4).

[21] 石中英,张夏青.30年教育改革的中国经验[J].北京师范大学学报(社会科学版),2008(5).

[22] 田正平."寻病源"与"读方书"——《黄炎培考察教育日记》阅读札记[J].教育研究,2013(12).

[23] 汪光华.中华职教社的职业补习教育(1917—1945)[J].中国职业技术教育 2007(3).

[24] 吴康宁.教育改革成功的基础[J].教育研究,2012(1).
[25] 吴康宁.教育究竟是什么——教育与社会的关系再审思[J].教育研究,2016(8).
[26] 吴康宁.社会对教育改革的制约[J].教育研究,2016(3).
[27] 吴向东.论马克思人的全面发展理论[J].马克思主义研究,2005(1).
[28] 谢长法.江苏省教育会与近代中国职业教育[J].教育与职业,2008(4).
[29] 谢长法.中华职业教育社与近代中国职业教育[J].教育与职业,2002(5).
[30] 徐国庆.工作体系视野中的职业教育本质[J].职业技术教育,2007(1).
[31] 严权,丁小明.黄炎培的职业教育思想研究[J].职业教育研究,2007(4).
[32] 杨卫明.中国近代教育学会的学术研究及历史意义[J].福建师范大学学报(哲学社会科学版),2012(2).
[33] 杨卫明.中华职业教育社与近代中国职业教育研究[J].中国职业技术教育,2008(5).
[34] 杨志成,柏维春.教育价值分类研究[J].教育研究,2013(10).
[35] 俞启定,和震等.职业教育本质论[J].中国职业技术教育,2009(9).
[36] 张社字.职业教育地位"应然"与"实然"的冲突[J].教育发展研究,2007(6).
[37] 中国职业技术教育学会课题组.从职教大国迈向职教强国——中国职业教育2030研究报告[J].职业技术教育,2016(6).
[38] 周洪宇,申国昌.20世纪中国教育改革的回顾与反思[J].华中师范大学学报(人文社会科学版),2011(5).
[39] 周志刚,马君.对职业教育本质问题研究的审视[J].中国职业技术教育,2009(3).
[40] 周志刚,米靖.职业教育价值论[J].中国职业技术教育,2009(9).
[41] 陈梦越.民国时期中华职业教育社年会研究(1917—1937年)[D].浙江师范大学硕士学位论文,2016.
[42] 仇多维.黄炎培职业教育管理思想研究[D].江西大学硕士学位论文,2008.
[43] 董仁忠."大职教观"视野中的职业教育制度变革研究[D].华东师范大学博士学位论文,2008.
[44] 范旭欣.论黄炎培的职业教育思想[D].河北大学硕士学位论文,2011.
[45] 方鸿志.技术教育的历史与逻辑探析[D].东北大学博士学位论文,2009.
[46] 高峰.黄炎培职业教育思想研究[D].山东大学硕士学位论文,2008.
[47] 贺伟伟.民国时期黄炎培职业教育实践研究[D].西南大学硕士学位论文,2015.
[48] 胡志坚.自我统摄下的心理与行为——蔡元培、黄炎培和陶行知的社会心理与行为特点研究[D].华中师范大学博士学位论文,2005.
[49] 康红芹.杜威职业教育思想探究[D].天津大学博士学位论文,2014.
[50] 李霞.民国时期知识界的职业教育观[D].湖南师范大学博士学位论文,2009.
[51] 李志强.杜威道德教育思想研究[D].中国人民大学博士学位论文,2006.
[52] 刘祥平.黄炎培的职业教育思想研究[D].南京师范大学硕士学位论文,2002.
[53] 鲁莎.教育优先发展理论研究[D].海南师范大学硕士学位论文,2007.
[54] 孟景舟.职业教育概念问题研究[D].河北大学硕士学位论文,2007.
[55] 孟景舟.职业教育基础概念的历史溯源[D].天津大学博士学位论文,2012.
[56] 庞世俊.职业教育视域中的职业能力研究[D].天津大学博士学位论文,2010.
[57] 亓俊国.利益博弈:对中国职业教育政策执行的研究[D].天津大学博士学位论文,2010.

[58] 山东省教育厅编印.山东省建立现代职业教育体系资料汇编[C].2013.

[59] 石玉.黄炎培职业道德教育观的成因及其特征[D].山西师范大学硕士学位论文,2014.

[60] 宋晶.现代职业教育伦理研究[D].天津大学博士学位论文,2013.

[61] 孙广勇.社会变迁中的中国近代教育会研究[D].华中师范大学博士学位论文,2006.

[62] 王睿哲.我国职业教育政策研究——以2002—2016年职业教育政策文本为例[D].沈阳师范大学硕士学位论文,2017.

[63] 王智敏.黄炎培职业教育思想的当代价值探究[D].广东技术师范学院硕士学位论文,2015.

[64] 吴国荣.中国近代职业教育研究(1866—1911年)[D].福建师范大学博士学位论文,2008.

[65] 夏英.在挣扎中前行:中国近代职业教育课程史[D].南京师范大学博士学位论文,2015.

[66] 杨航.于右任职业教育思想研究[D].西北农林科技大学硕士学位论文,2016.

[67] 于述胜.中国教育史研究中的一个方法论问题[D].纪念《教育史研究》创刊二十周年论文集,2009.

[68] 俞慧慧.黄炎培职业道德教育理论研究[D].湖南师范大学硕士学位论文,2015.

[69] 张海.民国时期黄炎培对职业教育的贡献(1912—1937)[D].西北大学硕士学位论文,2009.

[70] 张华.列宁职业教育思想研究[D].湖南师范大学博士学位论文,2015.

[71] 张颖夫.晏阳初"平民教育"理论与实践研究[D].西南大学博士学位论文,2009.

[72] 郑娟新.文化再造职业教育——基于技术变迁的视角[D].华东师范大学博士学位论文,2014.

[73] 庄缇缇.黄炎培职业教育思想研究[D].南京师范大学硕士学位论文,2006.

四、外文文献

[1] Robert Allen, ed. Chambers Encyclopedic English Dictionary[M]. Edinburgh: Chambers, 1994: 1180.

[2] Harlow G. Unger. Encyclopedia of American Education(Volume 3)[M]. New York: Facts on File, 2007: 290.

[3] G. Hayward. Vocational Education and Training and the School-to-Work Transition[J]. International Encyclopedia of Education (Third Edition), 2010: 306-311.

[4] H. Ertl, G. Hayward. Modularization in Vocational Education and Training[J]. International Encyclopedia of Education (Third Edition), 2010: 383-390.

[5] D. Gunning. Quality Assurance in Vocational Education and Training[J]. International Encyclopedia of Education (Third Edition), 2010: 482-488.

[6] Michael Wright, Ben Yates. Exploring Career Clusters Introduction[J]. Missour Career Education. 2005: 5.

[7] Holder, Sara. Schooling in the Workplace: How Six of the World's Best Vocational Education Systems Prepare Young People for Jobs and Life[J]. Library Journal, 2012: 132.